ANDERS REISEN
NORWEGEN

VON GUNNAR KÖHNE

MIT FOTOS VON
ARNE NICOLAISEN

INHALT

GESCHICHTE UND POLITIK

Wikingerboote und Bohrinseln
Ein Blick zurück — *10*

Hinterwäldler und Kosmopoliten
Norwegens Wir-Gesellschaft — *34*

Wohlstand für alle
Wirtschaft und Umwelt — *46*

KULTUR

Die Lesenation
Literatur und Theater — *58*

Virtuell und real
Multimedia, Film, Musik — *72*

Deftig und heftig
Essen & Trinken — *80*

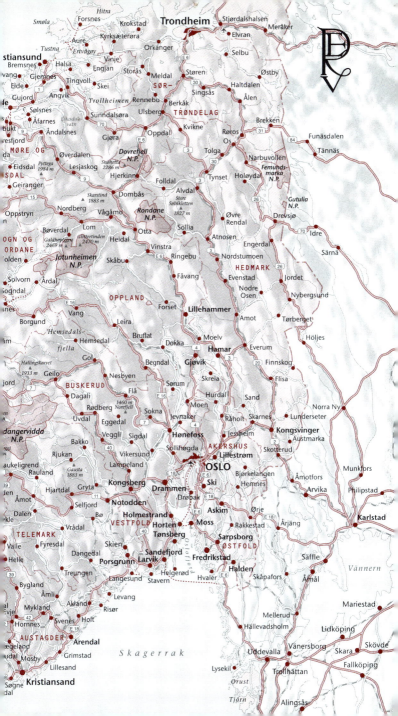

ANDERS REISEN HERAUSGEGEBEN VON TILL BARTELS

rororo
ROWOHLT

WEGE DURCH NORWEGEN

Altes Bauernland
Der Osten *86*

Kaum zu glauben ...
Oslo *100*

Reich und beliebt
Der Süden *118*

Fjord und Fjell
Das Westland *128*

Am schönsten ohne Regen
Bergen *148*

Unbekannte Mitte
Trøndelag *160*

Jenseits des Polarkreises
Nordland, Lofoten, Tromsø *174*

Außenposten
Die Finnmark *188*

Welt aus Licht und Eis
Svalbard *202*

INFOTEIL

Norwegen von A–Z *214*

Regionale Tips *226*

Die Autoren *244*

Der Fotograf *244*

Bildnachweis *244*

Register *245*

**15.–23. Tausend März 1998
Neuausgabe**
Veröffentlicht im Rowohlt Taschenbuch
Verlag GmbH,
Reinbek bei Hamburg, Juni 1991
Copyright © 1998 by Rowohlt Taschen-
buch Verlag GmbH, Reinbek bei Hamburg
Satz Stone, PostScript,
QuarkXPress 3.32 (Dolev 800)
Umschlaggestaltung Beate Becker /
Walter Hellmann
(Foto: Tony Stone Images, Bob Krist
Foto Umschlagrückseite: ZEFA / Damm)
Layout und Grafik Alexander Urban
Karten Elsner & Schichor, Karlsruhe
Druck und Bindung Clausen & Bosse
Printed in Germany
ISBN 3 499 60401 9

VELKOMMEN
TIL NORGE

«Wenn die Vereinigten Staaten
Gottes eigenes Land sind,
dann wurde Norwegen mindestens
vom Heiligen Geist erschaffen.»
Bjørnstjerne Bjørnson

«Besuchen Sie Europas letztes Paradies!» Warum ist noch niemand in
Norwegen auf diesen Werbespruch gekommen? Vermutlich aus reiner
Bescheidenheit. Grund genug zum Prahlen hätten die vier Millionen
Norweger: Ein jeder von ihnen hat 77 000 Quadratmeter Platz (im Vergleich: die Deutschen haben nur 4350 Quadratmeter) in einer grandiosen Naturlandschaft aus Fjord und Fjell, Ödnis und lieblicher Schärenküste. Sie leben nicht nur in einer einzigartigen Umgebung, sie haben
auch viel Geld. Ununterbrochen sprudeln aus den Bohrlöchern in der
Nordsee Petrodollar in die Kassen. Das vorliegende Buch möchte das
nordeuropäische Land in möglichst vielen Facetten vorstellen: Sein
historisches Glück und seine erstaunlichen Leistungen, seinen berechtigten Stolz und seine befremdliche Selbstzufriedenheit, seine Menschenfreundlichkeit und sein inniges Verhältnis zur Natur.

Die Tourbeschreibungen am Ende und die zahlreichen Tips sollen
helfen, eigene Wege zu den Sehenswürdigkeiten in Kultur, Natur und
Gesellschaft Norwegens zu finden.

Wir sind für die Neuausgabe dieses Reiseführers noch einmal nach
Oslo und bis zum Nordkap gefahren, um auch den Infoteil auf den neuesten Stand zu bringen. Es hat sich noch weniger verändert, als wir vermutet hatten. Das war sehr beruhigend.

God Tur!
Gunnar Köhne

GESCHICHTE UND POLITIK

WIKINGERBOOTE UND BOHRINSELN

EIN BLICK ZURÜCK

Irgendwann vor 10 000 Jahren, als sich das Eis aus Europa langsam zurückzog und im Norden viel Stein, viel Moos und wenige, viel zu dünne Bäume zurückließ, da begann die Geschichte Norwegens. An einer Fundstelle bei Sarpsborg in der Region Østvold markieren ein paar Rinnen im feuchten Boden, Überbleibsel einer Wohnstätte, den Anfang. Dort sollen die ersten Siedler des heutigen Norwegen, Jäger und Fischer vom europäischen Kontinent, an Land gegangen sein. Wurden sie abgetrieben, waren sie gezielt unterwegs? Niemand weiß es. Das Eis hatte auf seinem Rückzug Flint hinterlassen, das die Siedler für Werkzeuge und Waffen nutzten – eine der wenigen archäologischen Spuren der Steinzeit. «Hart wie Kruppstahl», sagt man bei uns. «Hart wie Flint», sagt man bis heute in Norwegen. Wenn die Winter streng genug sind, führt das Treibeis im Oslofjord noch heute Flint mit sich.

Die Nachkommen der ersten Küstenbewohner zog es mit den Rentierherden auf die Hochebenen, wo es Seen und Flüsse gab. Von den Jagdkünsten dieser Menschen zu Wasser und zu Land, von ihrem Wissen über die Gesetze der Natur zeugen die «helleristninger», diese einfachen, aber ausdrucksstarken Felszeichnungen.

Hungersnöte und Überbevölkerung trieb die Wikinger in die Boote: Achtersteven des Osebergschiffes

Aus Jägern und Fischern wurden Bauern, die aus den dürren Birken- und Fichtenwäldern Baumaterial für Haus und Hof schlugen. Es war mühsam, den Boden zu kultivieren, der Übergang vom Nomaden zum Seßhaften verlief in Norwegen sehr langsam. Daß Norwegens Landschaft heute neben Fjord und Fjell auch grüne Täler und gelbe Kornfelder zu bieten hat, ist den Steinzeitbauern zu verdanken. Sie brannten riesige Waldflächen zur Landgewinnung nieder. Auch mit den heutigen modernen Maschinen ist Ackerbau in Norwegen immer noch ein hartes Stück Arbeit. Dieses der Natur abgetrotzte Land wollen die Bauern auf keinen Fall dem Effektivitätsstreben der EU-Landwirtschaftspolitik preisgeben.

Die Norweger der Bronzezeit haben weniger Jagdwerkzeuge oder Wohnplätze hinterlassen als Gräber: Steinhaufen, die man für vorbeifahrende Boote gut sichtbar auf Inseln plazierte, wo sie mancherorts noch immer stehen. Bis zu 25 Meter lang und vier Meter hoch konnten sie sein – monumentale Denkmäler der Ehrfurcht vor dem Tod und der Verehrung der Verstorbenen. Auch die Bronzezeit hat «helleristninger» hinterlassen, allerdings keine Abbilder der Natur, sondern Dokumente des «menschlichen Fortschritts»: Boote, Waffen, Werkzeuge, aber auch Männer in Aktion, kämpfend, tanzend, arbeitend, phallusgeschmückt.

In der Eisenzeit begannen die Menschen bescheidener zu bestatten – auf dem flachen Acker. Archäologen deuten das als erstes Anzeichen einer arbeitsteiligen Gesellschaft: Die Menschen hatten einfach keine Zeit mehr, aufwendig an einem Grab zu bauen und nachher noch tagelang in Trauer daneben zu verharren. Statt dessen ein paar Spatenstiche, ein paar persönliche Gegenstände ins Grab, und fertig war die Bestattung. Nur reichere Bauern konnten sich noch einen Grabhügel leisten. Den Toten kam als ersten die Entdeckung der Schriftzeichen zugute: Statt Bilder erzählten fortan Runen von den Menschen, anfangs (3. Jh. n. Chr.) nur der Name auf einem aufrechten und vierkantigen Bautastein. Im Laufe der Zeit wurden die Huldigungen für den Verstorbenen ausführlicher: «Skorde errichtete diesen Stein für Helge, seinen Sohn, einen sehr guten Mann», steht auf einem Bautastein aus dem Jahre 1000 bei Sola in Rogaland. Heutige Nachrufe in Lokalzeitungen lassen an eine ungebrochene Tradition denken: «Der Eigentümer von Re-Ny Wasch und Gebäudereinigung, Johan Harald Korsberg, ist tot, 37 Jahre alt. Johan war eine friedliche und gutmütige Person.»

Wo Eisen ist, ist auch das Schwert. In der Eisenzeit wurde das Klima rauher, bewaffnete Auseinandersetzungen nahmen zu. Aber noch waren die Bewohner Norwegens hauptsächlich Bauern. Der Hof war das familiäre und soziale Zentrum. Nach dem Odelsrecht gehörte er nicht dem einzelnen, sondern der Sippe.

Ganz oben in der frühmittelalterlichen Bauerngesellschaft standen die Odelsbauern, die ein ewiges Erbrecht auf ihren Grund besaßen, ganz unten die Weidebauern ohne festen Wohnsitz und die «treller», Sklaven, die zum Hof gehörten wie die Kühe und jederzeit nach festgelegten Regeln verkauft werden konnten. Verkaufte ein Odelsbauer einem anderen einen treller, trug er die Verantwortung dafür, daß «er keine

Krämpfe und all die gefährlichen Krankheiten bekommt und sich nicht mit seinen eigenen Ausscheidungen beschmutzt». Die Ware mußte einwandfrei sein. Treller, Frauen wie Männer, wurden, wie Grabfunde belegen, reichen Leuten neben Schmuck und Waffen in die Gräber beigelegt. Aber die Überlieferungen berichten auch von Ausnahmen. Der Odelsbauer und Häuptling Erling Skjalgsson, so erzählt der Geschichtsschreiber Snorre Sturluson, soll seinen dreißig Sklaven Land zum Bestellen gegeben haben, damit sie sich später freikaufen konnten.

Die wilden Wikinger

«Die sind die schmutzigsten Geschöpfe unter den Augen Allahs. Am Morgen kommt ein Dienstmädchen mit einer Schüssel Wasser zum Herrn des Hauses. Dieser wäscht sein Gesicht und sein Haar in diesem Wasser, spuckt, bläst die Nase in die Schüssel aus, die das Mädchen sodann an den nächsten Mann weitergibt. Der tut das gleiche, bis alle im Haus die Schüssel gebraucht haben – zum Naseputzen und Spucken, zum Waschen von Gesicht und Haaren.» So berichtete der arabische Geschichtsschreiber Ahmed Ibn-Fadlân von einer Begegnung mit Normannen um 900. Ibn-Fadlân mußte feststellen, daß die Fremden in aller Öffentlichkeit kopulierten und schissen. Und er wurde Zeuge, wie eine der Sklavinnen, die die Häuptlinge sich hielten, in einer orgiastischen Prozedur geopfert wurde. An solche «Vorfahren» denken die Norweger sicher nicht, wenn sie sich zu touristischen Zwecken mit behörnten Helmen präsentieren. Die Helme der «echten» Wikinger trugen übrigens auch keine Hör-

ner, denn aus solchen trank man.

Glaubt man christlichen Annalen, begann alles im Jahr 793 in der ostenglischen Ortschaft Lindisfarne. «Es waren gewaltige Stürme und Blitze, und feuerspeiende Drachen flogen durch die Luft. Eine große Hungersnot folgte nach diesen Vorzeichen; dann, etwas später, am 8. Juni, zerstörten Banden von heidnischen Männern Gottes Kirche zu Lindisfarne, plünderten und töteten.» Die Engländer waren den Fremden noch entgegengegangen im Glauben, es handele sich um Kaufleute mit friedlichen Absichten. Die Ulster-Annalen von 820 beschreiben den zweiten Überfall auf das Kloster Lindisfarne noch drastischer: «Das Meer spie Ströme von Fremden über Eirin (Irland), so daß weder Hafen noch Strand, weder Burg noch Festung war ohne die Flotten der Nordbewohner und Seeräuber.»

Seeräuber ist die direkte Übersetzung von «Viking». Andere als diese Gruppe von Piraten, die im 8. und 9. Jahrhundert in Britannien, Irland, Friesland und Nordfrankreich wüteten, als Wikinger zu bezeichnen wäre falsch. Als Gründe für die Raubfahrten vermuten Historiker einerseits reine Abenteuerlust, andererseits trieben wohl Hungersnöte und ein rapides Bevölkerungswachstum viele junge Leute in die Boote. Deshalb wurden aus planlosen Beutezügen bald gut organisierte Landeroberungen wie in der Normandie. Zwar wurde auch im eigenen Land nach neuen Siedlungsgebieten gesucht, doch vielen erschien es einfacher, nach England oder Irland hinüber zu segeln und sich dort anzusiedeln, wo schon alles gut bereitet war und die Landschaft weniger widrig. Daß die Draufgänger mit

WIKINGERBOOTE UND BOHRINSELN

ihren schönen, schlanken Booten dabei 500 Jahre vor Kolumbus bis nach Amerika – genauer: Neufundland – kamen, wissen wir auch aus archäologischen Funden. Man weiß auch, wie der Entdecker von «Vinland» hieß: Leif Eriksson, Sohn des Grönland-Entdeckers Erik des Roten.

Mit «Wikingern» sind übrigens zunächst die damaligen Bewohner Dänemarks und Norwegens gemeint. Sie zogen westwärts, zu den Britischen Inseln, in den Atlantik, die Flüsse Loire, Seine und Rhein hinauf, aber auch an Gibraltar vorbei bis nach Norditalien. Die Normannen aus Schweden, «Waräger» genannt, zogen ostwärts. Sie beherrschten das Baltikum, große Teile Rußlands bis hinunter zum Kaspischen Meer. Schwedische und arabische Kaufleute bauten über Rußland einen

Ausflug statt Überfall. Für die Touristen inszenieren die Norweger gern ihre Vergangenheit

florierenden Handel mit Waffen, Pelzen, Handwerk, Kunst und Sklaven auf.

Während in Europa das Stoßgebet «Herrgott, erlöse uns von dem nordischen Schrecken!» die Runde machte, lebten die so Gefürchteten noch nach ganz anderen Göttern. Ihre Anzahl war beinahe unüberschaubar, für jede Lebenssituation gab es eine Gottheit. Über allen stand die Dreifaltigkeit Thor, Odin und Freia, Götter, die die zu neunzig Prozent protestantischen Bewohner Norwegens heute noch als Orts- und Eigennamen begleiten: Torsvik, Thorvald, Fretland, Fresvik.

Götter und Helden

Was man heute über Religion und Lebensweisen in der frühmittelalterlichen Gesellschaft weiß, ist durch die Literatur der Zeit überliefert, die Sagas und die Skaldendichtungen. Dort wird nicht nur von Göttern und Nornen erzählt, sondern auch von todesmutigen Kriegern und lebensgescheiten Frauen, von ihrem Alltag, ihrem Glauben, ihrer Geschichte und von der Landschaft, die sie umgab. Bevor man sich in den Norden aufmacht, ist es ratsam, eine kleine Saga oder ein paar Lieder der altnordischen Sprache zu lesen. Sprache und Metaphorik stimmen ein auf das, was einen erwartet. Man wird sich vielleicht an die kämpfenden Götter in Valhall, die in der Liedersammlung der älteren Edda beschrieben werden, erinnern, wenn man später bei einem dieser häufigen norwegischen Unwetter bei Blitz und Donner in der tiefen Schlucht eines Fjordes steht.

Der altnordische Schicksalsglaube bewegte sich zwischen den beiden Polen Untergang («ragnarok», was den Untergang der Götter meinte) und Hoffnung. Daß die Götter untergehen konnten, zeigt schon, daß man sich damals durchaus nicht nur auf sie allein verließ. Mindestens genauso stark war das Vertrauen auf die Sippe, deren Zusammenhalt lebenswichtig war und deren Ehre man jederzeit bereit war, auch mit Axt und Schwert zu verteidigen. Dagegen ist nirgends überliefert, daß sich Menschen aus religiösen Motiven gegenseitig umbrachten. «Glaubenskriege» wie später im christlichen Abendland gab es offenbar nicht.

Die angeblich starke Stellung der Frauen oder die Naturverbundenheit der Menschen, die sich in dem Glauben äußerte, daß in jeder Kreatur und jedem Baum eine Seele wohne, verleiten heute noch Öko-Begeisterte in Nordeuropa, aber auch in unseren Breiten, sich zu heidnischen Sonnenwendfeiern und Lesestunden der Edda zu versammeln. Das erinnert nicht nur fatal an die Verherrlichung alles «Urgermanischen» durch die Nazis, es steht auch historisch auf wackligen Beinen. Denn die göttergläubigen Naturfreunde übersehen, daß fast alles, was sie heute als authentische Quelle einer heidnischen Vorzeit nehmen, im 12. Jahrhundert von Christen aufgeschrieben worden ist – manchmal sogar von Priestern. Man darf vermuten, daß sie den mündlichen Überlieferungen vieles hinzufügten, was geeignet war, den Glauben der heidnischen Norweger im Vergleich mit dem neuen Christentum lächerlich zu machen.

Im Jahre 997 ließ König Olav Tryggvason an der Mündung des Nidelv-Flusses, dort, wo heute die Stadt Trondheim steht, einen Palast und eine Kirche errichten. 1030 verlor sein Nachfolger Olav Haraldsson bei dem Versuch, das Land dem Christentum zu unterwerfen, sein Leben in der Schlacht von Stiklestad gegen ein von seinen heidnischen Konkurrenten angeführtes Bauernheer. Olav aber wurde zum Märtyrer im Kampf für das Reich und später heiliggesprochen. Die Verbreitung des christlichen Glaubens in Norwegen war nach seinem Tod nicht mehr aufzuhalten. Sein Grab in Trondheim wurde im Mittelalter zu einem Wallfahrtsort, zu dem selbst Pilger aus Portugal anreisten.

Daß sich Olav überhaupt König von Norwegen nennen konnte, war Harald Schönhaar zu verdanken. Harald, ein ostnorwegischer Häuptling, unterwarf seine westnorwegischen Konkurrenten gegen Ende des 9. Jahrhunderts in der berühmten Schlacht am

Hafrsfjord beim heutigen Stavanger. Seitdem ist Norwegen «Ett Rike», ein Reich, wenn auch revoltierende Kleinfürsten in den darauffolgenden 300 Jahren das Einigungswerk immer wieder in Frage stellen sollten.

Der Kampf des Königs für die Kirche – die norwegische Kirche wurde dem Erzbischof von Hamburg-Bremen zugeschlagen – hatte vor allem eine politische Seite: Die Kirche als Organisation bot sich als Stütze des Königs an, sie forderte Ergebenheit gegenüber den weltlichen Herrschern und predigte Frieden. So wurde die Kirche früh ein Teil eines sich entwickelnden Staatswesens.

Schon vor der Christianisierung wurden gesetzgebende Versammlungen («lagting») geschaffen, die über eine landesweite Rechtsordnung in vier großen Rechtsgebieten wachten – ein System, das sich offenbar bewährt hat. Mörder, Diebe und Spritschmuggler werden in West-Norwegen heute noch von einem «Lagting»-Gericht verurteilt. Das ist nur ein Beispiel dafür, daß die Norweger mittelalterliche Symbole und Namen gern beibehalten und bei Bedarf auch wieder ausgraben. Einer der größten Konzerne des Landes, Norsk Hydro, führt ein Wikingerschiff in seinem Signet, SAS-Flugzeuge werden Olaf Trygvason getauft, neue Ölfelder in der Nordsee erhalten nordisch-mythologische Namen wie «Frigg» oder «Oseberg» – Erinnerungen an Zeiten, als Norwegen groß und mächtig war.

Fünf Jahrhunderte Fremdherrschaft

Das spätmittelalterliche Königsgeschlecht ging im Machtgeplänkel seiner Mitglieder unter, und das Reich fiel 1319 für fünf Jahrhunderte an Dänemark. Diese 500 Jahre gelten in Norwegen heute noch als «finstere Epoche», obwohl die dänischen Herrscher keine besondere Schuld daran trugen, daß die streng religiösen Nordprovinzen von den Anfängen der Aufklärung höchstens gestreift wurden. Was ging den Bauern im Setesdal auch der Königsberger Kant an, es gab im Setesdal ja keinen Absolutismus, und der Herr war weit weg in Kopenhagen. Der trieb zwar regelmäßig die Steuern ein, doch nie so viel, daß es den Bauern schlecht ging. Im Gegenteil: Die Bauern traten ihrerseits feudalistisch auf. Sie hielten sich Häusler und Tagelöhner, die für wenig Lohn und eine feuchte Unterkunft schuften mußten. 1732 gab es mindestens 12 000 Tagelöhner in Norwegen. Es war der dänische König, der ihnen Ende des 18. Jahrhunderts einen geringen rechtlichen Schutz vor der Ausbeutung durch die Großbauern garantierte. Auch verglichen mit dem Schicksal anderer abhängiger Staaten war die Zeit unter den Dänen nicht so dunkel, wie behauptet wird. Norwegens Handel behielt beispielsweise über den südlichen Nachbarn den Kontakt mit dem Kontinent. Davon profitierten die Norweger im Jahre 1814.

Weil sich König Frederik VI. von Dänemark im Oktober 1807 mit Napoleon verbündet hatte, wimmelte es im Kattegat seit Ausbruch der Befreiungskriege von Schlachtschiffen. Norwegen war zu Wasser und zu Land total abgeschnitten, denn Schweden hatte rechtzeitig die Fronten gewechselt und mit England und Rußland Frieden geschlossen. Der Handel mit Holz und Fisch war zusammengebrochen, die lebensnotwendigen Kornlieferungen aus

Dänemark blieben wegen der Blockade aus – Norwegen stand am Rande einer Hungersnot. Rebellionsversuche gegen das dänische Königshaus hatte die norwegische Geschichtsschreibung bis dahin nicht zu verzeichnen, die Norweger waren Kopenhagen gegenüber eigentlich immer loyal gewesen. Erst jetzt, nach Frederiks außenpolitischem Abenteuer an Napoleons Seite, mehrten sich in der norwegischen Bürgerschaft die Stimmen, die meinten, es sei an der Zeit, sich von Dänemark abzunabeln. Ein autonomer Staat und ein freies Gemeinwesen sollten her – die Parolen der Französischen Revolution hatten auch den hohen Norden erreicht.

Die Deputierten der Reichsversammlung wurden von vorher gewählten Wahlmännergremien in Städten und Gemeinden bestimmt – eine für damalige Verhältnisse ungewöhnlich demokratische Prozedur. Als die «Riksforsammlung» schließlich am 11. April 1814 auf einem Gut bei Eidsvoll nördlich von Christiania (Oslo) zusammentrat, waren unter den 112 Delegierten immerhin 37 Bauern. Nach nur fünf Wochen war es so weit: Die Reichsversammlung zu Eidsvoll beschloß am 16. Mai 1814 die «Verfassung des Königreiches Norwegen», die älteste noch gültige und damals fortschrittlichste Verfassung Europas. Darin heißt es: «Das Königreich Norwegen ist ein freies, selbständiges, unteilbares und unveräußerliches Reich. Seine Regierungsform ist eine beschränkte erbliche Monarchie ... Das Volk übt die gesetzgebende Gewalt durch das Storting aus.» Aktiv und passiv wahlberechtigt zum Storting, dem Parlament, waren alle Männer über 23 Jahre, also gut 43 Prozent der Bevölkerung. Zum

Vergleich: Im revolutionären Frankreich war nur ein Prozent der Franzosen in die Nationalversammlung wählbar. Weiter legte die Eidsvoll-Verfassung die allgemeine Wehrpflicht und die Meinungs- und Religionsfreiheit fest – nur Juden und Jesuiten verweigerten die streng protestantischen Verfassungsväter das Aufenthaltsrecht. Der Judenparagraph wurde fünfzig Jahre später aufgehoben, Jesuiten dürfen erst seit 1950 wieder nach Norwegen einreisen.

Im Frieden von Kiel mußte Frederik im Januar 1814 Norwegen an Schweden abtreten. Eine Gruppe norwegischer Politiker, viele dänischer Abstammung, hatte zu diesem Zeitpunkt schon die Einberufung einer verfassungsgebenden Versammlung beschlossen. König Karl Johan von Schweden, anderweitig im Krieg gegen Napoleon beschäftigt, begrüßte diese Absicht und versprach, ein norwegisches Grundgesetz im Rahmen der zukünftigen Vereinigung zu achten. Er ahnte nicht, daß auf dieser Reichsversammlung ein dänischer Prinz zum norwegischen König gewählt werden sollte.

An den Klassenverhältnissen änderte das fortschrittliche Grundgesetz zunächst nichts. Ein Drittel des Landes war Pachtland, der Rest war in Bauernhand. 1830 gab es in Norwegen ganze drei Barone auf drei größeren Gütern. Aber es gab eben jenes Drittel, das seine Pacht abarbeiten mußte, und es gab noch die Häusler und Dienstboten. Ihre Zahl wuchs mit der Bevölkerung. Die Bauern gewannen dagegen an politischem Einfluß und zogen in dieser Hinsicht bald mit der Beamtenlobby im Storting gleich. Sie setzten eine bis heute wichtige Verwaltungsreform durch: das Formannskaps-Gesetz von 1837, eine

18

Kommunalgesetzgebung, die die lokale Dreieinigkeit von Pfarrer, Lehrer und königlichem Beamten durch Selbstverwaltungsorgane ablöste. Eine wichtige demokratische Reform, denn erstmals konnten die Menschen vor Ort über ihre Angelegenheiten bestimmen und ihre Repräsentanten wählen. Die starke Stellung der Kommunen ist bis heute ein Grundpfeiler der norwegischen Demokratie.

Auf der Suche nach der Nation

Am 17. Mai 1814, einen Tag nach dem Verfassungsbeschluß, wählte die Reichsversammlung den Dänen Christian Frederik zum norwegischen König – die Unabhängigkeit war vollzogen, weshalb der 17. Mai Norwegens Nationalfeiertag ist. Als Karl Johan allerdings im Juni mit seinen Truppen nach Schweden zurückkam und sah, was inzwischen in «seinem» Norwegen passiert war, gab es an der Grenze kleine Scharmützel mit ein paar hoffnungslos unterlegenen norwegischen Freiwilligenkorps. Christian Frederik mußte nach wenigen Wochen wieder abdanken. Weil Karl Johan keinen Ärger haben wollte, akzeptierte er die norwegische Eigenständigkeit. Die Union mit Schweden sah zwei formal gleichberechtigte Staaten unter einem gemeinsamen König vor, allerdings bestimmte Schweden die Außenpolitik.

Nach 1814 herrschte Aufbruchsstimmung in Norwegen, es begann die große «nationale Selbstfindung». Die war nach 500 Jahren dänischer Regierung gar nicht so einfach. In Dichtung, Kunst und Wissenschaft versuchten die Norweger die Frage zu beantworten: Was heißt «norwegisch»? Was ist norwegische Kultur? Die dänisch-norwegische Bürgerkultur oder die Volkskunst auf dem Lande? Was ist die norwegische Sprache – die dänische Schriftsprache oder die vielen hundert lebenden Dialekte? Ein sogenanntes nationales Wiedererwachen setzte ein. 1864 wurde die Nationalhymne «Ja, wir lieben dieses Land» mit dem Text des Dichters Bjørnstjerne Bjørnson offiziell eingeführt. Romantiker wie der Maler J. J. C. Dahl und der Dichter Henrik Wergeland hatten Konjunktur. Anfang der achtziger Jahre des vorigen Jahrhunderts gründeten sich die ersten beiden Parteien: Høyre («Rechts», Konservative) und Venstre («Links», Liberale).

Als nationalstaatliches Gebilde ist Norwegen das Ergebnis allerlei historischer Zufälligkeiten: ein paar kriegerische Könige im Mittelalter, diplomatischer Großmachtpoker im 19. Jahrhundert und die nationalromantischen Träume einiger Intellektueller – fertig war der norwegische Nationalstaat, die Heimat aller Norweger.

Die Könige der Wikinger-Zeit fühlten sich nicht Norwegen verpflichtet, sondern ihrem kleinen Reich und ihrer Sippe. Auch für Harald Schönhaar, der das Land unterwarf und christianisierte, gab es kein Norwegen. Doch mit der Selbständigkeit machten sich Dichter, Musiker und Künstler sogleich daran, den Menschen in den Fjorden und in den Gebirgen, für die ihr Tal ihre Heimat war, die norwegische Nation nahezubringen. Den Leuten klarzumachen, daß es so etwas gab, war gar nicht so einfach und bedurfte schon einiger Tricks, etwa des Sprachentricks. Ein Volksschullehrer fuhr hinaus aufs Land, sammelte Dialekte und mixte sie zu Hause mit älteren Sprachstufen – fertig war das «landsmaal», das Landnorwe-

WIKINGERBOOTE UND BOHRINSELN

19

gisch und spätere «nynorsk», das im Gegensatz zum damals gebräuchlichen Dänisch das «echte» Norwegisch sein sollte.

Die Idee von Norwegen wurde in Kopenhagen und Christiania (dem heutigen Oslo) geboren, nicht in Molde, Svolvær oder Hammerfest. Sie war zunächst eine literarische Idee. Die Boheme von Christiania schwärmte in den Jahren nach 1814 aus in die Provinzen, um das «Norwegische» zu entdecken. Sie brachten von diesen Touren eine norwegische Sprache, Bilder von der Schönheit des Landes, jede Menge Märchen und Erzählungen vom «freien Bauern» mit.

Paradoxerweise kam der Nationalismus ausgerechnet zu einem Zeitpunkt, als die lokalen Traditionen, das eigentlich Norwegische, sich im Zuge staatlicher Re-

Umzug vor der Universität von Oslo: Hier hatte der norwegische Nationalismus seinen Ausgangspunkt

formen und der Industrialisierung aufzulösen begann. Straßen, Zeitungen und Post öffneten langsam den bisher eingeschränkten Horizont und rückten das Ganze zwischen Kristiansand und Hammerfest in den Blick. Alphabetisierung und Landflucht in die entstehenden Industriestandorte taten ein übriges.

Schon bald war der Nationalismus in Norwegen eine linke Bewegung. Bauern-, Arbeiter- und soziale Missionsbewegungen wechselten einander ab, der Fischer auf den Lofoten und der Prolet in Christiania erkannten ihre gemeinsamen Interessen an mehr Mitbestimmung und mehr Essen. «Gemeinsam sind wir stark» galt gegenüber der herrschenden Beamtenkaste genauso wie bei der Forderung nach Unabhängigkeit von Schweden. Diese merkwürdige Allianz aus Bauern und Fischern einerseits, sozialistischen Arbeitern und radikalen Städtern andererseits lebt bis heute fort. Ihren letzten Höhepunkt hatten sie 1995, als sie gemeinsam den EU-Beitritt Norwegens zum zweiten Mal verhinderte.

Ende des vorigen Jahrhunderts häuften sich die Unstimmigkeiten mit Schweden in der Außenpolitik. Immer mehr Norweger forderten von ihrem Unionsstaat, auch nach außen hin eigenständiger aufzutreten. 1891 beschlossen die regierenden Liberalen in ihrem Wahlprogramm die Forderung nach einem eigenen Außenminister. Weil sich diese Forderung erwartungsgemäß gegenüber Schweden nicht durchsetzen ließ, beschloß die Mehrheit des Stortings die Einrichtung eigener Auslandskonsulate.

Der schwedische Reichstag reagierte gereizt und kündigte die Zollunion auf. Als schwedische Nationalisten mit dem Säbel rasselten, begannen die Norweger, die bis dahin unbewaffnet unter dem Schutz der Schweden standen, Freiwillige auszurüsten und die Grenze zum östlichen Nachbarn zu befestigen. Der Kompromiß in der Konsulatsfrage, der zwischen beiden Regierungen im März 1903 ausgehandelt wurde, kam zu spät. Das Storting verweigerte die Zustimmung. Die Union mit Schweden wurde für aufgelöst erklärt.

Die Schweden hatten die Streitereien mit den Nachbarn schließlich satt. Sie stellten allerdings die Bedingung, daß über die Auflösung auch noch das Volk direkt abstimmen sollte. Die Volksabstimmung im August 1905 hätte mit ihren 184 Nein-Stimmen eindeutiger nicht ausfallen können. Auch die Frauen, die damals noch kein Stimmrecht besaßen, sammelten über 23 000 Unterschriften zur Unterstützung des Parlamentscoups.

Die Trennung war friedlich verlaufen. Die Anfrage aus Oslo allerdings, ob denn nicht ein Abkömmling des Hauses Bernadotte König von Norwegen werden wolle, wies man im Stockholmer Schloß empört zurück. Also fragten die Norweger in Kopenhagen an, denn ein eigener König sollte nach 600 Jahren wieder her, mochten die Anhänger der Republik auch murren. Prinz Carl von Dänemark erklärte sich bereit, die Stellung zu übernehmen, machte dies aber von der Zustimmung des Volkes abhängig. So kam es in Norwegen im Abstand weniger Monate zu einer zweiten, historisch bemerkenswerten Abstimmung. Am 12. und 13. November 1905 entschieden sich über achtzig Prozent der Bevölkerung für die konstitutionelle Monarchie. Prinz Carl nahm die Wahl an, nannte sich fortan König Haakon und taufte seinen gerade vierjährigen, bis zu seinem Tod 1991 amtierenden Thronfolger Alexander Olav, anknüpfend an die Namensreihe seiner mittelalterlichen Vorgänger. Das parlamentarisch-königliche Norwegen in seiner heutigen Form war perfekt.

Die große Häutung

In einer Zeit wachsender sozialer Spannungen, im europäischen Revolutionsjahr 1848, gründete der Freidenker und Vagabund Marcus Thrane in Drammen den ersten Arbeiterverein. Auf dieses Signal hatten viele gewartet. Schon zwei Jahre später gab es 273 Ableger mit 21 000 Mitgliedern im ganzen Land, Tendenz schnell steigend. 20 000 abonnierten Thranes *Arbeiderforeningens Blad*, in dem die

Aufhebung der Kornzölle, eine Verbesserung des Häuslerrechts und des Schulwesens, eine Strafrechtsreform und das allgemeine Stimmrecht gefordert wurden. Die Thrane-Bewegung war Norwegens erster demokratischer Massenaufbruch, Marcus Thrane Norwegens erster und letzter Revolutionär. Im Takt mit der europäischen Reaktion schlug die norwegisch-schwedische Obrigkeit die Bewegung nach einigen gewaltsamen Aufständen nieder. Thrane und 150 seiner Anhänger wurden 1851 zu harten Zuchthausstrafen verurteilt. Nach seiner Freilassung emigrierte er nach Amerika.

Thranes politische Nachfolger kümmerten sich zunächst mehr ums Humanitäre. Ein christlicher Arbeiterverein nannte seine Mitgliederzeitschrift programmatisch *Für Reich und Arm*; die Arbeitergesellschaft, die 1864 in Christiania gegründet wurde, nahm sich vor, «ihren Mitgliedern nützliche und bildende Unterhaltung und einen geselligen Fluchtpunkt in ihren Freistunden» zu bieten. Als Marcus Thrane in hohem Alter 1880 zu einem Besuch nach Oslo kam, wurde ihm von der dortigen Arbeitergesellschaft ein Rederecht verweigert. Erst viel später, 1949, erinnerten sich die Sozialdemokraten dieses Mannes und holten seinen Sarg aus Virginia auf den Osloer Prominentenfriedhof Vår Frelses Gravlund.

Die Industrialisierung brachte gewaltige Veränderungen mit sich, von norwegischen Historikern als «große Häutung» beschrieben. Die Bauerngesellschaft mußte sich dem ökonomisch-technischen Fortschritt beugen. Die neuen Verkehrswege – die erste Bahnlinie Oslo – Eidsvoll wurde 1854 in Betrieb genommen – eröffneten ihnen neue Absatz-

märkte in den rasch wachsenden Städten. Nach der dunklen Dänenzeit ist «die große Häutung» die zweite große Verklärung der norwegischen Geschichtsschreibung: Der freie Bauer, der jahrhundertelang nur für sich selbst und vielleicht noch für den Tausch mit den Nachbarn produziert habe, sei ins kalte Wasser der Verwertungsgesellschaft geworfen worden. Zwar waren die norwegischen Bauern zuvor Subsistenz-Wirtschaftler, doch nicht, weil sie so bodenständig und antikapitalistisch eingestellt waren, sondern weil es schlicht ihrem Konsumanspruch genügte. Als sich die Gelegenheit bot, mit Maschinen und Geld das recht gute Leben noch besser zu machen, zögerten die Bauern nicht – und weinten der Tauschwirtschaft weniger Tränen nach als die nationalromantischen Intellektuellen. Ein Beispiel dafür, wie schnell der neu entstandene Kreditmarkt auch im Kuhstall Fuß faßte, ist die Zahl der Molkereien: Sie wuchs von sieben im Jahre 1860 binnen 40 Jahren auf 780.

Um die Jahrhundertwende brachen dramatische Zeiten an. Die enormen Wasserreserven des Landes begannen, billige Energie zu liefern, und die Industrie expandierte, besonders in der metallurgischen Branche. Angelockt vom billigen Strom und von den reichlichen Kupfervorkommen, begannen sich zunehmend auch ausländische Konzerne auf norwegischem Gebiet zu tummeln. Die Schiffahrt, neuerdings dampfgetrieben, boomte, die Bevölkerung nahm trotz der massenhaften Auswanderung nach Amerika weiter zu: bis 1920 waren es 2,6 Millionen. Ein klassisches Industrieproletariat wuchs heran, das in ebenso klassischen Retorten-

WIKINGERBOOTE UND BOHRINSELN

23

Industriestädten wie Rjukan, Notodden oder Kirkenes wohnte. Zugleich wuchs die Arbeiterbewegung. Die 1887 gegründete Norske Arbeiderparti (DNA oder auch AP) zog 1903 mit zehn Abgeordneten erstmals ins Storting ein, sechs Jahre später waren es 26. Der Gewerkschaftsdachverband Landsorganisasjonen (LO) wuchs zwischen 1905 und 1912 von 15 600 auf 53 000 Mitglieder. Den ersten landesweiten Streik gab es 1907 in der Papierindustrie. Besonders erbittert wurde vier Jahre später der Arbeitskampf im Bergbau geführt, den die Industriellen mit Aussperrung beantworteten. Die Streikkassen der Gewerkschaften reichten für diesen Fall nicht aus. So akzeptierten sie 1911 ein staatliches Zwangsschlichtungsrecht, das bis heute besteht und regelmäßig von der Regierung angewendet wird.

Die Zeit der weichen Linie der Arbeitervereine schien danach zunächst einmal vorbei. LO und AP gerieten unter revolutionären Druck. Die «Rote Jugend» forderte die Diktatur des Proletariats, eine gewerkschaftsinterne Opposition hatte schon 1911 auf einem Treffen in Trondheim den revolutionären Aufruhr beschlossen: Nicht um lächerliche Erhöhungen des Stundenlohns und soziale Wohlfahrtsgeschenke, sondern um den ganzen Kuchen sollte es in Zukunft gehen. Generalstreik, Boykott, Blockaden und zur Not auch härtere Mittel wie Sabotage sollten die Revolution auf den Weg bringen. Anführer dieser radikalen Opposition war der Syndikalist Martin Tranmæl, ein aktiver Gewerkschafter aus Trondheim, der ein paar Jahre in den USA bei den «Industrial Workers» verbracht hatte. Tranmæl und seine Genossen konnten auf dem AP-Parteitag 1918 die Macht übernehmen. Die Notjahre des Ersten Weltkrieges waren zu dieser Zeit noch zu spüren. Das neutrale Norwegen hatte fast fünfzig Prozent seiner Handelsflotte verloren, Mehl und Fett waren rationiert, die Inflation galoppierte, in den Städten zog die Massenarbeitslosigkeit ein, Zwangsversteigerungen und Konkurse gehörten zum Alltag. Andererseits leuchtete von Osten her der Stern der siegreichen Bolschewisten. Die AP trat als einzige nicht-kommunistische Partei der Komintern bei.

Norwegens Sozialdemokratie als Teil der revolutionären Avantgarde, Lenins Thesen von der führenden Rolle der Partei und der militärischen Disziplin im Klassenkampf akzeptierend – das konnte nicht lange gutgehen. Zu sehr war die norwegische Gesellschaft über die Klassengegensätze hinweg auf vielfältige Weise miteinander verflochten, und die Radikalen in der Arbeiterbewegung waren nicht stark genug. Die einzigen, die vielleicht eine Revolution in Norwegen hätten schaffen können, waren die Abstinenzler. Die «avholdtsbevegelse» war damals die mit Abstand größte Massenbewegung, quer durch alle Gesellschaftsschichten.

In der AP brach ein Machtkampf zwischen Gemäßigten und Radikalen aus. Zunächst spaltete sich 1921 eine Sozialdemokratische Arbeiterpartei ab, zwei Jahre später brach die AP mit der Komintern, worauf sich Norges Kommunistiske Parti (NKP) bildete und die beiden sozialdemokratischen Hälften wieder zusammenfanden. Der Klassenkampf wurde aus dem Parteiprogramm gestrichen. Ab diesem Zeitpunkt begann der Durchbruch für die Sozialdemokratie in Norwegen.

Mit vierzig Prozent Wählerstimmen kamen sie 1935 als erste Sozis in Europa an die Regierungsmacht. Von dieser Position war die AP fast fünfzig Jahre nicht zu verdrängen.

Die Nazi-Okkupation

Hitlers Überfall auf Norwegen und Dänemark – Deckname: «Weserübung» – begann am 9. April 1940 um fünf Uhr morgens. Dutzende von Kriegsschiffen liefen auf Oslo, Kristiansand und Bergen zu, während das ganze Land noch fest schlief. Nur im norwegischen Storting war man in den frühen Morgenstunden zusammengekommen, nachdem Meldungen von einer nahenden Kriegsmacht eingetroffen waren. Regierung und Parlament konnten sich erst nach langen Diskussionen auf eine Generalmobilmachung einigen. Auch wenige Stunden vor der Invasion waren die Norweger noch zuversichtlich, sich wie im Ersten Weltkrieg heraushalten zu können.

Weder sie noch die westlichen Alliierten ahnten, daß Hitler schon im Dezember 1939 das Oberkommando seiner Wehrmacht angewiesen hatte, Pläne zur Besetzung der beiden nordischen Länder auszuarbeiten. Besonders der Chef der Kriegsmarine, Raeder, wollte sich nach der Kriegserklärung Großbritanniens die Kontrolle der norwegischen Küste sichern. Die von tiefen Fjorden geschützten Häfen schienen ihm als U-Boot-Basen ideal. Hitler wollte die einer wahnwitzigen Rassentheorie zufolge «artverwandten» Dänen und Norweger einem «Großgermanischen Bund» vom Nordkap bis zu den Alpen einverleiben. Außerdem machten ihm die Eisenerzlieferungen aus Schweden, die vom nordnorwegischen Hafen Narvik aus verschifft wurden, Sorgen. Kurz nach fünf Uhr morgens suchte der deutsche Gesandte in Oslo den norwegischen Außenminister auf, um ihm das Ultimatum seines Führers zu verlesen: bedingungslose Kapitulation noch an diesem Morgen. Im Gegensatz zur dänischen Regierung, die sich zur gleichen Zeit in Kopenhagen ergab, um einen aussichtslosen Krieg zu vermeiden, lautete die Antwort von König und Regierung in Oslo: Niemals! Draußen im Oslofjord gelang es zur gleichen Zeit einer einsamen norwegischen Küstenbatterie, den nagelneuen Kreuzer «Blücher» zu versenken und damit den Invasionszug für ein paar Stunden aufzuhalten. Genug Vorsprung für die Regierung und die Königsfamilie, zunächst im Hinterland Zuflucht zu suchen.

In dieser Situation sah ein Norweger namens Vidkun Quisling seine Stunde gekommen. Quisling, ein ehemaliger Major, war Führer der faschistischen Splitterpartei «Nasjonal Samling» (Nationale Sammlung) und wollte jetzt mit Hilfe der Deutschen Ministerpräsident werden. Die NS, wie sich die Partei kurz nannte, war mit weniger als einem Prozent der Wählerstimmen innenpolitisch völlig bedeutungslos. Aber dafür hatte Quisling gute Verbindungen nach Berlin. Marinebefehlshaber Raeder persönlich verschaffte ihm im Dezember 1939 Zutritt zu Hitler. Bei dieser Gelegenheit begeisterte sich Quisling für die großgermanischen Ideen seines politischen Idols. Der Verräter log über die wahre Stärke seiner Partei und versicherte Hitler, das norwegische Offizierskorps stünde hinter ihm. Hitler fühlte sich bestärkt und gab kurz darauf den Befehl,

WIKINGERBOOTE UND BOHRINSELN

25

mit den Vorbereitungen für die «Weserübung» zu beginnen.

Befehlshaber des Nordlandfeldzuges war General Nikolaus von Falkenhorst, ein Mann, dessen Name heute noch eine Bundeswehrkaserne ziert. Falkenhorst bereitete sich mit Baedekers «Handbuch für Reisende» nach Norwegen auf das zu annektierende Land vor. Seine frischerworbenen Kenntnisse über die «Beutegermanen», wie die Norweger im Nazi-Jargon hießen, gab er in einem Verhaltensknigge an seine Soldaten weiter: «Der Norweger ist äußerst freiheitsliebend und selbstbewußt. Er lehnt jeden Zwang und jede Unterwerfung ab. Er hat keinen Sinn für militärische Zucht und Autorität. Also: wenig befehlen, nicht anschreien! Das erfüllt ihn nur mit Widerwillen und ist wirkungslos.»

Die Deutschen entschieden, statt des unter seinen Landsleuten verhaßten Verräters Quisling zunächst einen «Administrator» aus Vertretern des öffentlichen Lebens mit den Regierungsgeschäften zu beauftragen. Damit sollten die Norweger beruhigt und zum Verzicht auf militärischen Widerstand bewegt werden. Doch so schnell wollte die 15 000 Mann starke Heimwehr nicht aufgeben. Im Norden verband sie sich mit britischen und französischen Einheiten und vertrieb die deutschen Invasoren kurzfristig wieder aus der Hafenstadt Narvik. Erst am 10. Juni kapitulierten die letzten norwegischen Einheiten.

Anfang 1942 wurde Quisling dann doch noch zum Ministerpräsidenten von Hitlers Gnaden ernannt. Der Verräter und seine NS-Minister wollten das in sie gesetzte Vertrauen der Deutschen nicht enttäuschen und machten sich sogleich daran, die Gleich-schaltung im Land voranzutreiben. Dabei stießen sie allerdings auf den erbitterten Widerstand ihrer Landsleute. Als beispielsweise die Sportvereine des Landes einem faschistischen Leibesertüchtigungsverband unterstellt werden sollten, riefen die Athleten kurzerhand einen «Sportstreik» aus. Sie beteiligten sich nicht mehr an Wettkämpfen, und bei NS-Sportschauen blieben die Ränge leer. Die Lehrer widersetzten sich geschlossen einem NS-Berufsverband, die Richter ebenso. Auch die Einrichtung eines NS-Jugendverbandes mußte Quisling aufgeben – über neunzig Prozent der Eltern verboten ihren Kindern, daran teilzunehmen.

Der passive Widerstand wurde vom zivilen Teil der Widerstandsbewegung «Hjemmefronten» organisiert, zum Teil von Schweden oder London aus. Der militärische Arm war für Sabotage, Überfälle auf deutsche Waffentransporte und Begleitschutz für die Flüchtlinge nach Schweden verantwortlich. Die Gestapo und das Quisling-Regime, das mit der «Hird» über eine Art norwegische SA verfügte, reagierte auf den - Widerstand mit brutalem Terror: Standgerichte, Geiselerschießungen, Zerstörung ganzer Ortschaften, Deportationen zur Zwangsarbeit in den hohen Norden.

Als Hitler-Deutschland am 8. Mai 1945 kapitulierte, standen 365 000 Soldaten der Wehrmacht in Norwegen. Wenige Tage bevor sie ihre Waffen streckten, hatten sie auf ihrem Rückzug vor der nahenden Roten Armee die Provinz Finnmark in Schutt und Asche gelegt. «Verbrannte Erde» lautete ihr letzter Befehl. In der Stadt Hammerfest blieb nur die Grabkapelle stehen. Der Ort gilt als die «meistzerstörte Stadt» dieses Weltkrieges. Am Ende der fünfjährigen Besatzung zählten die Norweger 10 000 Kriegsopfer, darunter 4000 Seeleute auf Handelsschiffen, 336 Hingerichtete und 1530 Ermordete in Konzentrationslagern, unter ihnen 750 norwegische Juden. «Diese Zahlen mögen gering erscheinen, zumal im Vergleich zu den Millionenopfern im Osten», schrieb der bis 1940 im Osloer Exil lebende Willy Brandt in seinen Erinnerungen *Links und Frei*. «Sie sprechen auch für die Umsicht der Führer des Widerstands, die Zahl der Opfer möglichst begrenzt zu halten. Doch 10 000 Menschenleben sind viel für ein kleines Volk. Die Norweger fühlten, daß jedes einzelne zuviel war.»

Vidkun Quisling, der selbsternannte Führer Norwegens, wurde fünf Monate später wegen Beihilfe zur Deportation und Ermordung von Landsleuten durch ein norwegisches Gericht zum Tode verurteilt und hingerichtet. Sein Name gilt bis heute zweifellos zu Recht weltweit als Synonym für Kollaborateure. Aber er war keineswegs, wie es im Nachkriegs-Norwegen manchmal den Anschein hatte, der einzige «Quisling» im besetzten Norwegen. Es waren norwegische Beamte und Polizisten, die mit unverhohlenem Eifer die Deportation der Juden durchführten. Und Norweger bereicherten sich an deren beschlagnahmtem Eigentum. Außerdem arbeiteten zahlreiche norwegische Industrielle mit den deutschen Besatzern zusammen und verdienten an deren Aufträgen. Vor allem die Baubranche boomte, denn die Deutschen ließen für die «Festung Norwegen» neue Straßen, Eisenbahnlinien und Flugplätze bauen. Die NS-Partei wuchs bis 1943 immerhin auf 43 000 Mitglieder heran, und 6000 Norweger meldeten sich freiwillig an Hitlers Front, über 4000 zur Waffen-SS.

Als man in den achtziger Jahren in Norwegen erstmals offen über Verrat und Kollaboration während der Besatzungszeit zu diskutieren begann, wurde ein besonders schlimmes Kapitel aufgedeckt: das Schicksal der Frauen, die während der Besatzungszeit ein Verhältnis mit deutschen Soldaten hatten. An ihnen wurde die ganze Wut und Selbstgerechtigkeit ausgelassen, ungeachtet der Tatsache, daß zum Beispiel 100 000 von 1,3 Millionen Berufstätigen in irgendeiner Weise für die Deutschen arbeiteten. Zunächst gab es Szenen wie in anderen befreiten Ländern: kurzgeschorene Haare, Spießrutenlaufen durch die Straßen. Geächtet und ohne Arbeit, zogen es manche der als «tyskehorer» (Deutschenhuren) beschimpften Frauen vor, ihren oft nur flüchtig Bekannten nach Deutschland hinterherzureisen. Bis vor wenigen Jahren wurde diesen Frauen von den Behörden die Rückgabe der norwegischen Staatsangehörigkeit verweigert. Schlimm erging es auch den über 9000 «tyskebarn», den Deutschenkindern, deren Väter entweder während des Krieges getötet wurden oder sich aus dem Staub gemacht hatten.

Nachkriegszeit und NATO
Die Hjemmefront, eine Koalition aus Bürgerlichen, Sozialdemokraten und Kommunisten, hielt nach der Befreiung nicht lange. Anfangs reagierte das im Oktober 1945 neu gewählte Storting auf die wachsenden Spannungen zwischen den Siegern Sowjetunion und USA mit der «brobyggingspolitikk»: man wollte Brücken

Affinität zum Nationalsozialismus: Knut Hamsun mit seinem Sohn Tore (links) und Terboven (rechts), dem deutschen Reichskommissar in Norwegen

bauen und die UNO, zu deren erstem Generalsekretär der norwegische Sozialdemokrat Trygve Lie gewählt worden war, stärken. Doch die Truman-Doktrin, das Marshall-Angebot und schließlich die brutale Annexion der Tschechoslowakei 1947 durch Stalin riß innenpolitische Gräben auf. Die regierende Arbeiterpartei ließ bald ab von Überlegungen zu einer Neutralität oder Nordischen Verteidigungsallianz. Mit der Neutralität, so meinte man, sei man schlecht gefahren. Und die Idee der skandinavischen Allianz scheiterte daran, daß Finnland als Kriegsverlierer und Nachbar der UdSSR nicht mitmachen konnte. Die AP schuf Tatsachen, ehe es zu einer wirklichen öffentlichen Diskussion kommen konnte: Als eine der ersten unterschrieb die norwegische Regierung am 4. April 1949 den NATO-Vertrag.

Die Sozialdemokraten, die sich in Teilen nach der Befreiung sogar für eine Vereinigung der beiden Linksparteien ausgesprochen hatten, erklärten danach auch innenpolitisch die Kommunisten zum Hauptfeind der Demokratie. Durch die Memoiren eines Gewerkschaftssekretärs kam heraus, daß Ende der sechziger Jahre in der Gewerkschaftszentrale klammheimlich ein sogenanntes Kommunistenarchiv vernichtet worden war: Hunderte von Karteikarten mit peniblen Angaben über linke Gewerkschafter im ganzen Land. Die Dossiers waren in enger

Zusammenarbeit zwischen Gewerkschaftsleitung, regierenden Sozialdemokraten, Geheimpolizei und einzelnen Journalisten der sozialdemokratischen Presse entstanden. Durch einen Untersuchungsausschuß wurde später bekannt, daß die «Überwachungspolizei» (POT) die Bespitzelung politischer Aktivisten – dazu zählten auch Pfadfinderfunktionäre – illegalerweise bis Ende der achtziger Jahre fortsetzte.

Nach dem Krieg begann ein schneller Wiederaufbau der zerstörten Städte und Industrieanlagen, gefolgt von einem wirtschaftlichen Aufschwung, der in der Geschichte dieses Landes ohne Beispiel war, allerdings ohne die 2,5 Milliarden Kronen Marshall-Hilfe und hohe Auslandsschulden, die Norwegen in den siebziger Jahren dank des Nordsee-Öls allesamt zurückzahlen konnte, undenkbar gewesen wäre. Der Anteil von Landwirtschaft und Fischerei am Bruttosozialprodukt – 1960 noch achtzig Prozent – sank zugunsten von staatlicher Schwerindustrie (Aluminium, Schiffbau, chemische Industrie). Landflucht in die Industrieorte war die Folge. Die Sozialdemokraten wollten aus dem Agrarland eine unabhängige Industrienation machen – und daran sollten alle im Land teilhaben. Wo noch kein Staatskonzern stand, wurde einer hingepflanzt, zum Beispiel in die nordnorwegische Mittelstadt Mo i Rana, die in den fünfziger Jahren das hochsubventionierte staatliche Eisenwerk Norsk Jern erhielt.

Wohlstand für alle war das eine, Wohlfahrt für alle das andere Ziel – nicht nur für die Sozialdemokraten, sondern für alle Parteien im Storting. Geprägt wurde die norwegische Nachkriegspolitik von dem Sozialdemokraten Einar Gerhardsen, der zwischen 1945 und 1965 fast ununterbrochen das Land regierte. Die Gerhardsen-Epoche ist für ältere Menschen die gute alte Zeit, in der die politischen Gegensätze kleiner, die Verbesserungen der Lebensbedingungen spürbarer, die internationale Bedeutung Norwegens geringer war. Gerhardsen selbst war das bescheidene Wir-Gefühl in Person. Er lebte in einem Reihenhäuschen, fuhr jeden Morgen mit der Straßenbahn zur Arbeit und ging mit seiner Familie immer nur zelten.

Gerhardsen legte die Fundamente des norwegischen Sozialstaats in einer gemeinsamen Erklärung (felleserklæringen): Vollbeschäftigung und das Recht auf Arbeit, das bald darauf in die Verfassung übernommen wurde. Hinzu kam die soziale Wohnungsbaupolitik, gesteuert von der staatlichen Husbank (Hausbank), mit deren Darlehen fast alle Norweger bauen. Denn nur hier bekommen sie halbwegs bezahlbare Zinssätze, allerdings für den Preis, daß Husbanken bei Quadratmeterzahl und Architektur ein gehöriges Wort mitreden darf. Deswegen sehen norwegische Häuser zwar gemütlich, aber auch sehr gleich aus.

Die einschneidendsten Reformen erfuhr die Bildungspolitik. 1959 wurde das dreigliedrige Schulsystem wie schon zuvor beim Nachbarn Schweden abge-schafft. An seine Stelle trat eine neunjährige Grundschule, gefolgt von einer dreijährigen weiterführenden Schule (videregående skole), die Berufsschule und Gymnasium einschließt. Die Schüler wählen «Linien», ob Betonbau oder Latein – man bleibt bis zum Schluß zusammen. Die große Bildungsreform hatte aber auch die aus der Bundesrepublik bekannte häßliche Seite: den Tod der Landschulen. Kinder, die zuvor in ihrer Gemeinde zur Schule gehen konnten, werden nun jeden Morgen in riesige Schulzentren verfrachtet.

Die uneingeschränkt herrschenden Sozialdemokraten bekamen im April 1961 Konkurrenz von links (die NKP lag inzwischen bei einem Stimmanteil unter einem Prozent), die sie nicht mehr loswerden sollten. Nach Lavieren der APler in der Frage, ob Atomwaffen im Spannungsfall auf norwegischem Boden gelagert werden dürften, spaltete sich ein Teil des linken Flügels ab und gründete die Sosialistisk Folkeparti (heute Sosialistisk Venstreparti, SV). Viele Intellektuelle, der sozialdemokratischen Wachstumseuphorie überdrüssig, hatten auf dieses Signal gewartet. SV ist inzwischen in der norwegischen Politik mit rund zehn Prozent der Stimmen fest etabliert, für eine Regierungsbeteiligung hat es aber nie gereicht.

Ende der sechziger Jahre machte man die ersten Ölfunde in der Nordsee, und im Osloer Schloßpark hingen die ersten Hippies herum. Als eine westnorwegische Zeitung 1965 mutmaßte, daß besonders in «Jazzkreisen» Marihuana geraucht würde, ja damit sogar Geschäfte liefen, beruhigten Polizei und Zoll die Öffentlichkeit: «So etwas gibt es bei uns

Man muß sich nur anpassen: auf dem Weg zum multikulturellen Wohlfahrtsstaat?

nicht, und wenn ‹Sunnmors-posten› das noch mal behauptet, setzt es eine Anzeige.» Die einzigen, die man erwischte, waren zwei amerikanische Touristen, die sofort unter allgemeiner Empörung ausgewiesen wurden. Seitdem waren die Bürger beruhigt.

Eine der härtesten innerpolitischen Auseinandersetzungen in Norwegen waren die beiden Referenden über einen EU-Beitritt – jedesmal mit merkwürdigen Koalitionen: Linke, Bauern, Religiöse und Liberale auf der einen Seite, Sozialdemokraten und Konservative auf der anderen. Der Riß ging quer durch die Familien. In den Kampagnen gegen einen «Ausverkauf Norwegens» schwang jedes Mal diffuse Fremdenfeindlichkeit mit. Der totale Einwandererstop 1975 war auch eine Folge der EG-Volksabstimmung vom 25. September 1973.

Sozialstaat durch Öl

In den siebziger Jahren überholten die Norweger die Nachbarländer endgültig im Wohlstand. Europa und die OPEC hatten es plötzlich mit einem mächigen Nordseeölproduzenten zu tun. Gleichzeitig machten sich Krisenerscheinungen des industriellen Wohlstands bemerkbar. Der Sozialapparat mußte wachsen, denn immer mehr Menschen bedurften seiner Hilfe, gleichzeitig konnten die öffentlichen Ausgaben nicht unbegrenzt weiter steigen. Plötzlich schwammen Fische mit Bauch obenauf im Drammensfluß, und der Umweltschutz – lange ein Fremdwort in Norwegen – wurde zum Problem. Die Umweltbewegung hatte ihren Höhepunkt im Kampf um Kraftwerksprojekte wie den Alta-Staudamm. Die Friedensbewegung, die – typisch norwegisch – quer durch

alle Parteien ging, hatte zu Zeiten des NATO-Doppelbeschlusses kein amerikanisches Atomdepot, das sie hätte blockieren können, denn die Stationierung von Atomwaffen auf norwegischem Territorium ist verboten. Doch ihre Friedensmärsche hatten zumindest teilweise Erfolg: Die Regierung setzte sich für eine atomwaffenfreie Zone Mitteleuropa ein, und die Abstimmung im Storting über die Pershing-Stationierung verlief so knapp wie in keinem anderen NATO-Land: Mit einer Stimme Mehrheit entschied sich Norwegen dafür.

Turbulent ging es streckenweise auch in der Innenpolitik zu. Denn die Fremskrittsparti (Fortschrittspartei) brachte plötzlich von rechtsaußen den politischen Konsens durcheinander. Ursprünglich war FRP eine unbedeutende Steuerprotestpartei mit höchstens einem Prozent Wählerstimmen. Anfang der achtziger Jahre ging es aber plötzlich mit dem Vorsitzenden Carl I. Hagen steil nach oben. Hagen, ein alternder Playboy, ritt auf der Welle des individuellen Reichtums, der gerade unter jungen Leuten die Haltung «Kein Bock auf Sozialstaat» förderte. Das Programm der FRP ist simpel: weniger Steuern, Privatisierung und «Ausländer raus». Das reichte bei den Kommunalwahlen 1995 immerhin für zwölf Prozent der Stimmen. Im Osloer Rathaus regieren die Konservativen mit Unterstützung der FRP. In manchen Stadtteilen Oslos mit hoher Arbeitslosigkeit und hohem Immigrantenanteil stimmte jeder dritte für die Rechtsradikalen.

Es war ein großer Schock für die norwegische Öffentlichkeit, als die Polizei Anfang 1997 eine rechtsradikale Gruppe verhaftete, die Terroranschläge gegen liberale

Politiker und Journalisten geplant haben soll. Viele hatten vor einer Verharmlosung fremdenfeindlicher Äußerungen gewarnt. Zwar ist es nicht mehr ungewöhnlich, in Oslo oder Bergen Andersfarbigen zu begegnen. Doch gerade einmal zwei Prozent der Bevölkerung sind Ausländer, Schweden und Dänen mit eingerechnet. Seit dem Einwandererstopp sind nur noch sogenannte «Kontingent-Flüchtlinge» der UNO aufgenommen worden. Zwischen 1991 und 1996 waren es 31000 Menschen, weit weniger als bei den skandinavischen Nachbarn.

Wer aufgenommen wird, hat es sozial und materiell besser als anderswo in Europa. Die Einwanderer dürfen sich sofort Arbeit suchen, Norwegischunterricht und Anspruch auf muttersprachlichen Unterricht in der Schule sind garantiert, alle sozialen Leistungen werden von Anfang an gewährt. Das kommunale Wahlrecht kommt nach drei Jahren hinzu, und gegen offene Diskriminierung kann man sich im Notfall mit Hilfe eines Antidiskriminierungsparagraphen im Strafgesetzbuch wehren. Fortschrittliche Gesetze helfen auch den Frauen in Norwegen. Seit 1913 besitzen die Norwegerinnen das Wahlrecht, als zweite in Europa nach den Finninnen. Es dauerte noch weitere 26 Jahre, bis die erste Frau Ministerin wurde, doch der Einfluß von Frauen auf die norwegische Politik nahm stetig zu. Heute sind Ministerinnen und weibliche Parteivorsitzende in Norwegen eine Selbstverständlichkeit.

Besonders eine Politikerin ist für Frauen in aller Welt heute noch ein Vorbild: Die dreimalige Ministerpräsidentin Gro Harlem Brundtland. 1986 präsentierte sie erstmals ein Kabinett, das zur Hälfte mit Frauen besetzt war. Seitdem wurde diese magische Grenze nicht mehr wesentlich unterschritten. Die Mutter von drei Kindern und ausgebildete Ärztin wurde ein Beispiel dafür, daß sich Familie und politische Karriere nicht ausschließen.

Auch auf Gemeinde- und Bezirksebene soll eine gleiche Repräsentation beider Geschlechter gewährleistet werden. Über die Einhaltung der Quotenregelung wacht ein Gleichstellungsombud. In der freien Wirtschaft gilt das Gleichberechtigungsgesetz, das den Frauen gleichen Lohn und gleiche Aufstiegschancen sichern soll. Abteilungschefinnen und Direktorinnen sind zwar keine Seltenheit, doch die Mehrzahl der Norwegerinnen ist in typischen Frauenberufen beschäftigt. In wirtschaftlich problematischen Regionen, wie der Finnmark, bleibt ihnen nichts anderes übrig, als in der Fischfabrik am Fließband zu arbeiten. Zudem sind über neunzig Prozent der Teilzeitbeschäftigten in Norwegen Frauen.

HINTERWÄLDLER UND KOSMOPOLITEN

NORWEGENS WIR-GESELLSCHAFT

Das norwegische Wort «rettferd», so steht es im Wörterbuch, bedeutet Gerechtigkeit. Doch in diesem Begriff steckt mehr: das gesellschaftliche Programm der Vier-Millionen-Gesellschaft. Auf «rettferd» baut jede Übereinkunft, sie ist die Trägerin des Zusammenlebens. Deshalb ist es ein leidenschaftliches Wort, das die Gemüter in Wallung bringen kann. Als vor ein paar Jahren durch die Zeitungen ging, daß Minister in Oslo mehrmals mit ihren Dienstautos auf der Busspur am Stau vorbeigefahren waren, da ging es als Aufschrei durch die Öffentlichkeit: «Rettferd!» Die Minister mußten sich öffentlich entschuldigen und versprechen, solches nie wieder zu tun.

«Rettferd» bedeutet neben Gerechtigkeit auch Gleichheit. Also keine Privilegien. Wer dagegen verstößt, bekommt Probleme. Selbst die rechte Fortschrittspartei hat inzwischen begriffen, daß sie zwischendurch eine Milliarde Kronen für die Alten und Behinderten aus dem Verteidigungshaushalt fordern muß, wenn sie sich bei zwölf Prozent Wählerstimmen halten will.

Die nordische «Leidenschaft für Gerechtigkeit und Gleichheit» (Buchtitel) ist natürlich vor allem ein Ethos. Denn es sind ja nicht alle gleich. Dem Chef von Norsk Hydro geht es natürlich besser als dem Arbeiter in seinem Werk. Dieser Unterschied wird akzeptiert, aber nicht, weil man ihn für

34

Ein Skål auf Gleichheit, Gerechtigkeit und Wohlstand für alle

gerecht hielte. Man akzeptiert ihn als notwendigen Preis für die größtmögliche Gleichheit, die man nur mit einem staatlich kontrollierten Kapitalismus erzielen zu können glaubt. Daß die Planwirtschaft nicht nur nicht funktioniert, sondern auch ihre eigenen Klassen produziert, das wußten die Skandinavier schon vor dem Zusammenbruch in Osteuropa. Also gibt man dem Arbeiter bei Norsk Hydro eine starke Gewerkschaft, die ihm so viel Lohn bei 35 Stunden in der Woche erkämpft, daß es für ihn und seine Familie zu einem Haus, einem guten Auto und einem Urlaub auf den Kanarischen Inseln reicht. Den Chef von Norsk Hydro läßt man dafür reich sein. Allerdings sollte er nicht mit seinem Reich-

Die Kinder wachsen unter dem Jante-Gesetz auf: «Glaube nicht, daß du etwas Besonderes bist.»

tum protzen. Dieses würde gegen das «Jante-Gesetz» verstoßen, das der Schriftsteller Aksel Sandemose 1933 publizierte. Er wollte damit die soziale Kontrolle in einem kleinen norwegischen Städtchen beschreiben. In Paragraph 1 des Jante-Gesetzes heißt es: «Glaube nicht, daß du etwas Besonderes bist.» Und etwas weiter unten: «Glaube nicht, daß du besser bist als wir anderen.» Im Mai 1997 mußte der Milliardär Kjell Inge Røkke, Inhaber einer Investment-Gruppe, nach Protesten seinen Plan aufgeben, sich ein luxuriöses Feriendomizil auf einer Insel nahe Oslo bauen zu lassen. Reumütig gestand Røkke, gegen das Jante-Gesetz verstoßen zu haben: «Ich wollte die Gefühle der Norweger nicht verletzen.»

37

Røkkes Betrieb wird zwar hoch versteuert, und auch die Luxussteuer für seine Yacht ist ordentlich. Außerdem muß er hinnehmen, daß am Jahresende seine Gehaltsauszüge in der Zeitung veröffentlicht werden. Doch sein Vermögen bleibt fast unangetastet. So ist das Gerechtigkeitsempfinden der Norweger: Nicht die Reichen sollen weniger, sondern die Armen viel mehr bekommen.

Die Leidenschaft für Gleichheit und Gerechtigkeit hat mit Sozialismus wenig zu tun. Die Idee ist älter als die Sozialdemokratie, sie ist aber von den Sozialdemokraten zu einer pragmatischen Politik umgeformt worden. Der Münchner Soziologe Walther Rotholz sieht den Ursprung der «politischen Kultur Norwegens» in den Erweckungsbewegungen Anfang des 19. Jahrhunderts. Der Prediger H. N. Hauge gründete Ende des 18. Jahrhunderts eine religiöse Laienbewegung gegen die dänische Staatskirche. Wer die existentielle Erfahrung einer «Umwendung» zum Leben für Gott gemacht hatte, war mit dabei. So wichtig war das aber nicht, nachgeprüft wurde es jedenfalls nicht. Wichtig war vielmehr, daß die Hauge-Bewegung die erste landesweite soziale Bewegung war, eine Brüderschaft von Nord bis Süd. Die gemeinsame Sprache – Hauge kam wie der Apostel zu Fuß in die Ortschaften und konnte sowenig Kirchenlatein wie seine Anhänger – schuf gegenseitige Solidarität und gab den einfachen Leuten die Fähigkeit, ihre Forderungen zu artikulieren. Die Haugianer propagierten die Idee der «Gütergemeinschaft», weshalb sie von der Obrigkeit bekämpft wurden und ihr Anführer insgesamt dreimal in den Kerker wanderte. Das Bewußtsein, anerkannter Teil einer brüderlichen Gemeinschaft zu sein, schuf das Gefühl eines gesellschaftlichen Konsenses, das nie wieder vergehen sollte. Daß das Ganze einen religiösen Ursprung hatte, war nach Rotholz' Meinung «insofern günstiger als reine soziale Verteilungskämpfe, weil dadurch ein Transzendenzbezug der Persönlichkeit sichtbar wurde». Will sagen: Statt Masse war die Persönlichkeit jedes einzelnen gefragt.

Die Ideen der Haugianer lebten weiter. Kirche und Militär waren im Norwegen des vergangenen Jahrhunderts keine Mächte, die dagegen hätten eingreifen können. Einen organisierten Konservatismus wie in England oder Deutschland gab es nicht. Junge Anhänger Hauges bildeten den Grundstock der liberalen Partei «Venstre», einer Koalition aus Bauern und städtischen Radikalen. Venstre war es, die nach Einführung des Parlamentarismus dem Gleichheitsgedanken zum Durchbruch verhalf.

Tief verwurzelt: der Sozialdemokratismus

Dann kam die Arbeiterbewegung – als «legitimes Kind der Liberalen», wie ein kommunistischer Abgeordneter im Storting 1921 sagte. Die norwegische Sozialdemokratie fußte weniger auf einer kosmopolitischen Idee als auf den Volksbewegungen, deren Spannbreite von den Abstinenzlern bis zu den Gewerkschaftern reichte. Sie war Bestandteil der radikalliberalen Bürgergemeinschaft und setzte sich spätestens als Helfer beim Marshall-Plan und dem NATO-Beitritt endgültig an die Spitze der Volksgemeinschaft. Bis zur Studentenbewegung 1968 soll es in Norwegen nur eine Handvoll Leute gegeben haben, die *Das Ka-*

pital gelesen hatte. Natürlich gab es Klassenunterschiede. Aber die organisierten Arbeiter in Norwegen waren von Anfang an gleich stark wie das Kapital und haben sich nie als kulturelle Unterklasse verstanden. Ein Beispiel dafür ist der erfolgreiche Kampf für die Gleichstellung der Volkssprache «nynorsk», der zweiten norwegischen Sprachvariante neben dem «bokmål». Sozialdemokratische Politik wird in Norwegen völlig pragmatisch angegangen. Was den Vorstellungen von Gleichheit und Gerechtigkeit dient, ob Gesamtschule oder Allgemeine Pensionsversicherung, wird ohne großen Streit gemacht. Umgesetzt wird die Politik mit einer Vielzahl von Institutionen, Vereinen und Interessengruppen. Die staatlichen Institutionen sind vor allem Parlament, Regierung und die fest verwurzelte kommunale Selbstverwaltung. (In Norwegen gibt es 454 selbständige Gemeinden, davon nur die Hälfte mit mehr als 5000 Einwohnern.) Dazu gehören aber auch der staatliche Alkoholvertrieb, der staatliche Rundfunk NRK, die staatliche Kreditanstalt und das Gesundheitswesen.

Auf der anderen Seite gibt es über 2000 landesweite Organisationen, allen voran die Gewerkschaften und die Wirtschafts- und Berufsverbände, aber auch Vereine wie den «Club der FC Liverpool-Anhänger Norwegens». Ein mächtiger gesellschaftlicher Apparat, der zusammen dreimal so viele Büroangestellte hat wie die nicht eben kleine Staatsbürokratie. Siebzig Prozent aller Norweger sind Mitglied in mindestens einer Organisation. Enzensberger schreibt: «In Norwegen gibt es vier Millionen Einwohner und acht Millionen Mitglieder.» Die Wahrheit ist: Es sind zehn bis zwölf Millionen. Das hat den Vorteil, daß sich die Interessen der diversen Vereinigungen eher überschneiden als gegenüberstehen.

Staat und Interessengruppen sind eng miteinander verbunden, die Politik des Landes machen sie gemeinsam. In keinem europäischen Land gibt es so viele Anhörungen und öffentliche Gutachtergremien zu einem Gesetz, bevor dieses überhaupt zur Beratung ins Parlament gelangt. Wenn die Regierung eine neue Brandschutzverordnung erlassen möchte, ist es eine Selbstverständlichkeit, dazu den «Elternverband brandgeschädigter Kinder» zu hören. Hat dieser an dem Gesetzentwurf etwas auszusetzen, wird seinen Vertretern von den Medien genügend Platz zur Verfügung gestellt.

Gleichförmige soziale Institutionen und Gruppen mit gleichen Zielen hätten den Nachteil, daß sie «gleichförmige Ideen und Wertvorstellungen» hervorbrächten, beklagt der Historiker Hans-Frederik Dahl. «Freude am Unterschied» könne da nur schwer aufkommen. Nicht nur Privilegien rufen das Mißtrauen der Mitbürger hervor, auch ungewöhnliche Ideen und Lebensweisen, Leute, die sich aus dem Modell ausklinken. Die autonome Szene in Oslo und ihr Treffpunkt «Blitz» ist ein Beispiel. Daß sie das Blitz-Café nicht in kommunale, sozialpädagogische Regie abgeben wollen, weil sie dem Staat nicht trauen, stößt auf völliges Unverständnis. Überhaupt ist Mißtrauen gegenüber der Obrigkeit in Norwegen so gut wie unbekannt.

Abgeschwächte Gegensätze
Norwegens Wir-Gesellschaft ist natürlich kein Projekt «besserer

Menschen», wie es in Berichten aus dem Norden häufig suggeriert wird. Sie ist, wie schon der Nationalstaat, das Ergebnis allerlei historischer Umstände. Die starke Zergliederung des Landes verhinderte einen Durchbruch des Feudalismus. Die Umbrüche und Revolutionen in Europa 1848 erreichten die nördliche Peripherie kaum, die fortschrittliche Verfassung von 1814 kam nur dank eines Zufalls durch: Der schwedische König und Unionsherr war bei der Verabschiedung der Verfassung anderweitig auf dem kriegerischen Kontinent beschäftigt. Die Industrialisierung kam spät ins Fjordland, und so konnte das herrschende Bürgertum rechtzeitig Konsequenzen aus den Konflikten in England und Deutschland ziehen. Außerdem wanderte in dieser Zeit über eine halbe Million Menschen, ein Viertel der Gesamtbevölkerung, nach Amerika aus. Das nahm viel Druck aus dem Kessel der gesellschaftlichen Gegensätze.

Ob es in Norwegen wirklich sozialer, gerechter, friedlicher und kinderfreundlicher als im übrigen Europa zugeht, wird vor allem von den Medien gnadenlos überprüft: Haben wir noch die meisten Krankenhausbetten, den größten Anteil Entwicklungshilfe am Staatshaushalt, die sauberste Natur und die sichersten Kinderstühle? Vi er ikke flinkest! – Wir sind nicht (mehr) die besten, lauten dann die Schlagzeilen. Auch wenn

Der Norden des Landes leert sich. Nur die hohen Subventionen halten das Leben dort noch aufrecht

sich langsam Gewöhnung einstellt, überrascht es die meisten Norweger immer noch, daß sich trotz regierungsamtlicher Anti-Rassismus-Kampagnen Neonazis unter ihnen befinden; daß es nicht nur den sauren Regen aus dem Ausland gibt, sondern auch zahllose Gemeinden im eigenen Land, die ihre Kloake ins Meer spülen; daß sie trotz millionenteurer Aufklärung über die Gefahren des Alkohols immer noch sehr gerne saufen; daß es Korruption nicht nur in Palermo, sondern auch in Oslo gibt.

Wenn der Norweger kein besserer Mensch ist, was ist er dann? Eine südafrikanische Anthropologin, die ein paar Jahre unter ihnen gelebt hat, charakterisierte die Identität der Norweger als «ein Produkt aus Stammeszugehörigkeit und Unterentwicklung». Mit anderen Worten: Der Norweger ist ein Provinzler. Die Frau liegt so falsch nicht. Der Norweger identifiziert sich mit seiner lokalen Heimat mindestens so stark wie mit der Gesellschaftsordnung seines Landes. Man muß einmal die Menschen in den West-Fjorden schimpfen hören über die Osloer.

West gegen Ost, Nord gegen Süd, heißt es im innenpolitischen Kleinkrieg.

Heimat und Natur
Wie bei uns auf dem Lande schon lange nicht mehr, werden in Norwegen außerhalb der Städte Volkstänze geübt, Bibelstunden abgehalten, mittelalterliches Laien-

theater aufgeführt. Dabei kann es gut sein, daß der Bauer, der Vorsitzender des Heimatvereins ist und eben noch über den arroganten Osloer geschimpft hat, eine Spendenaktion für die kongolesische Opposition leitet und in seinem Auto das allerneueste Mobiltelefon hat. Das ist es, was Hans Magnus Enzensberger so treffend formuliert hat: «Die Norweger sind Hinterwäldler und Kosmopoliten zugleich, Europas größtes Heimatmuseum, aber auch ein riesiges

In der Provinz sind Attraktionen rar. Die Menschen trösten sich mit Technik und Konsum darüber hinweg

Zukunftslabor.« Sie sind Anachronisten, hin und her gerissen zwischen Tradition und Moderne, aber so gefällt es ihnen, entscheiden möchten sie sich gar nicht. Einerseits ist Norwegen eines der reichsten Länder der Erde, mit mehr High-Tech und Luxuseinkaufspassagen pro Einwohner als anderswo, was die Norweger stolz macht und begeistert. Andererseits möchten sie unter allen Umständen ihre Lokalzeitung erhalten und tauschen nur ausnahms-

43

weise die Hüttentour gegen die Costa Brava ein.

Womit wir bei einem weiteren «Charakterzug» wären: dem fast metaphysischen Verhältnis zur Natur, ein Verhältnis, das kontinentale Stadteuropäer schwer nachvollziehen können. «Morgens früh nehmen Norwegens Mütter und Väter ihr kleines Kind, vielleicht zwei Jahre alt, packen es ein und schmeißen es hinaus in den Schnee», sagt der norwegische Friedensforscher Johan Galtung. «Dann schwimmt es im Schnee mit den anderen Kindern, sie bauen Schneemänner, und nach einiger Zeit verschwinden die Unterschiede zwischen ihnen und den Schneemännern. So gegen vier Uhr nachmittags werden sie wieder auseinandersortiert, und die Schneemänner, die noch gehen können, werden entpellt und gebadet. Und aus der Wanne steigt dann der Norweger, die Norwegerin. Unser Idealbild ist jemand, der überall mit dem Fallschirm abspringen kann. Er setzt sich sofort hin, macht mit zwei Stöcken Feuer und überlebt natürlich.»

Vielleicht fühlen sich die Norweger der Natur immer noch schicksalhaft verbunden, auch wenn der Überlebenskampf gegen die Naturbedingungen durch die Zivilisation erleichtert worden ist. Aber immer noch müssen wichtige Pässe monatelang gesperrt werden, muß man auf dem Weg zur Arbeit auf Fähren warten oder Serpentinen hinunterkurven, muß man für jeden Hausbau mit Dynamit tonnenweise Steine aus dem Weg sprengen. Gegen das hilft aller Reichtum wenig.

An langen Wochenenden wie zu Ostern oder Pfingsten sind Norwegens Städte wie leergefegt, dann sind alle «på fjellet», in den Bergen, der Punker genauso wie der Zahnarzt, zum Skifahren oder Wandern. Statistisch hat jeder zweite Norweger eine Hütte irgendwo in der freien Wildbahn. Das Verhältnis Mensch–Natur ist innig. Die Nationalhymne mit dem Text von Bjørnstjerne Bjørnson ist dafür ein Beispiel: Da ist weder von politischen Parolen wie «Einigkeit und Recht und Freiheit» die Rede noch von Gott, der den König schützen soll, sondern von dem schönen Land, das sie alle lieben, «das vom Meer zernagt und durchfurcht mit tausend Heimen aus den Fluten ragt».

Wider die Lahmheit

Es gibt noch andere Bilder von den Norwegern: Ruhig, bedächtig und bescheiden seien sie. Doch besonders die jüngere Generation trägt heute gerne geldschweres Selbstbewußtsein zur Schau. Etwa in der Architektur: protzige Glas- und Marmorpaläste zuhauf und das größte Luxushotel Nordeuropas in Oslo, aber auch in kleineren Städten Einkaufspassagen, wie sie sonst nur in den USA und Japan zu sehen sind. Gern umgeben sich die Norweger auch privat mit allerlei kostspieligem Schnickschnack, dem kleinsten Mobiltelefon, dem schnellsten PC. Und da wäre noch etwas, was von wenig Bescheidenheit kündet: Kein christliches Abendland schickt, gemessen an der Einwohnerzahl, mehr Missionare in die Welt als Norwegen! Dem Verdacht, ihre Mentalität sei der hundertprozentige Gegensatz zu mediterraner Spritzigkeit, versuchen die Norweger zunehmend mit einem «Das können wir auch!» zu begegnen. So wird in den größten Städten des Landes im Mai Karneval gefeiert und Samba getanzt. Dann zeigen Schilder an: «Hier darfst du tanzen.» Mit Entschlossenheit geht man gegen das Vorurteil vom «lahmen» Norweger an und übernimmt fremdländische Spontaneitäten – allerdings nach eingehender Überprüfung: «Graffity er gøy», Graffiti macht Spaß, befindet ein Klo-Spruch in einem Bergenser Café. Daneben ein paar Proben der neu entdeckten Freude. Auch der Karneval wurde ausgiebig diskutiert: Ist das etwas für uns, können wir das, wird da nicht eh nur gesoffen, braucht es da nicht ein ordentliches Organisationskomitee, wer macht den Müll hinterher weg, sollte man das Geld nicht lieber für einen guten Zweck spenden? Norwegen wirkt auf den Betrachter manchmal wie eine Riesen-Wohngemeinschaft, ständig am Küchentisch versammelt, um Probleme zu diskutieren, wobei es wie im richtigen Leben dazugehört, dem anderen ein schlechtes und damit sich selbst ein reines Gewissen zu machen.

Der in den USA lebende norwegische Soziologe Jon Elster beklagte einmal mit Blick auf sein Land, daß dort die Konzentration auf das Wichtige so schwerfalle. Natürlich rücken in einer kleinen Gesellschaft auch scheinbar kleine Probleme des Zusammenlebens leichter in den Vordergrund. In Norwegen tut man sich aber generell schwer mit der Diskussion über größere strukturelle Krisen, denn das ginge leicht an die Wurzeln, und das möchte man nicht so gern. Die anhaltende Entvölkerung in der nördlichsten Region Finnmark zum Beispiel hat nur halb soviel Medienaufmerksamkeit wie das häßliche «Mobbing am Arbeitsplatz». Mobbing kann man vielleicht mit ein paar aufklärerischen Fernsehsendungen lindern, für die Finn-

mark dagegen braucht man viel Geld und viel politischen Willen. Da die Fehler in diesem Fall historisch sind, wäre der Anlaß für ein schlechtes Gewissen ungleich größer. Deshalb redet man lieber über anderes.

Nachdem die Norweger nach diesem kurzen Überflug wieder unter uns fehlbaren, sozial nicht immer tadelsfreien Menschen weilen, muß schließlich auch gesagt werden, was gerade wir Deutschen von ihnen lernen können: Das Gerechtigkeitsempfinden ist, woher es auch kommen mag und welchen Schwankungen es auch unterliegt, ein prägendes Merkmal der norwegischen Gesellschaft. Reich werden kann man in Norwegen, wer sich aber auf Kosten anderer bereichert, muß mit erheblichen Ruhestörungen rechnen. Die norwegische Gesellschaft ist friedfertig. Es gibt keinen Militarismus, und der Nationalismus ist ungefährlich. Klientengesellschaft hin, Klientengesellschaft her: Der Umgang der Menschen untereinander ist gelassen und freundlich, man kann sich darauf verlassen, daß man Hilfe bekommt, wenn man Hilfe braucht. Das und noch vieles mehr machen dieses Land, einmal ungeachtet aller natürlichen Schönheit, interessant und liebenswürdig.

HINTERWÄLDLER UND KOSMOPOLITEN

WOHLSTAND FÜR ALLE
WIRTSCHAFT UND UMWELT

Niemand wird in Europa wohl so beneidet wie der norwegische Finanzminister. Der Haushaltsüberschuß lag 1997 bei 14 Milliarden DM, die Inflationsrate bei gerade zwei Prozent. Zinsen sind niedrig, die norwegische Krone ist stabil, und die Arbeitslosigkeit liegt bei drei Prozent. Während in anderen westeuropäischen Ländern verzweifelt nach neuen Einnahmequellen gesucht wird, zerbricht man sich im Storting den Kopf darüber, wie man die Überschüsse möglichst gewinnbringend im Ausland anlegen kann. Es sind die enormen Öl- und Gasvorkommen in der Nordsee, die den Norwegern eine sorgenfreie Zukunft garantieren.

Als im Dezember 1969 ein Bohrtrupp der amerikanischen Philipps Petroleum Company etwa 300 Kilometer vor der südnorwegischen Küste auf das Ekofisk-Feld stieß, war dies der Beginn eines «Energiemärchens». Seit 1971 wird Nordsee-Öl in immer größeren Mengen gefördert. Norwegen, dank der Wasserkraft im Energiebereich bereits autark, entwickelte sich im Laufe der siebziger Jahre zu einer Energie-Supermacht und gehört heute zu den größten Rohölexporteuren. Täglich werden über 400 000 Tonnen Rohöl aus der Tiefe gepumpt.

Von 1989 bis 1995 hat sich die jährliche Ölproduktion von 75 Millionen auf 138 Millionen Tonnen verdoppelt. Hinzu kamen seit Mitte der achtziger Jahre die Gas-

46

Abenteuer Nordsee: Die Öl- und
Gasfunde haben das kleine Land
an die Spitze der Industrienationen
katapultiert

vorkommen. Bis zum Jahre 2005 wird sich auch die Gasförderung von bisher jährlich rund 30 Milliarden Kubikmeter verdoppelt haben. Allein das Troll-Feld vor Bergen, das größte bekannte Gasvorkommen unter den Weltmeeren, liefert jährlich 16,5 Milliarden Kubikmeter Gas.

Der Geldfluß vom Kontinentalsockel stellte das Land vor neue Probleme und Herausforderungen. Norwegen hatte, wie viele andere Länder Westeuropas, sein Wirtschaftswunder in den fünfziger Jahren. Stabilität in der Politik und Ausbau des sozialdemokratischen Wohlfahrtsstaates gingen einher mit einem relativ stabilen Verhältnis zwischen Export und Import. Fischerei, Schiffsbau und Rohstoffindustrie (Bergbau, Holzindustrie und später Energie) waren die Säulen der Wirtschaft. Diese Erwerbszweige sind aufgrund des kleinen heimischen Marktes sehr stark vom Export abhängig, der relativ hohe Lebensstandard konnte nur aufgrund des Außenhandels aufrechterhalten werden. Mit dem Öl- und Gasgeschäft verschob sich diese Balance, der Ausfuhranteil an der Handelsbilanz nahm zu. Die Abhängigkeit vom Rohölpreis und Dollarkurs ist gefährlich, die Förderung alternativer Wirtschaftszweige auf dem Festland wird vernachlässigt.

Mitte der achtziger Jahre wurde ein staatlicher Öl-Fonds eingerichtet, um Preiseinbrüche auf den Ölmärkten zu überbrücken. Dennoch kam es zur großen Krise. Auf den Rohölmärkten wurde zu Dumping-Preisen verkauft, Löhne und Preise stiegen drastisch, ebenso die Inflationsrate und das Zinsniveau. Um eine Wiederholung zu vermeiden, hält der Finanzminister bei den Staatsausgaben die Zügel stramm. Bis zur Jahrtausendwende sollen 50 Milliarden Mark auf das «Sparkonto» eingezahlt sein. Wenn Mitte des nächsten Jahrhunderts die Öl- und Gasvorkommen zur Neige gehen, sollen diese Rücklagen den Lebensstandard der nachfolgenden Generationen sichern.

Trotz aller Sparsamkeit – die Ausgaben für Arbeit und Soziales steigen weiter an. Fast vierzig Prozent des Budgets sind dem Sozialbereich vorbehalten, der mit Abstand größte Haushaltsposten. Das norwegische Sozialsystem beruht auf «trygghet», der sozialen Sicherheit für alle. Das heißt vor allem: Jeder und jede hat Anrecht auf die gleichen sozialen Leistungen, ganz gleich, wieviel sie oder er verdient oder ob sie überhaupt verdienen. Die staatliche Versorgungskasse Folketrygden, in die alle Einwohner einzahlen müssen, übernimmt im Gegenzug alle medizinischen Kosten, die Rente (Pensionsgrenze: 67 Jahre), das Schwangerschaftsgeld (42 Wochen nach der Geburt werden voll ausbezahlt), Kindergeld, Arbeitslosengeld, Umschulungsgebühren und Sozialhilfe.

Beim Besuch des Hausarztes wird eine kleine Gebühr erhoben, der Krankenhausaufenthalt, die Alten- und Pflegeheime sind kostenlos. Einzige kuriose Ausnahme: Den Zahnarzt muß man am Ende einer Behandlung selbst bar bezahlen. Rentner haben Anrecht auf eine Mindestrente, die allerdings, gemessen an den ständig steigenden Lebenshaltungskosten, viel zu niedrig ist. Wer im Berufsleben «Punkte» gesammelt, das heißt extra eingezahlt hat, hat es hinterher leichter.

Finanziert wird das Wohlfahrtssystem neben den Öleinnahmen durch die Steuerpolitik. Sie ist das

Die Landwirtschaft könnte ohne staatliche Hilfen nicht bestehen. Norwegens Bauern sind die schärfsten EU-Gegner

Hauptinstrument einer Umverteilung, die es jedem schwermachen soll, auf Kosten des anderen zu leben. Normalbürger müssen eine kommunale Steuer von zwanzig Prozent und eine staatliche Einkommenssteuer entrichten, die vom Jahreseinkommen und dem Familienstand abhängig ist. Wer 300 000 Kronen im Jahr verdient, muß knapp die Hälfte an den Fiskus abführen. Kreditzinsen können abgesetzt werden, was in der Vergangenheit den Konsum und die private Verschuldung mächtig angeheizt hat. Da in Norwegen das Einkommen stark, Kapital und Vermögen dagegen wenig besteuert werden, «verdienen» die norwegischen Reeder, Großaktionäre und Hotelkönige wenig, während ihr Vermögen ständig wächst. Drei Viertel der Steuereinnahmen des Staates werden von Lohnempfängern und Rentnern bezahlt.

Auch Waren und Dienstleistungen werden in Norwegen hoch besteuert, zum Wohle von Landwirtschaft, Fischerei und Sozialstaat. Ein Vergleich der Lebensmittelpreise Norwegens mit denen des EU-Durchschnitts zeigt einen Unterschied von einem guten Drittel. Abgesehen von Kaffee und Margarine, ist in Norwegen fast alles teurer. Ähnlich hoch liegt das Preisniveau bei öffentlichen und privaten Dienstleistungen. Einen PKW anzumelden, kostet rund 500 Mark. Muß das Auto zur Reparatur, muß man mit mindestens 100 Mark Arbeitslohn pro Stunde rechnen.

Dennoch bleibt genug für den eigenen Bedarf: Nach einem Vergleich aus dem Jahr 1997 waren die Norweger die reichsten in Nordeuropa. Sie hatten 160 Milliarden Mark Guthaben zur Verfügung – Immobilien nicht eingerechnet. Im gleichen Jahr, so wurde gemeldet, fuhren eine Million Norweger, also jeder vierte, in den Urlaub nach Südeuropa oder nach Übersee.

Neue Berufsgruppen haben überdurchschnittlich viel vom Ölboom profitiert: Börsenmakler, Wirtschaftsberater und Computerfachleute. Auch in Norwegen sind die neuen Medien inzwischen ein gutes Geschäft, die norwegischen Computerzulieferer und Softwareproduzenten genießen international hohes Ansehen. Dagegen befinden sich die traditionellen Erwerbszweige weiter auf dem Rückzug.

Landwirtschaft, Fischerei und die EU

Vor dem Ölboom und der immer stärker werdenden Landflucht lebten die Norweger im Binnenland von Land- und Forstwirtschaft, an der Küste von der Fischerei. In der Nähe größerer Orte oder Industriegebiete kam in den sechziger Jahren die Kombination Industrie und Landwirtschaft hinzu. Insgesamt arbeiten heute 75 000 Norweger, also nur knapp drei Prozent der Berufstätigen, ausschließlich in der Landwirtschaft oder Fischerei.

Abgesehen von der «Kornkammer» nördlich von Oslo, verfügen die einzelnen Höfe über wenig Nutzfläche. Felsiges Gelände und Klima verhindern eine intensive Nutzung. Die Fischerei hingegen war bis in die siebziger Jahre hinein kaum von staatlichen Geldern abhängig. Die Nordküste lebte vom Fisch allein. Das Angebot schien unerschöpflich, es wurde weit mehr angelandet als das tägliche Brot. Dorsch, Hering, Lodde, Makrele und Wal waren die Hauptprodukte.

Der Einbruch kam Anfang der achtziger Jahre, als die Lodde,

Hauptnahrung für den Dorsch, ausblieb und der Walfang verboten wurde. Seitdem geht es besonders mit der Küstenfischerei Nordnorwegens ständig bergab. Als Folge nahm die Abwanderung dramatisch zu, ganze Fischerdörfer in der Finnmark verschwanden von der Landkarte. Die steigenden Subventionen aus Oslo zeigten nicht die erwünschte Wirkung. Da alternative Erwerbszweige nicht in Sicht sind – große Entfernungen und hohe Transportkosten stehen dem im Wege –, wird sich das «Natur-Reservat» Nordnorwegen immer weiter ausbreiten.

In der Fischzucht sehen viele eine Alternative zur traditionellen Fischerei. 1996 wurden an der norwegischen Küste 250 000 Tonnen Lachs in der Aufzucht produziert, seit 1979 stieg die Produktion um etwa 3000 Prozent – Norwegen steht heute für fast siebzig Prozent der Lachsproduktion auf dem Weltmarkt. Der Preis: Der «König der Fische» wird gehalten wie hierzulande Huhn und Schwein – in engen Gehegen.

Im November 1994 stimmten 53 Prozent der wahlberechtigten Norweger zum zweiten Mal nach 1972 gegen die Mitgliedschaft ihres Landes in der Europäischen Union. EU-Gegner bekommen noch heute glänzende Augen, wenn sie zurückblicken und sich damit rühmen, Norwegen vor dem «Ausverkauf» bewahrt zu haben. Für sie war der drohende Verlust der nationalen Souveränität das wichtigste Argument. EU-Befürworter hielten dem die Vorteile einer politischen und wirtschaftlichen Integration entgegen: Norwegen ist ein Teil Westeuropas, und alle wichtigen Industriezweige des Landes waren und sind vom Export abhängig. Als

Mitglied im gemeinsamen europäischen Wirtschaftsraum (EWR) konkurriert Norwegen zwar gleichberechtigt mit den EU-Ländern, hat aber keinen unmittelbaren Einfluß auf Entscheidungen, die in Brüssel oder auf den EU-Gipfeln getroffen werden.

Den politischen Verhältnissen zum Trotz ist die norwegische Wirtschaft schon lange nach Europa ausgerichtet. Nicht nur die Öl- und Gasgiganten Norsk Hydro und Statoil, auch kleine Möbelfabriken in Westnorwegen zieht es mit ihren Waren auf den Kontinent. Marktnachteile wie die hohen Produktions- und Transportkosten versucht man durch Erfindungsreichtum und Qualität zu umgehen: Der rückenfreundliche «Kniestuhl» aus Norwegen wurde trotz des hohen Preises ein wahrer Verkaufsschlager. Neben den Rohstoffen Öl, Gas, Aluminium, Eisenerzen sind auch norwegische Schiffe, Unterwassertechnologie und Telekommunikationstechnik weltweit gefragt.

Energie in Saus und Braus

Die Norweger sahen sich selbst lange Zeit als umweltpolitische Musterschüler. Als erstes Land Europas leisteten sie sich ein Umweltministerium. Die frühere Ministerpräsidentin Gro Harlem Brundtland saß Anfang der achtziger Jahre der UN-Kommission für Umwelt und Entwicklung vor. In dem 1989 vorgelegten Bericht wurden Industrie- und Entwicklungsländer zu einer radikalen Umkehr beim Verbrauch natürlicher Ressourcen aufgefordert.

Doch daheim waren die ölexportierenden Norweger schon damals kein gutes Beispiel für die Welt. Meldungen über verseuchte Fjorde wurden meistens als Einzelfälle abgetan. Die Wende in der

WOHLSTAND FÜR ALLE

51

Der «König der Fische» hinter Gittern. 70 Prozent des Lachses auf dem Weltmarkt stammen aus norwegischer Produktion

norwegischen Umweltpolitik kam in den achtziger Jahren. Da waren zunächst die radioaktiven Tschernobyl-Wolken, die auch die abseitige «Idylle» Norwegens erreichten. Tausende von Rentieren mußten notgeschlachtet werden, was die Lebensgrundlage der Samen fast vernichtet hätte. Auch die Bauern im Süden wurden ihre belasteten Schafe nicht mehr los. Wie unvorbereitet die Norweger waren, zeigt die Tatsache, daß im ganzen Land kein brauchbares Millirem-Meßgerät vorhanden war.

Danach verschärften die Sozialdemokraten zeitweise ihre Umweltpolitik. Der Anteil der Haushaltsabwässer, die ungeklärt in die Fjorde und Flüsse rauschten, wurde auf unter fünfzig Prozent gedrückt. Die Industrie, darunter die Aluminiumhersteller als größte Verschmutzer, wurde stärker zur Kasse gebeten: Immerhin fünf Prozent ihrer Bruttoinvestitionen müssen für den Umweltschutz abgezweigt werden. Auch eine CO_2 Abgabe ist neuerdings fällig. Der Stickstoffdüngeeinsatz in der Landwirtschaft, eine schwere Belastung der Gewässer, wurde gebremst, Bio-Anbau durch Preisabschläge gefördert. Was den Autoverkehr betrifft, so sollte sich niemand von den Mautstationen an den Stadträndern von Bergen und Oslo blenden lassen. Die dort kassierten Gebühren für die freie Fahrt ins Stadtzentrum kommen nur zum geringsten Teil grünen Maßnahmen zugute. Statt dessen fließen sie zurück in den Autoverkehr: Staat und Gemeinden finan-

zieren damit Brücken, Tunnel und neue Umgehungsstraßen.

Der Energieverbrauch der Norweger ist verschwenderisch. Pro Jahr und Kopf bringen sie es auf 24 000 Kilowattstunden – das ist Weltrekord und dreimal soviel wie die Nordamerikaner verbrauchen. Auch nachts lassen viele die Lichter brennen, während die Wärme wohlig aus der Elektroheizung strömt. In manchen Orten wird im Winter sogar der Asphalt von Einkaufszonen geheizt. Die Kilowattstunde kostet nur spottbillige zwölf Pfennig, der Strom kommt zu über neunzig Prozent von den unerschöpflichen Wasserreserven des Landes, aus 615 Kraftwerken, die Hälfte von ihnen mit einer Leistung von weniger als zehn Megawatt.

Das erste Wasserkraftwerk wurde 1880 errichtet, nachdem die wasserbetriebene Säge bereits die Holzwirtschaft revolutioniert hatte. Besonders die Gebirgszüge und Hochplateaus Mittelnorwegens mit ihren jähen Höhenunterschieden, den Gletscherabflüssen und hohen Niederschlägen erwiesen sich für die Gewinnung der «weißen Kohle» als ideal. Natürliche Gegebenheiten versuchte man, so gut es ging, auszunutzen. Wo drei natürliche Wände vorhanden waren, brauchte man nur die vierte noch zu mauern. Heute werden die Turbinen, durch die man das Wasser fallen läßt, immer häufiger im Fjell versteckt. Es bleiben häßliche Hochspannungsleitungen, betonierte Zufahrtsstraßen und regulierte Flüs-

se. Die Folgen der Wasserregulierungen für den Naturhaushalt, die Fische und die umliegende Vegetation veranlassen Umweltschutzgruppen immer wieder, eine Pause im Kraftwerksbau und mehr Sparsamkeit zu fordern. Wie unbekümmert die Norweger in ihrem Ölrausch mit dem Thema Umweltschutz mittlerweile umgehen, zeigt sich nicht nur im Verhalten auf der Straße, wo Taxifahrer ihre Motoren am Wartestand nicht abstellen. Die Regierung beschloß Anfang 1997, trotz der großen Wasserreserven zwei Mega-Gaskraftwerke zu bauen. Mit zwei Millionen Tonnen Schwefelausstoß per annum würde es die Erwärmung des Klimas, vor dem der Brundtland-Report 1987 gewarnt hat, weiter beschleunigen.

Die Selbstverpflichtung, den Schwefelausstoß bis zum Jahre 2007 um zwanzig Prozent zu reduzieren, wird Norwegen nicht schaffen.

Besondere Sorge macht den Norwegern der Zustand der Barentssee. Auf der Kola-Halbinsel ist noch immer die russische Atom-U-Boot-Flotte Nord stationiert. Zusätzlich befinden sich an Land 135 kleinere und größere Reaktoren – die größte Konzentration von Atomreaktoren in der Welt. Kleinere Havarien und die rücksichtslose Versenkung von radioaktivem Abfall haben die Strahlenbelastung in der Barentssee deutlich ansteigen lassen. Die Auflösungserscheinungen in der russischen Armee und die wirtschaftlichen Schwierigkeiten las-

Den «Billigflaggen» zum Trotz ist Norwegen immer noch eine große Schiffahrtsnation

sen die Norweger einen größeren GAU befürchten. Sowohl Umweltschützer als auch die Behörden haben begonnen zusammenzuarbeiten.

Der Kampf um den Wal
Kaum etwas hat die Norweger in den letzten Jahren weltweit so in Verruf gebracht wie ihr Walfang. In hochindustrialisierten und verstädterten Gesellschaften ist die Bereitschaft zur Verurteilung der Jagd auf diese Meeressäuger groß. Das haben nicht nur die kommerziellen Fänger zu spüren bekommen, es traf auch die kleinen Fischer auf den Lofoten. Robbenbabies und Wale sind zu Symbolen der Tierschützer geworden. Wer es wagt, sich an ihnen zu vergreifen, darf auf Verständnis nicht hoffen. So ist auch auf die Norweger erheblicher politischer Druck ausgeübt worden, den Walfang aufzugeben. Dabei räumen selbst Greenpeace-Experten ein, daß die von den Norwegern bejagten Zwergwalbestände keineswegs bedroht sind. Darum haben die Norweger auf Boykottaufrufe stets gelassen reagiert. An Moratorien der internationalen Walfangkommission hat sich Oslo ebenfalls nur bedingt gehalten. Nach einer kurzen Unterbrechung in den achtziger Jahren haben die Norweger den Fang von Zwergwalen wiederaufgenommen. 1997 wurden zu teilweise «wissenschaftlichen» Zwecken 600 Tiere zum Abschuß freigegeben.

KULTUR

DIE LESENATION
LITERATUR UND THEATER

Die Norweger sind eine lesefreudige Nation. Jeder fünfte von ihnen im Alter von 9–79 Jahren liest an einem Durchschnittstag wenigstens 15 Minuten in einem Buch. Und dafür bezahlen sie auch noch teuer. «Ein gutes Buch kostet ebensoviel wie ein gutes Hemd», sagt eine alte Regel der norwegischen Buchhändler, und so werden dem unerschrockenen Käufer für ein gebundenes Buch im Schnitt zwischen fünfzig und siebzig Mark abgeknöpft. Auch die meisten Taschenbücher bringen es noch auf die Hälfte – ohne Mehrwertsteuer. Die hat der Staat 1967 für Bücher großzügig abgeschafft.

Kein Wunder also, daß ein Großteil der Literatur nicht über den Ladentisch geht, sondern über rund fünfzig Buchklubs per Post an den Leser und vor allem die Leserin gelangt – sehr zum Kummer der Buchhändler, die nur knapp zwei Drittel der Verlagserzeugnisse umsetzen. Diese Buchklubs, die überwiegend von den Verlagen selbst betrieben werden, sind nicht nur deshalb so beliebt, weil sie die Bücher um ein Drittel billiger abgeben, sondern auch, weil sie Neuerscheinungen zeitgleich mit dem Buchhandel anbieten und so auch Leser in entlegenen Orten – und davon gibt es viele in Norwegen – nicht zurückstehen müssen. Viele der eine Million Buchklub-Kunden sind Mitglied in mehreren Klubs, und da es immer recht aufwendige Werbeprämien gibt, verfügt mancher Haushalt über eine reichhaltige Ausstattung an Gartenstühlen, Frühstücksservices, Küchenmaschinen, Badehandtüchern…

Die Norweger sind nicht nur fleißige Leser, sondern auch fleißige Produzenten von Büchern. Zwar erscheinen immer noch mehr ausländische als einheimische Bücher auf dem norwegischen Markt, aber immerhin werden doch jährlich rund 200 Werke norwegischer Literaten publiziert – und die brauchen den internationalen Vergleich nicht zu scheuen. Auch auf dem deutschen Buchmarkt, schon zu Zeiten Ibsens und Hamsuns dankbarer Abnehmer norwegischer Literatur, sind in den letzten Jahren eine Reihe von Werken junger norwegischer Autoren und Autorinnen erschienen, beispielsweise

Henrik Ibsen ist der meistgespielte Dramatiker in Norwegen. Seine Gesellschaftsstücke haben bis heute ihre Aktualität behalten

von Jon Michelet (*Der Gürtel des Orion, Terra Roxa*), Knut Faldbakken (*Der Schneeprinz, Pan in Oslo, Unjahre, Bad Boy*), Kjartan Fløgstad (*Dalen Portland, U 3*), Edvard Hoem (*Fährfahrten der Liebe*), Herbjørg Wassmo (*Das Haus mit der blinden Glasveranda, Der stumme Raum, Gefühlloser Himmel*), Liv Køltzow (*Wer hat dein Angesicht*), Gunnar Staalesen (*Im Dunkeln sind alle Wölfe grau, Die Frau im Kühlschrank*), Ingvar Ambjørnsen (*Sarons Haut, Weiße Nigger, Stalins Auge*), Paal-Helge Haugen (*Das überwinterte Licht*), Øivind Hånes (*Amerikanische Landmaschinen*) und vielen anderen.

Autoren, die ihr Buch ins Ausland verkaufen oder es in einem der norwegischen Buchklubs unterbringen können, haben finanziell erst einmal ausgesorgt. Die wenigsten Schriftsteller jedoch können von ihrem Beruf leben: Die Startauflage eines belletristischen Titels liegt in der Regel bei 3000 Exemplaren, wobei der Staat eine Abnahme von 1000 Exemplaren garantiert, die an die Bibliotheken des Landes verteilt werden. Damit aber nicht nur die etablierten und verkaufsträchtigen Autoren publizieren, wird jedes Jahr eine Vielzahl von Literaturpreisen und Literaturwettbewerben für die Öffentlichkeit ausgeschrieben. So hofft die Branche, junge Talente zu entdecken und zu fördern, um das literarische Spektrum möglichst breit zu fächern. Vielversprechende, aber «arme» Schriftsteller können auch mit staatlicher Unterstützung rechnen, etwa durch mehrjährige Arbeitsstipendien oder ein staatlich garantiertes Mindesteinkommen, eine Art «Dichterlohn».

Die fast panikartige Angst vor dem Verlust der kulturellen Identität treibt manchmal seltsame Blüten, etwa wenn es um die «Säuberung» der norwegischen Sprache von fremdsprachlichen, besonders angloamerikanischen Einflüssen geht – Sprachwächter verweisen gern auf die isländischen Brüder und Schwestern, die Fremdwörter durch die kuriosesten muttersprachlichen Ausdrücke ersetzen. Besser verständlich wird diese Wachsamkeit, wenn man ein Auge auf die letzten anderthalb Jahrhunderte ihrer Geschichte wirft.

«Norwegen zuerst»

Während der jahrhundertelangen Union mit Dänemark, in der Norwegen politisch, wirtschaftlich und kulturell vom kleineren Nachbarn abhängig war, gab es keine nennenswerte eigene Literatur. Das Land war faktisch eine dänische Kolonie. Der «nationale Durchbruch» in Literatur und bildender Kunst Anfang des 19. Jahrhunderts spiegelt die Identitätskrise, in der sich Norwegen nach der ersten Unionsauflösung befand. Nach 500 Jahren unter dänischer Herrschaft war das Land 1814 durch die europäischen Großmächte, denen Norwegen als Waffenträger Dänemarks im letzten napoleonischen Krieg unterlegen war, in eine Zwangsunion mit Schweden gepreßt worden. Norwegen hatte sich aber am 17. Mai 1814 überraschend eine eigene Verfassung gegeben, die der schwedische König, wenn auch widerstrebend, zu großen Teilen anerkennen mußte. Dieser trotzige Akt der Selbstbehauptung löste im Land eine Lawine des Patriotismus aus, und die Literatur jener Tage schürte die «Norwegen zuerst!»-Bewegung nach Kräften. Bald entstand eine «Poetokratie», eine Dichterherrschaft mit großem politischen Einfluß. Vor allem zwei Dichter repräsentierten die verschiedenen politischen Aspekte der nationalen Aufbruchstimmung jener Zeit: Henrik Wergeland, herausragender Vertreter einer eher romantisch-national orientierten Schriftstellergeneration, und Bjørnstjerne Bjørnson, die zentrale Figur einer Bewegung, die für die Unabhängigkeit von Schweden und für eine demokratische Regierungsform kämpfte. Bjørnson engagierte sich in der zweiten Lebenshälfte auch gesellschaftskritisch und erhielt für sein literarisches Gesamtwerk 1903 als erster norwegischer Dichter den Nobelpreis.

Durchbruch zur Moderne

Nach einigen Jahrzehnten der nationalen Selbstbespiegelung meldete sich im letzten Drittel des Jahrhunderts eine neue Dichtergeneration zu Wort, der die nationalromantische Thematik wenig am Herzen lag. Der dänische Literaturkritiker Georg Brandes hatte die norwegische Literatur einen «tiefen reaktionären Sumpf» geschimpft, «romantisch im allerschlimmsten Sinne des Wortes»; seiner Meinung nach war Literatur nur dann lebendig, wenn sie sich den Problemen der Zeit stellte. Brandes' Vorwürfe zeigten umgehend Wirkung und sorgten für eine radikale Kehrtwendung in der norwegischen Literatur: Der «moderne Durchbruch» hatte das Land erreicht und plazierte Norwegen, das sich bis dahin selbst als kulturelles Entwicklungsland begriffen hatte, mit einem Schlag auf einen der vorderen Ränge im literarischen Welttheater.

Unbestritten der bedeutendste unter den «Männern des modernen Durchbruchs», zu denen auch Bjørnstjerne Bjørnson, Jonas Lie und Alexander Kielland zählten, war der Dramatiker Henrik Ibsen. Vor allem seine Schauspiele mit der gleichzeitig aktuellen und zeitlosen Problematik der gegenseitigen Abhängigkeit von Individuum und Gesellschaft waren es, die alle Blicke auf Norwegen lenkten. 1879 gelang ihm mit *Et dukkehjem (Nora oder Ein Puppenheim)* der internationale Durchbruch. Mit diesem «skandalösen» Schauspiel, in dem eine Ehefrau Mann und Kinder verläßt, trat Ibsen erstmals für das Selbstbestimmungsrecht der Frau ein. Auch seine späteren Stücke, wie etwa *Stützen der Gesellschaft, Gespenster* oder *Die Wildente*, erregten Aufsehen und hatten Vorbildcharakter für eine ganze Reihe europäischer Dichter, so auch für Gerhart Hauptmann und Thomas Mann. Einige seiner Stücke feierten ihre Premiere im Ausland, so *Gespenster* in Chicago, *Baumeister Solness* in Berlin und *Nora* in Kopenhagen.

Henrik Ibsens 25 Dramen reizen auch in der Gegenwart zu Debatten über den Zustand unserer Gesellschaft. *Nora* wurde in Hollywood verfilmt und vor vollen Häusern in China während der Kulturrevolution gespielt. Aber der Meister hinterließ auch deutliche Spuren im norwegischen Kulturleben. Seine Dramen waren schon zu Lebzeiten Inspiration für die Musik (Grieg) und sind es heute zum Beispiel für das moderne norwegische Ballett (Kjersti Alveberg). Wen wundert, daß sich das norwegische Theater immer noch seinem Übervater verpflichtet fühlt. Ibsen wird für jede Generation neu inszeniert. Das Nationaltheater in Oslo mit seinem Ibsen-Festival und das Theater Ibsen in Skien, seinem Geburtsort, sehen sich als Hauptverwalter des Repertoires.

61

Neben «Problemen der Zeit» wie dem Niedergang des Bürgertums und der Ausbeutung von Arbeitskräften nach der (in Norwegen spät einsetzenden) industriellen Revolution, der religiösen Heuchelei und gesellschaftlichen Doppelmoral machten die Schriftsteller besonders die Rolle der Frau zum literarischen Thema: ihre Unterdrückung in Gesellschaft und Ehe, ihre Stellung im Arbeitsleben, ihr Leiden an der verlogenen Sexualmoral einer patriarchalischen Gesellschaft. Dadurch aufmerksam geworden, begann die Weltöffentlichkeit sich plötzlich auch für das politische Norwegen zu interessieren, diesen weißen Fleck unter dem Polarkreis, von dessen Schicksal man so wenig wußte. Daß die endgültige Befreiung des Landes im Jahre 1905 dank der diplomatischen Unterstützung der europäischen Großmächte glücklicherweise unblutig verlief, wird deshalb auch als Verdienst der Schriftsteller und Dichter angesehen.

Doch so wichtig die Werke der «Herren Dichter» auch waren, und so bemerkenswert ihre Versuche, der Frau in der Gesellschaft zu mehr Anerkennung und Respekt zu verhelfen – wirklich erlebt hatten sie das ganze Ausmaß der Problematik naturgemäß nicht. Es erregte deshalb einigen Wirbel, als mit Amalie Skram erstmals eine Frau sozialkritische und naturalistische Romane veröffentlichte, in denen Frauenschicksale in einer schockierend «unweiblichen» Sprache nachgezeichnet wurden. Amalie Skram wußte, wovon sie schrieb; sie stammte aus kleinen Verhältnissen und war selbst Opfer von Diskriminierung und Doppelmoral geworden. Ihre Romane *Constance Ring* (1885) und *Lucie* (1888) beispielsweise beschreiben, wie lebenslustige, starke und warmherzige Frauen an den Konventionen der Gesellschaft zerbrechen, und doch sind nicht nur sie die Opfer, sondern auch ihre Ehemänner, die ihren Frauen die Stärke und Lebenskraft neiden, rauben und letztlich mit ihnen zugrunde gehen.

Gegen Ende des letzten Jahrhunderts brach eine «Sittlichkeitsdebatte» los, die sich über eine Reihe von Jahren hinzog und immer wieder aufs neue angeheizt wurde, etwa durch Hans Jægers Biographie der *Christiania-Bohème* (1885) mit sehr offenherzigen Schilderungen des Liebeslebens in der Künstlerkommune, oder durch Christian Krohgs Roman aus dem Prostituierten-Milieu, *Albertine* (1886), der in einer bisher nicht dagewesenen Deutlichkeit und Authentizität die menschliche, gesellschaftliche und sexuelle Entwürdigung der Frau durch den Mann aufzeigte. Beide Bücher wurden zwar umgehend beschlagnahmt und verboten, doch hatten diese von der literarischen Ausformung her eher mageren Werke neue Schwerpunkte gesetzt, die durch die Bilder Jægers und Krohgs (beide waren hervorragende Maler) eindrucksvoll unterstrichen wurden: existentielle Armut, Krankheit, früher Tod – die Lebensperspektive der unteren Gesellschaftsschichten.

Ichbezogene Innenschau

1890 war das Jahr der literarischen Richtungsänderung: Die «Männer des modernen Durchbruchs», mittlerweile etabliert und saturiert, hatten Konkurrenz bekommen: die «Neuromantiker». Sie scherten sich nicht sonderlich um gesellschaftspolitische Verhältnisse, sondern bespiegelten vorzugsweise ihr Innenleben;

nicht die Emanzipation der Frau oder soziale Gerechtigkeit waren für sie von Interesse, sondern das «unbewußte Seelenleben», das «Ich» und seine subjektiven Empfindungen. Knut Hamsun debütierte 1890 mit seinem Roman *Sult (Hunger)*, dessen einleitende Zeilen noch heute jeder Norweger hersagen kann: «Es war in jener Zeit, als ich in Kristiania umherging und hungerte, in dieser seltsamen Stadt, die keiner verläßt, ehe er nicht von ihr gezeichnet worden ist.» Grundtendenz dieser Dichtung war das Gefühl, fremd zu sein, nicht dazuzugehören, und es scheint fast, als hätten die Dichter mit ihrer Beschreibung des beinahe unwirklichen Gefühls von Einsamkeit, Anonymität und Angst damals schon die Empfindungen des späten 20. Jahrhunderts geahnt. Die Gleichberechtigung der Frau aber, für die sich die Dichter des modernen Durchbruchs noch so engagiert eingesetzt hatten, ließ die Neuromantiker völlig kalt; sie stuften die Frau ganz im Gegenteil auf ihre reine Geschlechtlichkeit zurück: Hure oder Heilige oder manchmal auch beides. Doch so leicht wollten es ihnen die schreibenden Frauen nicht machen. Auf den Spuren Amalie Skrams meldete sich Anfang dieses Jahrhunderts eine Reihe von Schriftstellerinnen zu Wort, unter ihnen Sigrid Undset, die den dritten Literatur-Nobelpreis innerhalb kurzer Zeit nach Norwegen holte (1928 für *Kristin Lavranstochter*), nach Bjørnson (1903, für sein Gesamtwerk) und Hamsun (1920 für *Segen der Erde*).

In den dreißiger Jahren gab es thematisch neue Einflüsse: Marxismus und Psychologie hatten die Literatur erreicht. Sigurd Hoel beschrieb mit *Veien til verdens ende* (*Der Weg ans Ende der Welt*) und *Fjorten dager før frostnettene (Vierzehn Tage vor Frostanbruch)*, wie in einer «ganz normalen» Kindheit der Boden für psychische Deformationen bereitet wird. In seinen Werken wurden erstmals in Norwegen die Erkenntnisse Sigmund Freuds und Wilhelm Reichs literarisch verarbeitet.

Gleichzeitig machte sich eine extreme Linke unter den Schriftstellern stark gegen Reaktion, Stagnation und Schwarzweißmalerei. Doch in dieser Zeit, in der Norwegen unter einer Wirtschaftskrise, unter Kriegsfurcht und zunehmenden sozialen und politischen Gegensätzen litt, wurde auch wieder eine Literatur populär, die konservative, meist christlich-idealisierende Werte vermittelte. Einen Riesenerfolg erzielte 1935 Trygve Gulbranssens dreibändiges Trivialepos *Skogene*, eine reaktionär-romantisierende Bauernsaga, die als Doppelroman *Und ewig singen die Wälder* und *Das Erbe von Björndal* gerade auch in Deutschland enorm einschlug.

Hamsun und Hitler
Eine kleine Gruppe von schreibenden Intellektuellen zeigte durchaus Sympathie für die deutschen Faschisten und versuchte, in Zeitungsartikeln um Verständnis für die Nazis zu werben. Der weitaus bekannteste von ihnen war Knut Hamsun, der im November 1935, als der deutsche Pazifist und KZ-Gefangene Carl von Ossietzky für den Friedensnobelpreis vorgeschlagen wurde, öffentlich höhnte: «Wie wäre es denn, wenn Herr Ossietzky mal etwas Positives leisten würde in dieser schweren Übergangszeit, wo die ganze Welt der Regierung dieses großen Volkes, dem er angehört, die Zähne zeigt?» Eines er-

DIE LESENATION

reichte Hamsun mit seinem Schmähartikel auf jeden Fall: Die überwiegende Mehrzahl der norwegischen Schriftsteller, ob Konservative oder Radikale, Christen oder Atheisten, fand sich zusammen und bezog Stellung gegen den Faschismus. In einer großen Zeitungsanzeige, unterzeichnet von 32 namhaften Autoren, gaben sie ihrer Empörung darüber Ausdruck, «daß der berühmteste aller lebenden norwegischen Verfasser, frei, wohlhabend und in jeder Hinsicht abgesichert, einen Mann angreift, der einzig und allein deswegen in einem deutschen Konzentrationslager sitzt, weil er den Mut hatte, seine Überzeugung zu äußern und mit seinem Leben dafür einzustehen. Wir bedauern, daß Knut Hamsun es für angebracht hält, gegen einen wehrlosen und mundtot gemachten Gefangenen das Wort zu ergreifen zugunsten einer selbstherrlichen politischen Führung, die die Elite der deutschen Schriftsteller, Hamsuns Kollegen, außer Landes getrieben hat.»

Knapp fünf Jahre später sahen sich die Unterzeichner und Unterzeichnerinnen dieses scharfen Protestes, die bei noch manch anderem Kollegen eine Empfänglichkeit für nationalsozialistisches Gedankengut feststellen mußten, durch den deutschen Überfall auf Norwegen in ihren Befürchtungen bestätigt. Zwar ging die Literaturproduktion während der Besatzung zunächst weiter; allerdings unterwarfen sich die meisten Schriftsteller einer Art Selbstzensur, um nicht von den Nazis verboten zu werden. Mit fortschreitender Nazifizierung der Verlage traten jedoch immer mehr Literaturschaffende in einen «Verfasserstreik», und Ende 1943 kam die freie Buchproduktion zum Erliegen. Viele Autoren mußten emigrieren, etwa nach Schweden und England; einige wurden verhaftet und in Konzentrationslager gesteckt.

Gleich nach dem Zweiten Weltkrieg erlebte die norwegische Literatur eine neue Blütezeit. Nachdem es fast drei Jahre lang wegen des Verfasserstreiks keine freie Literatur mehr gegeben hatte, war der Nachholbedarf groß. Noch saß der Schock tief, daß eine Reihe von bisher unbescholtenen Mitbürgern sich für die Ziele der Nazis so bereitwillig hatte einspannen lassen. Nun sollte literarisch aufgearbeitet werden, welche Mechanismen in der Gesellschaft und in jedem einzelnen Individuum den hausgemachten Nazismus in Norwegen ermöglicht hatten.

Zur Bewältigung der jüngsten Vergangenheit gehörte auch die Abrechnung mit Knut Hamsun. Der 86jährige Greis wurde bereits wenige Tage nach Kriegsende arretiert und in eine psychiatrische Klinik eingewiesen. Dort kam man zu dem Schluß, daß Hamsun zwar nicht gerade geisteskrank war, aber doch als nicht voll zurechnungsfähig angesehen werden müsse. Dennoch wurde er 1947 des Hochverrats angeklagt, da er nicht nur seit 1940 Mitglied der norwegischen NS gewesen war, sondern auch seine Landsleute zur Kollaboration mit den Deutschen aufgefordert und noch einen Tag vor der Befreiung einen flammenden Nachruf auf Hitler als «Reformator höchsten Ranges», vor dessen Tod er sein Haupt in Trauer beuge, verfaßt hatte. Besonders unverzeihlich fand man, daß der alte Mann gar nicht daran dachte, irgend etwas zu bereuen und zu widerrufen. Hamsun wurde wegen «des Schadens, den er dem norwegischen Volk mit seiner landesverräterischen Haltung zugefügt hat», zu einer Geldstrafe von fast 400 000 Kronen verurteilt und in ein Altersheim eingewiesen. 1949 gab er sein letztes Werk heraus: *På gjengrodde stier (Auf überwachsenen Pfaden)*, eine Art Rechenschaftsbericht von teilweise großer poetischer Kraft, der seiner angeblich geminderten Zurechnungsfähigkeit hohn sprach. Erst 1950 durfte Knut Hamsun auf seinen Hof Nørholm zurückkehren, wo er zwei Jahre später im Alter von 92 Jahren starb.

Das Lied vom roten Rubin

In den fünfziger Jahren herrschte in Norwegen eine literarische Flaute. Nur wenige Bücher kamen heraus, die meisten von geringem literarischem Wert, und entsprechend schlecht verkauften sie sich auch. Lange galt die eigene Literatur als langweilig und kraftlos – trotz einiger großartiger Ausnahmen wie etwa Johan Borgens «Lillelord»-Trilogie. Auch von einem hoffnungsvollen Nachwuchs war kaum etwas zu merken. Alles wartete auf eine Zeit der Erneuerung, die anscheinend nicht kommen wollte.

Doch plötzlich war sie da, die neue Zeit. Schluß mit den grauen Kriegsjahren, Schluß mit der Entrüstung über die Fehlbarkeit des Menschen. Lebensfreude und erotische Lust sollten den Mief der Ehrbarkeit aus den Büchern fegen. Galionsfigur der neuen Welle der Freizügigkeit war Agnar Mykle, der in seinen beiden Romanen *Lasso rundt fru Luna (Liebe ist eine einsame Sache*, 1954) und der Fortsetzung *Sangen om den røde rubin (Das Lied vom roten Rubin*, 1956) das Recht auf freie Entfaltung der Sexualität propagierte. Prompt löste er einen unerhörten Skandal aus: Im Februar 1957 wurde er zusammen mit seinem Verleger der Verbreitung von Pornographie angeklagt. Das *Lied vom roten Rubin* hatte die für norwegische Verhältnisse abenteuerliche Verkaufszahl von 100 000 Exemplaren überschritten, ohne daß es der Polizei gelungen war, den Roman zu beschlagnahmen. Der Prozeß wurde das kulturelle Ereignis des Jahrzehnts. Mykle las sein gesamtes Buch im Gerichtssaal laut vor, etwas bisher nie Dagewesenes in einem Gerichtsverfahren, das vom Publikum mit großer Anteilnahme verfolgt wurde. Am Ende wurden beide Angeklagten freigesprochen, der Roman jedoch wegen «Unzüchtigkeit» beschlagnahmt.

Von der Reklamewirksamkeit eines solchen Prozesses profitierte knapp zehn Jahre später auch Jens Bjørneboe, dessen *Uten en tråd (Ohne einen Faden*, 1966) ebenfalls beschlagnahmt und verboten wurde. Bald wurde Bjørneboes Machwerk als das erkannt, was es sein sollte – eine politische Provokation, die die Aufmerksamkeit auf ein anderes Buch des gleichen Verfassers lenken sollte, das im gleichen Jahr herauskam. Mit *Frihetens øyeblikk (Der Augenblick der Freiheit*, 1966), dem ersten Buch einer im Untertitel «Bestialitetens historie» genannten Trilogie, gelang Bjørneboe tatsächlich auch einer der wichtigsten und meistdiskutierten Romane der sechziger Jahre.

Ende der sechziger Jahre kam eine Reihe von jungen Schriftstellern mit ihren Werken auf den Markt, die auf andere Weise für Aufsehen sorgten. Jetzt wurden Politik und Gesellschaft allgemein zu literarischen Themen, auch formal und stilistisch rebellierte man gegen das Althergebrachte, die

Willkür des Staates, die herrschenden Besitzverhältnisse, die zunehmende menschliche Entfremdung, die moralische Heuchelei. Als Literaturstudenten gründeten neomarxistische Autoren an der Universität Oslo die kulturpolitische Zeitschrift *Profil*, die ihrer Schriftstellergeneration den Namen gab. Aus dem Profil-Kreis gingen wichtige und bis heute erfolgreiche Autoren hervor: Espen Haavardsholm, Tor Obrestad, Dag Solstad, Kjarten Fløgstad, Jan Erik Vold. Sie und viele andere mehr machten es sich zur Aufgabe, den Mythos «Dichter» vom Sockel zu stoßen. Der Schriftsteller sollte von seinem Parnaß heruntersteigen, eine soziale Eingebundenheit akzeptieren und über den Alltag schreiben.

Anspruchsvolle Unterhaltung

Neben den vielen linksorientierten Schriftstellern, die ihrem Publikum dessen Probleme immer wieder und so lange vor Augen führen wollten, bis es diese Probleme per Revolution aus der Welt schaffte, gab es auch einige Individualisten, die lieber zur Unterhaltung ihrer Leser schrieben. Kritische Unterhaltungsliteratur im besten Sinne schreibt Knut Faldbakken, der mit seinen individualpsychologischen Romanen die analytische Erzählform der dreißiger Jahre wieder aufgriff. Mit seinem auch international größten Erfolg, dem zweiteiligen Roman *Uår (Unjahre)*, bereicherte er die norwegische Literaturlandschaft mit einem wirklichkeitsnahen Zukunftsroman, in dem die Menschen im wahrsten Sinne des Wortes auf der Müllkippe ihrer Zivilisation ums Überleben kämpfen.

Auffällig an der Literaturszene der sechziger und siebziger Jahre ist, daß die meisten Bücher von Männern verfaßt wurden. Nur wenige Schriftstellerinnen, wie etwa Bjørg Vik, Liv Køltzow und Cecilie Løveid, engagierten sich gesellschaftspolitisch ebenso wie ihre männlichen Kollegen, wenn auch mit anderen Schwerpunkten. Ihre Werke befaßten sich überwiegend mit der Stellung der Frau in der norwegischen Gesellschaft und ihrem Kampf um Gleichberechtigung. Daß ein solches Thema durchaus einfallsreich und mit hintergründigem Humor bearbeitet werden kann, zeigte Gerd Brantenberg 1977 auf sehr skurrile Weise mit ihrer Realsatire *Egalias døtre (Die Töchter Egalias)*, in der sie nicht nur die Machtverhältnisse zwischen Mann und Frau auf den Kopf stellt, sondern auch den dazugehörigen Sprachgebrauch. Das Buch ist eine erfrischende Abrechnung mit dem Patriarchat – und denjenigen Feministinnen, die die Rollenmuster der Geschlechter nicht aufbrechen und entkrampfen, sondern lediglich vertauschen wollen. Es erreichte im europäischen Ausland hohe Auflagen und sorgte auf seine Weise dafür, daß auch andere norwegische Literatur nachgefragt wurde.

Mit Beginn der achtziger Jahre änderten sich die Themen radikal. Begehrt waren verstärkt Bücher, die den einzelnen und seine emotionalen Probleme in den Mittelpunkt rückten, ohne sozialkritische Aspekte völlig zu verdrängen. Immer mehr Schriftstellerinnen machten den männlichen Autoren Konkurrenz, darunter neue Talente wie Tove Nilsen, Toril Brekke oder Herbjørg Wassmo. Wassmo bekam 1987 für ihre «Tora»-Trilogie (*Das Haus mit der blinden Glasveranda, Der stumme Raum, Gefühlloser Himmel*) den

Der weltweite Bestseller der neunziger Jahre: *Sofies Verden* von Jostein Gaarder

Literaturpreis des Nordischen Rats, eine der höchsten Auszeichnungen für Schriftsteller aus den skandinavischen Ländern. Der Roman beschreibt ebenso einfühlsam wie unsentimental das Schicksal von Tora, Kind einer Norwegerin und eines deutschen Besatzungssoldaten, die sich ebenso gegen die Verachtung ihrer Nachbarn wie gegen ihren zudringlichen Stiefvater zur Wehr setzen muß. Schauplatz der Romantrilogie ist eine Insel der Vesterålen in Nordnorwegen, wo auch die Schriftstellerin aufgewachsen ist, und die nüchterne Schilderung der Lebensumstände vermittelt den Eindruck vom norwegischen Alltag in dieser kargen Umgebung.

Bestseller sind regelmäßig auch die Bücher von Ingvar Ambjørnsen, dessen Romane einst die «meistgeklauten Bücher Norwegens» waren. Der wohl erfolgreichste norwegische Autor der jüngeren Generation lebt seit einigen Jahren in Hamburg, von wo aus er inzwischen auch das deutsche Lesepublikum erobert hat. In seinen Romanen beleuchtet er kritisch und nicht ohne Humor vor allem die Probleme gesellschaftlicher Randgruppen, die er zum Teil aus eigener Erfahrung kennt. Seine spannende Jugendreihe *Pelle og Proffen (Peter und der Profi)* ist durchaus auch allen jung gebliebenen Erwachsenen zu empfehlen.

Anfang der neunziger Jahre gelang der norwegischen Literatur noch einmal ein großer internationaler Durchbruch. Zunächst erschien Jostein Gaarders *Sofies Verden (Sofies Welt*, deutsch 1993), eines der erfolgreichsten Bücher der letzten Jahrzehnte. Die Einführung in die Philosophiegeschichte für Jugendliche aus der Sicht des Mädchens Sofie wurde in 40 Sprachen übersetzt. Es folgte der Bestseller *Salme ved reisens slutt (Choral am Ende der Reise*, deutsch 1995) von Erik Fosnes Hansen. Spannend und mit zahllosen historischen Details erfindet der damals erst 27 Jahre alte Hansen in seinem Roman die letzten Tage der – völlig unterschiedlichen – Schiffsmusiker auf der «Titanic».

Im Schatten von Gaarder und Hansen gediehen aber auch noch zwei Gattungen: die Lyrik und die Krimi. Die Autorenlesungen der Lyriker Jan Erik Vold, Lars Saabye-Christensen ziehen die Menschen an. Im Gegensatz zu der Generation der politisch engagierten Dichter ziehen Newcomer wie Bertrand Besigye (*Und du stirbst so langsam, daß du glaubst, du lebst*) und Cathrine Grøndahl (*Vollkommen verrückte Rhythmen*) wieder leisere Töne in ihren Versen vor.

Die Journalistin, Anwältin und Ex-Ministerin Anne Holt löste eine Krimi-Konjunktur aus. Mit ihren drei Erfolgsromanen *Die blinde Göttin, Der Tod der Dämonen* und *Selig sind die, die dürsten* erntete sie in ganz Skandinavien höchste Anerkennung. In ihren Büchern verarbeitet sie ihre Erfahrungen als Justizreporterin des norwegischen Fernsehens und später als Anwältin, als sie mit Inzestfällen und Asylverfahren zu tun hatte. Für ein paar Monate amtierte die Erfolgsautorin 1996/97 als Justizministerin, mußte den Posten aber aus gesundheitlichen Gründen wieder aufgeben.

Mit dem Ruderboot ins Theater

Das norwegische Theater heute muß nicht allein mit dem erdrückenden Erbe Ibsens leben, sondern auch damit, daß das Theater in den siebziger Jahren zu einem vom Staat voll finanzierten Unternehmen wurde. In den letzten zwanzig Jahren gab es eine Gegenbewegung. Regionaltheater und freie Gruppen schossen aus dem Boden. Dazu entwickelte sich überall im Land ein Milieu für Puppen- und Kindertheater. Doch das norwegische Schauspiel steht weiterhin viel schwächer da als zu Ibsens Zeiten: Nur wenige Dramatiker erreichen heute internationales Ansehen.

Kultur wird in Norwegen allgemein daran gemessen, wieviel sie zum allgemeinen Wohlergehen beiträgt, wieviel Arbeitsplätze sie schafft und ob sie außerhalb der Großstädte die Landflucht bremsen kann. Kultur ist Teil des norwegischen Gesellschaftsprojekts – was in dieses Konzept hineinpaßt, kann sich auf den Unterhalt durch den Staat verlassen, was es noch nicht gibt, wird dazu passend von ihm erschaffen. Zum Beispiel die Regionaltheater als Teil der Regionalpolitik: Zusätzlich zu den traditionellen Theaterstädten Oslo, Bergen und Trondheim wurden in den siebziger Jahren auch etliche Provinzstädte wie Førde, Molde, Skien und Mo i Rana mit Bühnen ausgestattet.

Dort wie an den großen Bühnen decken Staat und Kommunen zwischen achtzig und neunzig Prozent der Kosten. Ein gefundenes Fressen für die Rechtsliberalen der «Fortschrittspartei», die im Gleichklang mit den Stammtischen immer wieder nach dem Sinn der teuren Subventionen für «Feinkultur» wie Theater, Ballett und Oper fragen, während volksnahe Vergnügungen wie Boxkämpfe verboten bleiben. Auch Vertreter der Konservativen fordern inzwischen freie Marktwirtschaft für die Kultur. Nach dem

Motto: Wer «schlechtes» Theater macht, muß sich nicht wundern, wenn keiner kommt und er nichts verdient. Umgekehrt müsse man bereit sein, für gutes Theater pro Vorstellung 200 Mark auf den Tisch zu legen. Inzwischen gibt es in Oslo eine Reihe privater Theater, die ohne Zuschüsse leben können: Chateau Neuf, Victoria Teater, Dizzie, Chat Noir.

Der Sprachenzwist zwischen Nynorsk- und Bokmål-Anhängern hatte auch seine Konsequenzen für das Literatur- und Theaterleben. Nicht in der westnorwegischen Provinz, dort, wo nynorsk gesprochen wird, sondern in der Bokmål-Hochburg Oslo steht das größte Nynorsk-Theater des Landes: Im «Det Norske Teater» kommen alle Stücke in Neunorwegisch auf die Bühne. Als das Theater 1913 gegründet wurde, feierten die Nynorsk-Vorkämpfer dies als Meilenstein in ihrem Emanzipationskampf, während die Konservativen vor Wut kochten. Das DNT erwies sich im Feindesland als überraschend lebenstüchtig und hat mit seinem Gemischtwaren-Repertoire große Erfolge. Die Musicals *Cats* und *Les Miserables* waren seltene Publikumsrenner. Zwischendurch gab es aber auch Anspruchsvolleres wie Tankred Dorsts sechsstündige experimentelle Oper *Merlin*. Die Subventionen machen es möglich.

Die großzügigen Zuschüsse machen noch eine norwegische Besonderheit möglich: Für die kulturelle Versorgung der weit verstreuten Bewohner des langgestreckten Landes wurde nach dem Krieg das «Riksteater», das Reichstheater, ins Leben gerufen, ein Theater auf Achse, das für alle spielt, die von der nächsten Provinzbühne meilenweit entfernt leben. Das Riksteater-Ensemble kommt mit Bus, Zug, Flugzeug oder seinem «Theaterboot», einer umgebauten Fjordfähre, mit der die Schauspieler auch das letzte Küstennest erreichen können. Im Gepäck haben sie je nach Bedarf Volkstümliches, Klassisches, Modernes oder Kindertheater. Für viele Menschen ist das Riksteater die erste Begegnung mit Theater überhaupt. Noch im Jahre 1990 ruderte ein alter Mann in Nordnorwegen drei Stunden, um zu der ersten Vorstellung seines Lebens zu kommen!

Experimente und Spektakel

Wie überall in Europa entstanden in den letzten zwanzig Jahren auch im Norden zahlreiche freie Theatergruppen. Sie bildeten sich einerseits aus Protest gegen das etablierte Theater, andererseits aber als Selbsthilfemaßnahme von Schauspielstudenten, die nach der Ausbildung an den etablierten Bühnen keine Arbeit fanden. Heute gibt es rund fünfzig unabhängige Schauspielgruppen, manche wurden schon im historischen Jahr 1969 geboren. Sie experimentieren mit Genres und Techniken und beziehen Film, Video und anderes High-Tech in die Inszenierungen mit ein. Det Åpne Teater (Das offene Theater) oder Black Box in Oslo sind die bekanntesten Spielstätten der «Freien». Auch Tromsø hat sich einen guten Ruf unter den unabhängigen Theatern erworben. Andere touren im Land herum, spielen in Schulen und Clubs.

Auf der Insel Kinn weit draußen im Meer vor dem Westküstennest Florø wohnen das Jahr über nicht mehr als sechzehn Menschen. Das ändert sich jedes Jahr an einem Wochenende im Juni: Dann bevölkern Tausende das kleine Eiland, um das legendäre «Kinnaspelet» (Kinnaschauspiel) zu erleben. Rund um den Kinnakløvet, einen spitz herausragenden Felsen, inszenieren 150 Amateurschauspieler mittelalterliche Geschichten aus der Übergangszeit zwischen Heiden- und Christentum. Dies ist nur eines von vielen historischen Open-air-Schauspielen, die zur Sommerszeit in Norwegen zu sehen sind, oft an weit abgelegenen Originalschauplätzen, wie das «Olsokspelet» in Stiklestad bei Trondheim, wo König Olav der Heilige 1030 gefallen ist. Die Norweger lieben diese kostümreichen Vorführungen glanzvoller, alter Zeiten, 5000 Zuschauer sind keine Seltenheit. In den letzten zehn Jahren ist die Zahl der historischen Aufführungen sogar noch gestiegen, was manche Soziologen als Suche nach historischer Identität interpretieren, andere einfach nur als Lust am Wochenendausflug.

Theater für Kinder

Schweden hat Astrid Lindgren, Norwegen Thorbjørn Egner (gest. 1990), den von allen norwegischen Kindern hochgeliebten Erfinder von Karius und Baktus und Kardemommeby. Egner und Alf Prøysen, ein anderer norwegischer Kinderbuchautor, gibt es nicht nur in Buchform, auf Platte, Kassette und im Fernsehen, die beiden sind auch Dauerbrenner an fast allen norwegischen Theatern. Auch gestandene Bühnen sehen es als selbstverständlich an, in regelmäßigen Abständen für die Jüngsten zu spielen. Manche, wie das Rogaland-Theater in Stavanger, besetzen die Rollen nur mit Kindern.

Egner war einer der letzten norwegischen Gegenwartsautoren, der regelmäßig an den Bühnen des Landes gespielt wird. Das war einmal anders, zum Beispiel zu Zeiten Ibsens, als die Autoren Angestellte eines Theaters und zu wenigstens einem Stück im Jahr verpflichtet waren. Diese Regelung wurde erst in den siebziger Jahren nach und nach abgeschafft, womit auch der Anteil norwegischer Gegenwartsdramatik an den Bühnen drastisch sank. «Den Nationale Scene» in Bergen und das Trøndelag-Theater in Trondheim haben in den letzten Jahren immer wieder versucht, auf norwegische Uraufführungen zu setzen – mit geringem Erfolg, es gab zu wenige. Doch nur wenige Autoren wie Bjørg Vik, Marit Tusvik, Claus Hagerup, Lars Vik, Cecile Loveid, Ola Bauer oder Edvard Hoem wagen sich neben Romanen und Prosa auch an das Schauspiel heran.

Det Åpne Teater in Oslo gründete 1985 eine Theaterwerkstatt, um diesem Mangel abzuhelfen. Dort bearbeitet man gemeinsam die Manuskripte und stellt Regisseure und Schauspieler für eine Überprüfung der Spielbarkeit zur Verfügung. Das Resultat wird danach gemeinsam diskutiert. Etwas Ähnliches gibt es in Bergen mit der Schreibkunstakademie, die als eine Art Talentschmiede Theaterautoren in Kursen heranbilden will. Das alles sind Versuche, die die Misere des jungen norwegischen Theaters belegen. Was würde Ibsen, der Apothekerlehrling, zu solchen Autorenkursen sagen?

VIRTUELL UND REAL
MULTIMEDIA, FILM, MUSIK

Lange Jahre war Norwegen neben Albanien das letzte Land Europas mit nur einem – öffentlich-rechtlichen – Fernsehkanal. Nach zehn Jahren zäher Verhandlungen ging im Herbst 1992 «TV 2» auf Sendung. Getragen wird der Sender von einer Art Stiftung. Er ist an den öffentlich-rechtlichen «Grundversorgungsauftrag» gebunden, muß sich aber weitgehend selbst finanzieren – aus Werbeerlösen. Das alte, moralisch-ethisch begründete Verbot der Werbung in den elektronischen Medien war damit endgültig gefallen. Mittlerweile gibt es noch zwei weitere landesweite Privatsender über Satellit zu empfangen. NRK reagierte immerhin auf die neue Konkurrenz mit einem zweiten Programm.

Auch die privaten Lokal-TV-Sender, inzwischen über hundert, nehmen dem ehemaligen Monopolisten Norges Rikskringkasting (NRK) Zuschauer weg. Die Leute wollen es noch lokaler als beim NRK mit seinen 17 Bezirksstudios und 26 Lokalbüros. Auch die kleinen Lokalradios (Nærradio), 400 an der Zahl, machen dem NRK zunehmend Konkurrenz. Als Veranstalter dürfen sich Parteien, Kommunen, Vereine, religiöse Gruppen oder auch Privatpersonen bewerben. Entsprechend bunt geht es auf den meisten Frequenzen zu: morgens eine Stunde Glückseligkeit mit den Pfingstgemeindlern, dann zwei Stunden Neues von der Uni via Studentenradio, gefolgt von «Bingo» und einer Diskussion unter Maoisten. Schließlich in irgendeinem Programm nur Grüße an Freunde und Kollegen, Hardrock, Volkstanz, Feministisches. Für die Redakteure gilt: je basisnäher, desto erfolgreicher. Höchstens zwanzig Prozent ihres Unterhalts dürfen sie mit Werbeeinnahmen bestreiten. Als erstmals ein werbefinanzierter landesweiter Radiokanal eine Lizenz erhielt (P4), konterte NRK mit einer Jugendwelle.

Doch fünfzig Jahre Monopol machen unbeweglich. Der ursprüngliche Programmauftrag

Das Kulturerbe empfindet die Kunstszene des Landes nicht als Belastung: Edvard Munchs «Der Schrei» dreidimensional nachgestellt

«Volksaufklärung» durchsetzt immer noch zäh das Programm. Selbst das TV-Quiz muß beim NRK wenigstens inhaltlich anspruchsvoll sein, so beim heiteren Komponistenraten («Ist diese Melodie a] von Ravel, b] Tschaikowski oder c] Beethoven?») zur besten Samstagabendsendezeit. Sportberichte müssen ohne Boxen auskommen, nun gut, aber warum kurz nach 23.00 Uhr Sendeschluß ist, wissen allein die NRK-Verantwortlichen. Nur samstags dürfen die Norweger etwas länger aufbleiben, dann gibt es «Nattkino» (Nachtkino), meist Filme aus Hollywood. Der erfolgreichste ausländische Serienheld im norwegischen Fernsehen ist aber «Derrick». Horst Tappert vertritt seit 15 Jahren deutsche Krimi-Unterhaltung im NRK. Den Satz «Wo ist Harry?» beherrschen norwegische Schüler schon vor der ersten Deutschstunde, denn in Norwegen wird nur untertitelt. Die Unsitte der Synchronisation ist in Skandinavien unbekannt.

Dafür gibt es im NRK, wie auch in den meisten Zeitungen, die Unsitte des «Norge først» – Erst wir! Auslandsnachrichten rangieren in der abendlichen Tagesschau, «Dagsrevyen», ziemlich weit hinten. Seit ein paar Jahren gibt es immerhin auch ein außenpolitisches Magazin – einmal im Monat eine halbe Stunde.

Gestützte Vielfalt: die Presse
Norwegen hält den uneingeschränkten Weltrekord im Verhältnis von Zeitungen zu Einwohnern: 206 Zeitungstitel (davon 160 Tageszeitungen) mit einer Gesamtauflage von 3,1 Millionen bei nur vier Millionen Einwohnern sind in unserem Kabelzeitalter ein Phänomen. Der größte Teil der Zeitungen sind Lokalblätter. Jeder Flecken hat in diesem Land noch

sein eigenes Organ, das oft nur von einem einzigen Redakteur zusammengestellt wird. In *Bømlo-Nytt* oder *Svalbard-Posten* steht wirklich nur drin, was auf Bømlo oder Svalbard passiert: Schulfest, Arbeitsplatzwechsel, neue Brücke und dergleichen mehr.

Etwas mehr steht in den Regionalzeitungen. *Bergens Tidende* oder *Adressavisen* in Trondheim berichten in Auflagen von gut 100 000 Exemplaren über West- und Mittelnorwegen, aber auch über das, was in Oslo und im Ausland passiert. Dann gibt es noch die drei großen, überregionalen Zeitungen: *Aftenposten, Verdens Gang* und *Dagbladet*. *Aftenposten* ist das Flaggschiff der Konservation und mit Abstand die Zeitung, die europäischen Ansprüchen genügt. Hier wird unter «Ausland» auch über die Hintergründe umfassend informiert. Und nur in der Wochenendbeilage von *Aftenposten, a-Magasinet*, findet man noch klassische Reportagen.

Die beiden Boulevardblätter, die konservative *Verdens Gang* (VG) und das liberale *Dagbladet*, geben ihre politische Richtung nur in ihren Kommentaren zu erkennen. Ansonsten: Mord, Sex, Unglücke und Personalities, nicht viel anders als bei *Daily Mirror* oder *Bild*. *Dagbladet* galt noch bis Ende der siebziger Jahre als Zeitung der linken Intelligenz, doch von der kritischen, bisweilen radikalen Zeitung ist nur noch die Rubrik *Kronikk* im Kulturteil übriggeblieben, in der Essays und Kommentare erscheinen.

Viele Zeitungen sind noch offen parteigebunden: *Nationen* ist das Blatt der Venstre-Partei, *Vårt Land* schreibt für die christliche Volkspartei; andere, wie *Stavanger Aftenblatet* oder *Bergens Tidende*, haben sich von ihren Parteien

Venstre und Zentrum abgenabelt. Die Arbeiterpartei besaß einst das mächtigste Presseimperium von allen. In manchen Gegenden liegen die Ausgaben der «A-Presse» noch vorn, etwa in der Finnmark das *Finnmark Dagblad* oder in Troms die Zeitung *Nordlys*. In den großen Städten halten sie den zweiten Platz: *Bergen Arbeiderblad* rangiert nach *Bergens Tidende* oder *Rogalands Avis* nach *Stavanger Aftenbladet*. Das Flaggschiff der A-Presse, das *Arbeiderbladet* in Oslo, die Schwesterzeitungen im Land mit Stoff und Kommentaren versorgt, ist dagegen im Raum Oslo hinter *Aftenposten, VG* und *Dagbladet* auf den vierten Platz zurückgefallen und mußte mehrmals in den vergangenen Jahren um seine Existenz bangen.

Wie so viele Zeitungen überleben können? Weil der Staat auch ihnen hilft. Nach einem großen Zeitungssterben Mitte der sechziger Jahre beschloß das Storting das «Pressestøtte»-Gesetz. An jedem Ort des Landes, so die Idee des Gesetzes, sollte es Meinungsvielfalt geben. Wenn der zweitstärksten Zeitung an einem Ort das Ende droht, weil der Konkurrent den Anzeigenmarkt beherrscht, dann darf der Verlag für die Produktion und Verteilung Zuschüsse aus dem «Pressestøtte»-Topf beantragen. Nahezu alle Zeitungen bis 10000 Auflage leben von diesen Subventionen, zu denen auch die Befreiung von Mehrwertsteuer und Porto sowie die Weiterbildung von Journalisten gehören. Und schließlich leben die vielen Zeitungen einfach von den vielen Zeitungslesern. Statistisch gesehen liegen in jedem norwegischen Haushalt zwei, manchmal auch drei Zeitungen: die Lokalzeitung, die Regionalzeitung und die Landeszeitung.

Norge am Netz
Im Juni 1996 beschloß das Storting, das Monopol der früheren staatlichen Telefongesellschaft Tele-Nor endgültig aufzuheben. Damit sollte dem explosionsartigen Wachstum der Informationsbranche freie Bahn gegeben werden. In keinem anderen Land Europas ist die Vernetzung so weit fortgeschritten wie in Norwegen. Ende 1997 haben über 300000 Haushalte einen Internetanschluß, eine Verdoppelung innerhalb eines Jahres. Jeder vierte Norweger gab an, zu Hause, am Arbeits- oder Studienplatz Zugang zum «Nett» zu haben. In Oslo haben alle Schüler eine eigene E-Mail-Adresse. Im Durchschnitt verbringen sie täglich eine Stunde im Internet.

Die Norweger sind nicht nur europäische Spitze im Internet-Konsum, sie beteiligen sich auch mit eigenen Angeboten: Unter der Länderkennung .no findet man im World Wide Web eine bunte Vielfalt vor: Kindergarten haben ihre eigene «site» genauso wie die Kripo mit ihren Tips, die Stadt Oslo legt im Internet ihre Beschlüsse aus, das Tibet-Komitee protestiert gegen Staatsbesuch aus China. Von der Online-Begeisterung der Norweger profitieren nicht zuletzt die Touristen. Auf kaum ein anderes Land kann man sich von zu Hause aus über das Internet so gut auf seine Reise vorbereiten. Fährverbindungen, Zugpläne, Touristeninformationen auch kleinerer Kommunen können im Internet abgerufen werden (siehe S. 218).

Lichtspiel im Schatten
Film «made in Norway» ist ein Kapitel, das leider kurz ausfallen muß. Die Nachbarländer Schweden und Dänemark haben da

mehr zu bieten, selbst Finnland, dessen Filmproduktion jahrelang darniederlag, hat sich mit den Brüdern Kaurismäki weltweit einen guten Namen gemacht. Norwegen bleibt eigentlich nur seine berühmteste Schauspielerin, Liv Ullmann, die aber im Ausland zur Enttäuschung ihrer Landsleute fast immer für eine Schwedin gehalten wird.

Zu den wenigen Lichtblicken der letzten Jahre zählt der 1988 für den Oscar nominierte Film *Der Pfadfinder (Veiviseren)* von Nils Gaup, eine Art samischer Western, der vor allem dank seiner schönen Aufnahmen von der Finnmark und wegen der Tatsache für Aufsehen sorgte, daß hier erstmals ein Same einen Kinofilm produziert hatte – auf samisch! Zu Hoffnung Anlaß gaben auch *Budbringeren* (*Der Postbote*, 1997) von Pål Sletaune. Nach Art eines Roadmovie wird die Geschichte eines einsamen Postboten erzählt, der bei den Briefzustellungen in Liebesabenteuer und Gefahren verwickelt wird. Der Streifen ist in über zwanzig Länder verkauft worden und wurde sogar in Cannes aufgeführt. Liv Ullmanns dreistündige Verfilmung von Sigrid Unsets Roman *Kristin Lavrasdatter* (Kamera: Sven Nyquist) fand dagegen kaum internationale Aufmerksamkeit.

Dennoch ist wirklich Neues in den letzten vierzig Jahren eher von Frauen gekommen: Das reicht vom Film noire der Edith Carlmars in den fünfziger Jahren bis zu der von Tarkowskij inspirierten Unni Straume heute. Dazwischen liegen die Arbeiten von Anja Breien und Vibeke Løkkeberg, die in den achtziger Jahren abseits des offiziellen Filminteresses Frauengeschichten oder das spießbürgerliche Nachkriegsnor-

wegen zum Thema ihrer Filme machten.

Die Misere fängt damit an, daß es in Norwegen keine Filmschule gibt, und sie geht damit weiter, daß auch der Kulturbereich Film fest in staatlicher (Finanz-)Hand ist. Unter dieser Schirmherrschaft sieht die Zukunft der norwegischen Filmemacher düster aus: Die Regierung hat die Produktionsgarantien stark gekürzt, während gleichzeitig ein Drittel der kommunalen Kinos in einer Umfrage gestehen, lieber angloamerikanische Streifen als Eigenproduktionen auf den Spielplan zu setzen.

Der größte Spielfilmproduzent ist Norsk Film A/S, eine Aktiengesellschaft mit dem Staat als Hauptanteileigner. Das Unternehmen ist verpflichtet, ständig eine gewisse Repertoirebreite einzuhalten: Kinderfilme, Erstlingswerke, Verfilmungen norwegischer Literatur. Wer meint, daß so Qualität zu produzieren sei, irrt sich. Norsk Film sieht sich als Staatsbetrieb allen verpflichtet, das heißt, dem breiten Publikumsgeschmack. Die Klamauk-Serie *Die Olsen-Bande* aus den siebziger Jahren ist dafür ein Beispiel.

Es sind die wenigen kleinen Privatgesellschaften, die immer wieder für Überraschungen sorgen. Aber über ihnen kreist ständig der Pleitegeier, denn in einem so kleinen Land mit so hohen Preisen lassen sich die Produktionskosten nur schwer wieder einspielen.

Ein weiterer Grund für die Misere des norwegischen Films ist in der staatlichen Filmüberwachung, Statens Filmkontroll, zu suchen, einer Institution ähnlich der deutschen Bundesprüfstelle, in ihren Eingriffen aber weniger zimperlich. Statens Filmkontroll wurde schon 1913 eingerichtet,

Vor ein paar Jahren fiel auch in Norwegen das Rundfunkmonopol. Aber auch in den Privatkanälen läuft überwiegend «Norge», das Ausland kommt kaum vor

damals mit der Begründung, der aufkommende Film sei ein besonders starkes Medium. Bis heute kann das Gremium einen Film ganz verbieten, wenn dieser «gegen Gesetze verstößt, ehrkränkend ist, verrohend wirkt oder moralisch verwerflich ist». Zwar sind nur wenige Filme mit einem Totalverbot belegt worden, aber geschnitten wurde schon so manche Szene. In Sachen Sex sind die Filmrichter in den letzten Jahren liberaler geworden, bei Gewaltszenen setzen sie dagegen häufiger als früher die Schere an. Schon oft wurde das Herumschneiden an einem Film als Zerstörung eines künstlerischen Ganzen kritisiert. Aber es deutet derzeit nichts darauf hin, daß sich diese Praxis ändern wird.

Was die staatliche Zensur passiert hat, landet in den 400 kommunalen Lichtspielhäusern – private Kinos gibt es in Norwegen nicht. In der Kulturverwaltung der Kommune werden die Filme noch einmal geprüft, bevor sie dann endgültig auf die Menschen losgelassen werden. Es ist durchaus schon vorgekommen, daß in einer Gemeinde – etwa mit einer Mehrheit der christlichen Volkspartei – ein vom Staat anerkannter Film durchgefallen ist.

Der Kinobetrieb war für die Kommunen anfangs eine bessere Einnahmequelle als die Parkgebühren. Da flossen Millionen, vor allem in den größeren Städten. Oslo hat von diesem Geld den Vigelandspark angelegt und das Munch-Museum gebaut. Ab und zu fiel auch eine Million für die ärmeren Konzerthäuser ab. Den Filmproduzenten nutzten die Einnahmen nichts, sie verschwanden sinnigerweise aus dem Geldkreislauf des Films. Gemeinden, die etwas auf sich halten, bauen riesige Kinozentren mit zehn bis fünfzehn Sälen, Cafés, Bibliotheken und Galerien.

Gegen das staatliche Monopol bei Produktion, Import und Distribution von Filmen steht die «Filmklubb»-Bewegung. Filmclubs gibt es in allen größeren Städten. Wer für einen Jahresbeitrag von 300 Kronen Mitglied des Clubs ist, kann sehen, was andere nicht sehen dürfen. Denn die Filmclubs zeigen außerhalb der staatlichen Zensur ungeschnittene oder verbotene Filme und bestellen auch selbst Filme aus dem Ausland. So laufen hier experimentelle Filme abseits des Mainstreams, aber auch Klassiker des guten Kinos wie Fassbinder, Fellini oder Malle. Der größte ist der Bergen Filmklubb mit 2000 Mitgliedern, der von Studenten organisiert wird. In Oslo gibt es noch die «Cinematek», die ein ähnliches Filmangebot bietet, daneben aber auch Seminare und Kurse veranstaltet.

Ist die jährliche Filmproduktion in Norwegen auch bescheiden, ein eigenes Filmfestival mit einem eigenen Oscar gibt es trotzdem. Der Oscar heißt Amanda, und das Festival ist jeweils im August in Haugesund.

Musik für alle

«A-ha», werden sich viele Mitte der achtziger Jahre gedacht haben: In Norwegen wird nicht nur zum Volkstanz aufgespielt oder Grieg gelauscht, sondern auch bis hinauf in die internationalen Charts gerockt. Was die drei sympathischen jungen Norweger – mit Wohnsitz in London – für den internationalen Bekanntheitsgrad ihres Landes getan haben, kann gar nicht überschätzt werden. Anfang der Neunziger tanzten europaweit die Kids in den Discos dann auch noch nach den Klängen von *Dance with a stranger* aus Oslo. Beide Gruppen versanken allerdings schnell wieder in der Versenkung.

Ende der siebziger Jahre gab es in den beiden Zentren der Musikszene Oslo und Trondheim einen Gründungsboom von Hardrock- und Punkbands. Sie lösten linke Liedermacher wie Lillebjørn Nilsen und die Psychedelic-Dauerbrenner ab, wie Dream (mit Terje Rypdal) oder die auch vielen deutschen Wohngemeinschaften jener Jahre noch vertraute Gruppe Rufus. Allein die Namen standen für neue Töne: Sjølmord (Selbstmord), Hærverk (Vandalismus), Party Terror, Vannskrækk (wasserscheu). Ihre Treffpunkte waren Sardines in Oslo und das Studentersamfundet in Trondheim. Ab 1983 schwappte eine Neue Norwegische Welle durchs Land. Der Wolfgang Niedeken von Trondheim heißt Åge Aleksandersen. Mit seinem Dialekt-Rock-Debut «Levva livet» («Es lebe das Leben» – Kostprobe: «Ich finde einen Atomkrieg Wahnsinn, aber der Herbst kann so schön sein...») stellte er einen neuen Verkaufsrekord auf: 200 000 Langspielplatten gingen über den Ladentisch.

Noch präsentieren die meisten Gruppen ihre Songs auf norwegisch, aber ermutigt durch die internationalen Erfolge von «A-ha» und «Dance with a stranger» geht der Trend zunehmend zu englischen Texten. Als ein halbwegs gelungener internationaler Durchbruch gilt, als Vorgruppe auf dem Kvaløya-Festival auftreten zu können. Nach dem dänischen Roskilde ist das jährliche Open-air-Spektakel auf der südnorwegischen Insel das international bestbesetzte Rockfestival in Nordeuropa. Hier haben Bob Dylan und Joe Cocker gespielt, Tina Turner und Van Morrison.

Morrison tritt auch regelmäßig auf norwegischen Jazzfestivals auf, in Molde, Kongsberg oder Voss. Diese kleinen, aber feinen Treffen genießen in der europäischen Jazzszene einen guten Ruf, zu dem die großen Namen der norwegischen Jazzmusik der siebziger Jahre beigetragen haben: Terje Rypdal, der Schlagzeuger Jon Cristensen, der Bassist Arild Andersen und natürlich Jan Garbarek mit seinem Saxophon. Nach vielen Ausflügen durch die Klänge der Weltmusik kehrte er Anfang der neunziger Jahre mit seinem Album «The Legend of the Seven Dreams» rechtzeitig zu einer neuen Jazzbegeisterung wieder in seine Heimat zurück: Musik aus dem Bauch der norwegischen Landschaft. Außerdem greifen zwei Stücke Themen der samischen Volksmusik Joik auf. Just zu dieser Zeit erlebte die samische Sängerin Mari Boine Persen mit ebendiesem – zusätzlich elektronisierten – Joik und ihrer Stimme einen großen Erfolg. Ihre CD «Stemors stemme» («Die Stimme der Stiefmutter», auch mit englischer Textbeilage) ist eine passende Einstimmung auf eine Fahrt ins Sameland. International bekannt wurde auch der vielseitige Gitarrist Knut Reiersrud mit seinen Verfremdungen von norwegischen Folk- und Kirchenliedern.

DEFTIG UND HEFTIG
ESSEN & TRINKEN

Die norwegische Küche hat mehr zu bieten als Fisch. Und norwegischer Fisch ist mehr als eingelegter Hering, «sild», oder plastikverschweißter Räucherlachs, die in unseren Breiten immer mit Norwegen verbunden werden. Wer kennt schon «rakørret», die gesalzene, angegorene Forelle aus den Tälern Ostnorwegens? Der Fisch wird geputzt und innen mit Salz eingerieben, danach in einen Holzbehälter mit dem Bauch nach oben gelegt und mit Zucker und Salz bestreut. Um ihm die Feuchtigkeit zu entziehen, wird er mit Holz und Steinen beschwert. Und so liegt er dann geschlagene drei Monate, bevor er kalt mit Knäckebrot, Butter, Bier und Aquavit serviert wird.

Drei Monate alter Fisch? Die Rezepte der norwegischen Küche haben überlebt aus einer Zeit, als Norwegen noch keine reiche Industrienation, sondern ein armes Fischerei- und Agrarland am Rande Europas war. Geräuchert, eingelegt, getrocknet oder vergraben – so behalf man sich ohne Gefriertruhe und angesichts schwieriger Transportwege. Auf die Ästhetik konnte dabei keine Rücksicht genommen werden. Der Besucher sollte sich nicht schrecken lassen: Es schmeckt selten so grimmig, wie es aussieht.

Keine Augenweide, nach Meinung von fünfzig Prozent der Norweger, aber ein Gaumenschmaus, ist der «lutefisk», getrockneter Kabeljau, der abwechselnd in Wasser und Salzlauge

Getrockneter Fisch ist fast unbegrenzt haltbar. Legt man ihn über Nacht in Wasser, erhält er seine ursprüngliche Konsistenz zurück

gebadet wird. Nach «nur» einer Woche ist er gereift zu einem gelbgrauen Pudding mit einem strengen Geruch und herben Geschmack, der ebenfalls mit Aquavit und Bier gemildert wird. Die andere Hälfte der Norweger verabscheut «lutefisk».

In der Vorweihnachtszeit ist er am ehesten auf den Speiseplänen norwegischer Restaurants zu finden – den Touristen möchte man so etwas vielleicht nicht zumuten. Statt dessen versucht man sich in «internationaler Küche», was meistens mißlingt und trotzdem viel kostet. In den großen Städten sprießen die Restaurants neuerdings nur so aus dem Boden, aber vom teuren Mobiliar mit Kerzenschein bis zur Speisekarte in fehlerhaftem Französisch ist fast alles Imitation.

Auch unter den Fleischgerichten ist bei den Norwegern Delikates zu entdecken. Zum Beispiel die verschiedenen Hammelzubereitungen: An der Westküste schwört man auf «pinnekjøtt», geräucherte Lammrippen, die auf frisch geschnittenem Birkenreisig im Ofen geschmort werden. Auch das Wildbret Ren und Elch sollte man unbedingt probieren. Die zartesten und teuersten Stücke heißen «indrefilet»; dazu gehört ein Schlag Preiselbeeren. Eine absolute Delikatesse ist auch der wie Bündnerfleisch getrocknete Rentierschinken.

Bei den Beilagen wird es schon schwieriger in Norwegen. Kartoffeln sind ein unbedingtes Muß jeder Mahlzeit, und schön bröselig müssen sie sein. Manchmal gibt es zur Abwechslung auch Kartoffelklöße, «kumler» oder «raspeboller» genannt. Das Gemüse, wie Weißkohl («surkål»), wird so lange gekocht, bis auch das letzte Vitamin verdampft ist. Oder man

stampft ihn zu Brei wie den Kohlrabi zu «kålrabistabb».

Dafür wird es beim Nachtisch wieder spannend. Nördlich des Polarkreises wachsen «molter», gelbe, brombeerähnliche Beeren, die mit viel Zucker und Schlagsahne jedes Essen krönen. Auf dem Markt oder in Geschäften sind sie recht teuer. Selber suchen ist billiger, aber auch sehr mühsam, weil die Beeren nicht massenweise auftreten – im Gegensatz zu den Blaubeeren, die man fast entlang jedes Weges im Vorbeigehen körbeweise pflücken kann.

Klassische Cafés oder Konditoreien, in die man sich setzt, um sich von einer schwarzweiß gekleideten Serviererin das Kännchen Kaffee und das Stückchen Torte servieren zu lassen, sind in Norwegen selten. Gewöhnlich ist eine «kafeteria», eine Art Self-Service-Kantine mit einer Auslage, an der man mit dem Tablett vorbeigeht. Hier bekommt man nicht nur Kuchen und «smørbrød» mit «geitost», dem braunen Ziegenkäse, der wie Karamel aussieht und ein bißchen auch so schmeckt. Auch das Nationalgericht «rømmegrøt» erhält man hier meistens. Rømmegrøt ist eine ziemlich fette Grütze, gekocht aus «rømme», einer Art saurer Sahne oder Crème fraîche, aus Milch und Mehl. Dazu gibt es Zucker, Zimt, geschmolzene Butter und Himbeersaft als Getränk.

Kinder und Erwachsene werden von den Gesundheitsbehörden immer wieder aufgefordert, mit Milchprodukten ihren täglichen Bedarf an Eisen und Vitaminen zu decken. Deshalb trinkt man in Norwegen zum Frühstück viel Milch der verschiedensten Sorten: Buttermilch, Dickmilch, «kulturmelk», eine Art Kefir, oder «lettmelk», fettarme Milch. Ein Eierbecher voll Lebertran gehört vielerorts auch zum Frühstücksgedeck. Bis in die sechziger Jahre wurde in Nordnorwegen Waltran statt Milch an die Schulkinder ausgegeben.

Die warme Mahlzeit wird zwischen drei und vier Uhr nachmittags eingenommen. Mittags gönnt man sich nur ein kleines «lunch», ein zweites Frühstück, abends dann noch einmal eine kalte Mahlzeit. Der Kaffeekonsum der Norweger, über den Tag verteilt, ist enorm und reicht in der Literzahl an die der Amerikaner heran. Für Kaffee und Kuchen gibt es bei den Norwegern keine feste Tageszeit. Das kann mittags sein oder abends nach dem Essen oder um Mitternacht, nachdem man schon eine größere Zahl von Øl-Flaschen geleert hat.

Beim Alkoholkonsum nimmt der Staat seine Bürger an die Hand. Frei verkauft wird nur Bier (øl) in unterschiedlicher Stärke. Höherprozentiges und Wein gibt es für alle über 21 Jahre, die sich gegebenenfalls ausweisen können und beim Kauf einen nüchternen Eindruck machen, in den staatlichen Alkoholläden des «vinmonopol», kurz «pol» genannt. Fast jede größere Stadt hat mittlerweile einen, aber manche Gegenden sind immer noch trockengelegt.

Der Genuß alkoholischer Getränke in der Öffentlichkeit ist bei Androhung eines Bußgeldes von 200 Mark strengstens untersagt. Also kein Bierchen in der Bahnhofshalle oder im Park, ausgenommen ist nur das Glas øl im Straßencafé. Verboten ist auch der Alkoholgenuß auf dem Beifahrersitz eines Autos.

In Kneipen und Cafés werden Wein und Bier ausgeschenkt, härtere Sachen kann man nur in Restaurants und Hotelbars ergattern. Aber auch das Glas Bier bekommt man nicht immer ohne Auflagen: Mancherorts herrscht «spiseplikt», Speisepflicht, der man mit dem Kauf eines Knäckebrotviertels mit Salami Genüge tun kann. Das wird dann mit einem Stempel auf die Hand bestätigt. Die Getränke muß man sich selbst an der Theke abholen. Schaumkronen auf dem Bier gibt es nicht, das Glas wird so schräg unter den Zapfhahn gehalten, daß man es gleich mitnehmen kann.

In Norwegen trinkt man nur zu Hause ohne schlechtes Gewissen, dafür aber oft um so heftiger. Der deutsche Gast sollte nichts Unanständiges vermuten, wenn er zum «vorspill» und «nachspill» (so deutsch gesprochen) einer Feier eingeladen wird. Beim vorspill trifft man sich bei einem Dritten zu ein paar Gläsern, bevor man gemeinsam zur eigentlichen Feier zieht. Häusliche Umtrunke sind gute Gelegenheiten für den Gastgeber, den Kanister mit selbstgemachtem Wein oder Schnaps aus dem Badezimmer zu holen. Die Herstellung von Wein ist in Norwegen ganz leicht, dafür gibt es Instantpulver «rød» und «rose». Das Ergebnis: ein viertel Liter Bonbon-Likör im Weinglas. Den Schnaps kann man auch mit Geschmacks-Extrakten aus dem Supermarkt verfeinern. Bevor die Gäste kommen, schnell den Inhalt des kleinen Aroma-Fläschchens «Whisky» oder «Kognac» in den Klaren kippen, schütteln – fertig. Besitzt man nach vorspill und Hauptfest noch Reserven, geht es zu später Stunde wankend weiter zur nächsten Wohnung zum «nachspill». Bis zum Ende. Skål!

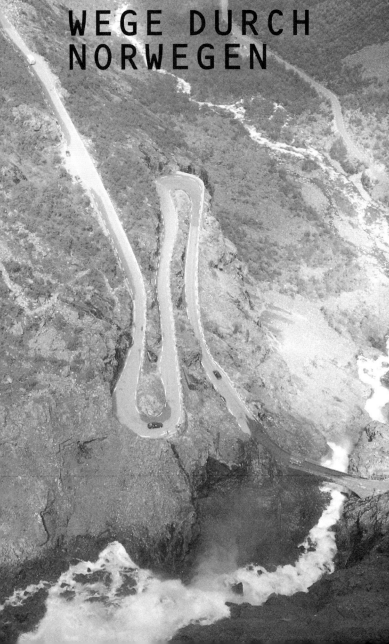

WEGE DURCH NORWEGEN

ALTES BAUERNLAND
DER OSTEN

Von der schwedischen Grenze entlang des Oslofjordes in einem weiten Bogen um die Hauptstadt herum: Das ist Norwegens «Østland». Kornkammer und Wirtschaftszentrum des Landes. Freibad und Freizeitpark der Osloer. Die Ballungsgebiete Asker, Akershus und Bærum sind die Wohn- und Industrievororte von Oslo. Im Osten, zur schwedischen Grenze hin, dehnen sich die «ewig singenden Wälder» der Hedmark aus. Im Westen führen mächtige Täler (Peer Gynts Gudbrandsdal, Hallingdal, Østerdal) zur Gebirgsscheide, hinter der das Fjordland anfängt. Im Sommer bietet der Oslofjord Badefreuden und Einsamkeit. Hier findet jeder auf dem Weg zur Hauptstadt sein Lieblingsplätzchen. Im Winter locken die alpinen Skizentren Oppdal, Geilo, Gol und, nicht zu vergessen, die Olympiastadt Lillehammer.

Die Europastraße 6 beginnt in Rom und endet in Kirkenes. Dazwischen liegen Innsbruck, München, Berlin, Göteborg und Svinesund. Von Svinesund nach Kirkenes sind es 2600 Kilometer, nach Rom nur 1800 Kilometer. Svinesund hat eine Brücke, die die schwedische Region Bohuslän mit dem Königreich Norwegen verbindet. Auf beiden Seiten der Brücke sind Cafeterias, von Zoll- oder Grenzpersonal keine Spur. Die Grenzkontrollen wurden in Skandinavien schon 1952 abgeschafft.

Hinter der Brücke über den Svinesund beginnt **Østfold**, der östlichste Regierungsbezirk Norwegens, wegen seiner Form auch der «Blinddarm» des Landes genannt. Østfold, mit 4180 Quadratkilometern einer der kleinsten Bezirke des Landes, schmückt sich damit, der «älteste» Landesteil zu sein, reichlich gesegnet mit Felszeichnungen, Runensteinen und Grabhügeln aus der Zeit der ersten Besiedlungen. Die meisten archäologischen Fundstellen liegen entlang des Oldtidsveien, eines 2000 Jahre alten Handelsweges, der ungefähr parallel zur Reichsstraße 110 zwischen Fredrikstad und Skjeberg verläuft.

Landschaftlich ist es hier so (schön) wie in Bohuslän. Wälder, Wiesen und Felder in sanften Wellen über das Land gebreitet und darüber der Himmel mit dicken Wolkenknubbeln behängt. Østfold ist ein eigenes Stück Norwegen. Nirgends zeigt es «Norwegen-Typisches» wie Hochland, Fjorde, alpine Gebirge. Eher eignet sich diese südöstliche Ecke zum Radfahren, Kanupaddeln und Baden. Im Binnenland gibt es viele kleine Seen, Kanäle und Flüsse – und hier fängt der Oslofjord an. Je weiter man sich von der schwedi-

In den Tälern Østlands werden die Traditionen besonders gepflegt: bewährte Bautechniken im Setesdal

schen Grenze entfernt, desto mehr Platz nehmen goldgelbe Kornfelder ein, in großem Abstand tauchen hinter üppigen Obstbäumen stattliche Höfe auf. Neben dem typischen Dreiteiler aus Haupthaus, Silo und der Scheune («mit der Traktorauffahrt in die erste Etage»), häufig noch mit einem zusätzlichen Bungalow ausgestattet. Das vom norwegischen Bauernverband angesichts sinkender Einkommen eingerichtete «Sorgentelefon» für die Mitglieder wird von Østfold-Bauern wohl nicht sehr oft angewählt. Hier im Bereich des inneren Oslofjords (dazu werden auch Akershus und Vestfold gerechnet) wird über die Hälfte des Getreides des Landes in die Scheuer gefahren. Viele Gutshöfe und Herrensitze aus dem 17. und 18. Jahrhundert lassen erkennen, daß die Ernten in Østfold schon immer gut waren, jedenfalls für einige. Der prächtigste Herrenhof, Hafslund, liegt in Sarpsborg, 1761 gebaut und von einer großen Parkanlage umgeben.

Kurz hinter Svinesund geht es rechts ab nach **Halden** (27 000 Einwohner), einem Ort, der in seiner Geschichte auch schon weniger friedliche Zeiten mit dem schwedischen Nachbarn erlebt hat. Hoch über der Stadt thront die Festung **Frederiksten**, die die dänischen Herrscher in Norwegen eilig erbauten, nachdem Bohuslän 1658 an Schweden verlorengegangen war. Erfolglos rannten die Schweden später mehrmals dagegen an. Frederiksten blieb uneingenommen, die Stadt allerdings brannte fünfmal ab. Die Aussicht von der Burg, deren ehemalige Kasematten man für Feiern aller Art mieten kann, ist beeindruckend: Der Blick geht über Østfold und die Stadt, die auf der

einen Seite durch den Fluß Tista begrenzt wird. Stadtauswärts reihen sich am Fluß die für diese Region typischen Papier- und Zellulosefabriken aneinander. Sie haben den Tista versaut.

Frederikstad an der Mündung des Glomma ist die nächste Stadt auf dem Weg nach Oslo. Wie Halden ein altes Bollwerk gegen die Schweden – 1667 von Frederik II. gegründet, nachdem die Schweden Sarpsborg in Schutt und Asche gelegt hatten –, ist die Stadt im 20. Jahrhundert zu einem der wichtigsten Häfen des Landes gediehen. Eine viel zu große Brücke über den Glomma verbindet die pittoreske Altstadt (gamle byen), in der man Glasbläsern durch offene Türen bei ihrer traditionellen Kunstfertigkeit zuschauen kann, mit der im Stil der siebziger Jahre verbauten Innenstadt, die man hier leider nicht das letzte Mal in Norwegen angetroffen haben wird. So wie in Frederikstad sehen die «gågater» (Einkaufszonen) in den meisten norwegischen Mittelstädten aus: Betonblumenkübel, wahllos Holzverkleidung neben Betonfassade, Frittenbude, Hennes & Mauritz und ansonsten tote Hose. Kein Café zum Draußensitzen und Schauen, sonntags hat sogar die Frittenbude geschlossen.

Binnenmehr Oslofjord
Weiter Richtung Oslo. Es wird Abend, die erste Begegnung mit den Farben eines Sonnenuntergangs von Blau über Blaßgrün zu Orange, die die Wälder darunter in Schattenrisse verwandeln und das Wasser in dunkle Spiegel. Das Wasser ist der Oslofjord, der beim Leuchtturm Færder im Skagerrak seinen Anfang hat und hundert Kilometer weiter vor dem Osloer Rathaus endet. Welche Haupt-

stadt liegt so schön! Im Lichte der Mittsommernacht liegen kleine Inseln friedlich und still in dem breiten Wassergraben. Am anderen Ufer, in Vestfold, brennen Lichter aus den unzähligen Hütten herüber, hier und da flackert auch ein Lagerfeuer. Die Kiel-Oslo-Fähre gleitet wie von Kulissenschiebern bewegt zwischen den Inseln vorbei. Wer bei «Fjord» an den westnorwegischen Typ – tief eingeschnitten mit hohen Felswänden – denkt, wird seine erste Erfahrung mit den vielfältigen Möglichkeiten dieses Landes machen. Dieser Fjord ist an den engsten Stellen einen Kilometer breit, an anderen gleicht er einem von Inseln gespickten Binnenmeer.

Der Oslofjord ist das Freibad der Hauptstädter. Das Wasser ist sauber, es gibt zahlreiche Badestrände, wobei die Fahrrinnen der großen Fähren wegen der vielen Buchten und Inseln nicht stören. An einem Strand bei **Svartskog** wohnte Südpolfahrer Roald Amundsen. Die schöne Holzvilla ist heute Museum. Drøbak, Badeort und Künstlerdorf, war um die Jahrhundertwende ein beliebter Treffpunkt der Osloer Bohème. Maler wie Fritz Thanlow und Schriftsteller wie Christian Krohg genossen hier die Idylle gleich um die Ecke der Großstadt.

Der Oslofjord ist lang genug, um jedem seinen Lieblingsplatz anzubieten. Etwa auf der gegenüberliegenden Seite bei der Hafenstadt **Tønsberg**, Hauptstadt von Vestfold. Es ist die älteste Stadt Norwegens, was auch hier an einer schmucken «gamle by» rund um die Altstadtkirche nachvollziehbar ist. Von Tønsberg aus kann man weiter auf die Halbinsel Nøtterøy fahren, von dort führt eine Brücke nach Tjøme. Ab dort wird es immer schöner. Blühende Apfelbäume, kleine Schärengärten mal rechts, mal links, Hütten und Ferienhäuser, aber immer eingefügt und manchmal regelrecht versteckt in der Küstenlandschaft. Dann kommt das Örtchen Tjøme, eine Bank, eine Post, nur das Notwendigste, und dann wieder Fichte und Buche, Blaubeeren und rund gespülte Felsbuchten. Schöne, kleine Welt, die plötzlich abrupt zu Ende ist: «Verdens Ende», Ende der Welt, steht auf dem Hinweisschild. Die Straße mündet in einen Parkplatz.

Es gibt noch viele schöne Inseln im Oslofjord, doch die sind – wohl zu ihrem Glück – ohne Brückenverbindungen. Nach einigen setzen zwar manchmal Fähren über, die meisten müssen aber von ihren (Hütten-)Bewohnern mit eigenen Booten erreicht werden. Wenn man sich eine Ruderjolle leiht, steht einem eine große Anzahl von Eilanden zur Auswahl. Für ein paar Stunden oder Tage seine eigene Insel besitzen – im Oslofjord ist es möglich.

Die Märchenroute

Tage oder Wochen in absoluter Einsamkeit zu verbringen – das ist auch im norwegischen Hochland, der Vidda, möglich. Von der Wald-und-Wiesen-Landschaft um Tønsberg geht es nordwestwärts zunächst durch die engeren, wassergefüllten Täler Vestfolds, hin zu den weit ausgedehnten Senken der Provinz Buskerud. Der Weg führt vorbei an dem Kurort **Modum bad**. Hier soll der heilige Olav einmal mit seinem Pferd gestolpert sein und eine heilbringende Quelle hinterlassen haben. Daran glaubten sowohl Henrik Ibsen als auch Karl Marx, die sich mit dem eisenhaltigen Wasser behandeln ließen. Heute befindet sich hier eine große Nervenheilanstalt.

Friedlich und still: Insel im Oslofjord

Hauptort von Buskerud ist **Drammen**, eine Industrievorstadt von Oslo, die zweierlei Berühmtheit genießt: Erstens fließt durch Drammen der verseuchteste Quecksilber-Fluß des Landes, Drammenselva, und zweitens besitzt die Stadt die größte Veranstaltungshalle des Landes, die einzige, die bisweilen auch internationalen Musikgrößen wie Paul McCartney genügt.

Läßt man Drammen in nördlicher Richtung hinter sich, kommt man an den Tyrifjord, der mittlerweile zum Einzugsgebiet von Oslo zählt. Auf dem Weg zur Stadt Hønefoss am nördlichen Ende des Sees passiert man **Sundvollen**, einen 300 Jahre alten Kurort am Fuße des Krokkleiva. Von dort, 500 Meter überm Meeresspiegel, überblickt man die gesamte Gegend mit Namen Ringerike. Sundvollen war eine wichtige Station auf dem 1805 geöffneten «Bergenser Königsweg» über die Hardanger Vidda nach Bergen.

Die Route von Hønefoss auf dem Riksvei 7 ins Hallingdal, die im Westen am Ufer des Eidsfjord endet, heißt in der Prospekt-Sprache «Die Märchenroute». Wer ganz Norwegen märchenhaft findet, kann damit wenig anfangen. Wer norwegische Märchen mit «stabbur», den Vorratshäusern auf Pfählen, mit Stabkirchen und fröhlichen Menschen in Trachtenjacken und Knickerbockers verbindet, der ist im Hallingdal richtig. Befragt, was sie für typisch norwegische Kulturprodukte halten, nannten die Norweger einmal in einer Umfrage an erster Stelle die «hardingfela» (die Hardanger-Geige), gefolgt von «geitost», einem braunen, karamelartigen Ziegenkäse, dann Stabkirchen, Käsehobel (ja, der ist von einem Norweger erfunden worden – um ebenjenen Ziegenkäse sparsam schneiden zu können), Rosenmalerei, Volksmärchen und

90

last, but not least, «rømmegrøt». Dann gab es in Oslo eine ethnologische Ausstellung mit dem vielsagenden Titel: «Sind wir Norweger norwegisch?» Darin wurde gezeigt, daß die hardingfel eine normale Violine ist, von anderen Geigen nur am schrägen Ton zu unterscheiden, der von Untersaiten herrührt – eine Technik, die auch aus anderen Ländern her bekannt ist. Die Stabkirchen kann man gelten lassen, wenngleich ein paar Details Dekorationsmustern aus mitteleuropäischen Steinkirchen sehr ähneln. Die Rosenmalereien, die gerade in den Bauerntälern Hallingdal und Gudbrandsdal sowie in der Telemark Truhen und Schränke zieren, sind während des Barocks von ausländischen Handwerkern nach Norwegen gebracht worden. Und noch schlimmer: Bevor diese Technik in die Provinzen gelangte, verbreitete sie sich in den Städten! Bleiben als «echt norwegisch» der Ziegenkäse und der Hobel dazu. Die Ausstellung wurde in der Öffentlichkeit enttäuscht zur Kenntnis genommen.

Ein Anthroposoph aus Berlin und die Vidda

Wie die anderen großen Täler des Ostens ist auch das Hallingdal großindustriefreie Zone. Von den Wasserkraftwerken einmal abgesehen, die sich hinter Bergrücken verstecken, will man hier unbedingt bei kleinen Handwerksbetrieben bleiben, in denen Küchenmöbel, Skier, Hütten und Freizeitboote hergestellt werden.

Das **Hemsedal** ist die kleine Fortsetzung des Hallingdals Richtung Sognefjord. Es ist wie der größere Nachbar bei Wintersportlern fast noch beliebter als bei Sommerfrischlern. Die Narben, die man für die Ski-Abfahrt in die bewaldeten Hänge geschlagen hat, sind deutlich zu sehen. Achttausend Touristen – dreimal so-

ALTES BAUERNLAND

91

viel, wie es Einwohner gibt – bevölkern in den Wintermonaten den kleinen Ort Hemsedal und sichern den Nichtbauern den Unterhalt für das übrige Jahr. Wie ein sauberer Scheitel trennt der Fluß Hemsila das Tal in zwei Hälften. Bewohnt und bebaut ist es nur auf der einen Seite. Wenn im Frühjahr oder Herbst die Regenwolken tief hängen, verbreitet sich das Gefühl des Eingeschlossenseins. Im Café des Ortes sitzen Jugendliche und sehen fern. Es gibt einen Teller Labskaus für 66 Kronen.

Am Ortsausgang zeigt ein Sightseeing-Symbol einen kleinen Schotterweg hinauf. Er endet bei zwei uralten Bauernhäusern und einem Vorratshaus auf Pfählen. Gebückten Ganges gelangt man durch die niedrige Tür im größeren der beiden Häuser in ein kleines Café. Eine freundliche ältere Frau in einer bunt bestickten Hemsedal-Tracht serviert ofenwarme Gewürzkuchen und «vafler», weiche Waffeln mit Butter. Die Stube ist mit groben Bohlen verschalt. Das **Museum Skinfellgården** ist keines der üblichen Heimatmuseen. 1923 kam der Berliner Anthroposoph Veit Simon aus Berlin nach Oslo. Er verdiente sich den Unterhalt mit Musikunterricht und war später Mitbegründer der ersten Steiner-Schule in Norwegen. Nachdem er den Krieg von den Deutschen unentdeckt überstanden hatte, verbrachte er mit seiner Frau ein paar Wochen im Hemsedal. An der Stelle, auf der jetzt der Skinfellgården steht, war Wald. Simon blieb und gewann das Vertrauen der Bauern, was nicht nur damals als sehr schwierig galt. Er überredete sie, ihm drei ungenutzte Gebäude aus dem 18. Jahrhundert zu überlassen, und baute sie an ihrem jetzigen Standort wieder auf. Technisch kein Problem, denn die Menschen hier hatten immer in Blockhausweise gebaut, nie wissend, ob sie nicht einmal wegen Mißernten, Naturkatastrophen oder anderer Umstände gezwungen sein könnten, mit Sack und Pack und Hof umzuziehen. Später begann Simon Kostproben einer seltenen Kunstfertigkeit der hiesigen Bevölkerung zu sammeln: der Skinnfellkunst. Die Hallingdaler pflegten das gegerbte Leder ihrer Schaffelle, auf und unter die sie sich abends schlafen legten, zu bemalen. Schlichte Zeichnungen in wenigen Farben, aber mit symbolischer Bedeutung: die Sonne für das Leben, der Fisch für das Christentum, das Pferd und seine Hufe für das Glück. Simon und seine Frau wohnten den Rest ihres Lebens auf dem Hof und stellten die gefundenen Felle neben anderen alten Fundstücken im Vorratshaus aus. Für seine Bemühungen um das Kulturerbe erhielt der Berliner Simon wenige Jahre vor seinem Tod 1987 eine königliche Verdienstmedaille.

Von Hemsedal hinauf aufs Hochland, nach Nordosten in die Provinz Oppland. Es geht nur langsam bergauf durch Nebentäler, vorbei an Reithöfen, aus denen blonde Kinder auf ebenso blonden Fjordpferden geritten kommen. Am Ende wird der Weg immer unübersichtlicher und schmaler. Die Vegetation wird dünner, die Birken krümmen sich immer stärker. An einem kleinen Häuschen bittet ein Schild freundlich um die Gebühr von zwanzig Kronen für diesen Privatweg über das Hochland. Daneben hängt ein Kasten, in dem schon einige Wechselscheine, vor dem starken Wind geschützt, liegen. Dahinter beginnt die Vidda, die

Abstecher mit der Bahn: Wenn der
Zug eintrifft, wird es in Myrdal eng

Weite, in die mit dem Auto hineinzufahren man sich ein wenig schämt. Nur ab und zu begegnet man einem Besucher der vereinzelt liegenden Hütten. Verläßt man 950 Meter über dem Meeresspiegel das Auto und geht los, knirscht das trockene Moos laut unter den Füßen. Ansonsten herrscht eine andächtige Stille. Selbst der Wind, der sich, ständig aus einer anderen Richtung kommend, in den Kleidern verfängt, bricht diese Stille nicht, er findet in dieser baumlosen Landschaft keinen Widerstand. Goldregenpfeifer und Blaukehlchen geben nur ab und zu einen zaghaften Pfeifton von sich, so, als ob sie die Stille bewahren wollten. Im Herbst leuchtet die Vidda in allen Farben. Die Moose sind fahlgrün, die Flechten zeigen kräftige Rot- und Brauntöne, im graugrünen Weidendickicht liegen kleine Seen wie kaltblaue Tupfer vor den weißen Höhenzügen in der Ferne.

Das Hochland gehört zu den Gegenden, die von den Menschen in Norwegen erst spät zugänglich gemacht wurden. Gleichwohl hat man 9000 Jahre alte Spuren menschlicher Besiedlung gefunden – damals, nach dem Abschmelzen des Eises, war es auf dem Hochland wärmer als andernorts. Die erste Passage von Bergen nach Oslo über die Hardanger Vidda, das größte Hochland-Areal, datiert aus dem Jahre 1909, es war die Bergen-Bahn. Davor trauten sich nur Wanderer und Jäger für längere Zeit hier hinauf, um das Abenteuer zu suchen oder Rentiere und Rebhühner zu jagen. Dann kamen die Straßen und später die landschaftsfressenden Staudämme und Kraftwerke. Auch der Tourismus nahm zu. Erst in der Zeit der nationalromantischen Identitäts-

suche des vorigen Jahrhunderts begannen die Norweger den «Erholungswert» einer ausgedehnten Fjellwanderung abseits der Hochzivilisation zu entdecken.

Seitdem ist das «friluftsliv», der Drang des Norwegers zur Natur, zur Wanderung von Hütte zu Hütte in den Bergen, eine allgemein anerkannte Tradition. Man kann in den Nationalparks totale Einsamkeit erleben, aber auch Gemeinschaft am Abend in den Hütten, wenn der Kamin prasselt und mangels Strom bestimmt kein Fernseher die gemütliche Unterhaltung stört. Am nächsten Tag wacht man gemeinsam auf, sieht schweigend hinaus in einen wolkenarmen Morgen, der weit im Osten noch lange grüngelbe Streifen zeigt – der Tagesanbruch ist in der Vidda ein ewiger Augenblick. Und es zieht einen zur nächsten Etappe über Stein und Moos und Wasser. «Der Mensch nimmt sich mit, wenn er wandert», schrieb Ernst Bloch. «Doch ebenso geht er dabei aus sich heraus, wird um Flur, Wald und Berg reicher. Auch lernt er, buchstäblich, wieder kennen, was Verirren und was Weg ist, und das Haus, das ihn am Ende empfängt, wirkt keineswegs selbstverständlich, sondern als erreicht.»

Peer Gynt und Olympiade

Hallingdal und Gudbrandsdal im Regierungsbezirk Oppland sind parallel liegende Täler, durch breite Hochlandrücken voneinander getrennt. Das bäuerliche Leben hier und dort hat sich fast völlig isoliert voneinander entwickelt. Denn vom Hallingdal zum Gudbrandsdalen zu gelangen, ist heute einfach, war aber in alten Zeiten nur etwas für Wagemutige.

Das Gudbrandsdal ist so breit, daß es nicht nur einem Wildfluß, dem Lågen, sondern noch mehreren kleinen Wasserläufen nebeneinander Platz bietet. Hier hindurch verläuft seit dem Mittelalter der Weg nach Trondheim, was den Bewohnern des Gudbrandsdals immer ein gutes Auskommen gesichert hat. Die gepflegten Höfe auf den saftig-grünen Anhöhen, manche Gebäude noch grasbedeckt, sind stattlicher als in anderen Tälern. Überall taucht der Name Peer Gynt auf: Peer-Gynt-Weg, Peer-Gynt-Hotel, Peer-Gynt-Café. Westlich des Gudbrandsdals soll der Bauer, Jäger und Träumer Peer im 18. Jahrhundert gewohnt haben. Bevor ihn Henrik Ibsen zu seiner großen Theaterfigur machte, schrieben die norwegischen Märchensammler Moe und Asbjørnsen die Geschichte des Menschenfreundes und Trollenfeindes nieder. Peer zog es immer wieder hinauf bis zu den Gipfeln des Rondane-Gebirges. Folgt man heute dem Peer-Gynt-Pfad, kommt man an Almen vorbei, auf denen früher junge Sennerinnen ganz allein mit den Ziegen den Sommer verbrachten und deren Milch in großen Holzfässern zu dem berühmten «Gudbrandsdalsost», dem braunen Ziegenkäse, verarbeiteten. Dem Märchen zufolge rettete Gynt drei dieser Mädchen aus den Klauen der Trolle. Die Kunst der Sennerinnen wird heute weitgehend den Meiereien des Landes überlassen. Kommt man dennoch an einem Schild «Ekte geitost» (Echter Ziegenkäse) vorbei, sollte man nicht vorüberfahren.

Am südlichen Ende des Gudbrandsdals, an der Spitze des riesigen Mjøsa-Sees, liegt die Olympierstadt **Lillehammer**, die Stadt der Literaturnobelpreisträgerin Sigrid Undset. Die behutsame Planung der Spiele hat den Ort und das beschauliche Tal vor größerem Schaden bewahrt. Die Wohnhäuser für die Athleten und Journalisten wurden in der landesüblichen Holzbauweise gebaut und beherbergen heute zum Teil eine neue Fachhochschule.

Eine immer breiter werdende E 6 führt von Lillehammer südwärts vorbei an der Industriestadt **Hamar**, in der sich die Hauptgeschäftsstelle der nationalen Lottogesellschaft Norsk Tipping befindet. Mit ihr hat jeder Norweger wenigstens einmal in seinem Leben zu tun. Das beliebteste Spiel ist das Fußballtoto, in dem hauptsächlich die Ergebnisse englischer Erst- und Zweitligabegegnungen vorauszusagen sind. Deshalb gibt es sonntagnachmittags im Fernsehen Direktübertragungen aus britischen Fußballstadien und einen «Verein der norwegischen FC Liverpool-Anhänger».

Verläßt man zwischen Lillehammer und Hamar die E 6 Richtung schwedische Grenze, gerät man immer tiefer in die Wälder der kaum bewohnten **Hedmark** hinein. Trygve Gulbranssen schrieb hier seinen Heimatroman *Und ewig singen die Wälder*. Immer wieder begegnen einem Autos mit Kanus auf dem Dach. Wenige Tage später wird in der Zeitung stehen, daß in der Hedmark leider ein Wolf erlegt werden mußte und die Zahl dieser Tiere in diesem Gebiet nunmehr auf drei Exemplare geschätzt wird. Naturschützern ist es zu verdanken, daß auch noch ein paar Braunbären den «ewigen Gesang der Wälder» in der Hedmark mit den menschlichen Naturfreunden teilen können. Während der deutschen Besetzung bot das Dickicht der Wälder zunächst dem flüchtenden König und später aktiven Widerstandsgruppen ein sicheres Versteck vor den deutschen Flugzeugen.

Neubau für die Olympischen Spiele: Eislaufhalle in Hamar

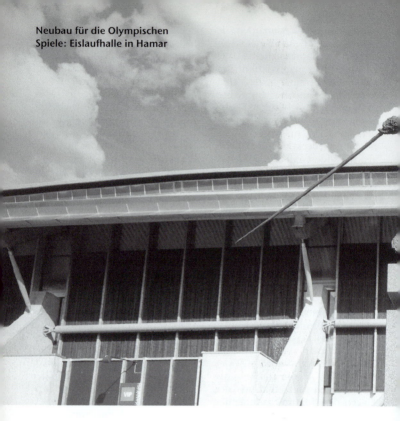

Wo die Büroklammer erfunden wurde

Sechzig Kilometer vor Oslo weisen große Hinweisschilder auf die nächste Abfahrt nach **Eidsvoll** hin. Eigentlich ist Eidsvoll nur ein Nest mit 2000 Einwohnern in einem fruchtbaren Ackerbaugebiet. Die meisten sind in dem riesigen Sägewerk Eidsvoll Værk beschäftigt, das schon seit 300 Jahren an dieser Stelle steht. Jährlich werden hier 300 000 Hektar Wald zersägt und gehobelt. Früher gaben in dieser Gegend die Großgrundbesitzer den Ton an. Einer von ihnen residierte in Eidsvoll Gård, einem stattlichen Anwesen mit weißem Herrenhaus inmitten eines weitläufigen gepflegten Parks. Hier kamen zwischen dem 4. April und 20. Mai 1814 auf Einladung des Hausherrn 112 notable Herren zur «Riksforsamling» zusammen, um eine eigene norwegische Verfassung auszuarbeiten und die Unabhängigkeit des Landes zu beschließen. Auf dem Dachboden des Hauses waren für die Herren in aller Eile harte Holzbänke im Rechteck montiert worden. Auch an einen Billard-Raum zur Entspannung hatte man gedacht. Am 17. Mai 1814 wurden die immer noch gültige Verfassung und die Unabhängigkeit des Landes von dieser Stelle aus verkündet. Eidsvoll Gård ist seitdem eines der norwegischen Nationalheiligtümer. Schulklassen schie-

ben sich durch die Räume. Eifrig notieren sich die Kinder die Ausstellungsgegenstände. Als die Lehrerin abfragt, wieviel Artikel die Verfassung von 1814 habe, kommt es von den Zwölfjährigen wie aus der Pistole geschossen: «110!» In Verfassungspatriotismus sind die Norweger vielleicht nur noch von den US-Amerikanern zu übertreffen.

Eidsvoll liegt in Akershus fylke, dem kleinsten Verwaltungsbezirk des Landes (4916 Quadratkilometer). Wie ein breiter Kragen legt sich Akershus um Oslo und das Ende des Oslofjords. Was bis zur Gebietsreform 1948, als Oslo und Akershus in zwei neue Verwaltungseinheiten gegliedert wurden, ein dünnbesiedelter Landstrich war (Aker = Acker, hus = Haus), beherbergt heute 400 000 Einwohner, rund zehn Prozent der Gesamtbevölkerung. Bei den Kommunen des Distrikts kann man nicht einmal von Vorstädten Oslos sprechen, denn keine der 22 Ortschaften besitzt einen Stadtstatus. Die Kommunen Asker (37 000 Einwohner) und Baerum (82 000) sind so mit der Hauptstadt verwoben, daß auch die Einheimischen nicht sagen können, wo die Grenze verläuft. Akershus ist Wohn- und Naherholungsgebiet für die Großstädter sowie Siedlungsgebiet für die Industrie der Hauptstadt, hier liegen auch die beiden Osloer Flugplätze For-

97

nebu und Gardermoen. Die Bevölkerung gilt als wohlhabend und konservativ. Während der letzten EU-Abstimmung war hier die Hochburg der Europa-Befürworter.

In Kolsås bei Oslo laufen heute wieder deutsche Uniformen herum, weil sich dort das NATO-Hauptquartier Nord befindet.

Und Johan Vaaler kommt aus Akershus. Wer kennt den weltberühmten Johan Vaaler nicht, den mathematikbegabten Bauernsohn, der sich an einem Morgen des Jahres 1899 mit ein paar Zeichnungen zum Patentkontor Alfred J. Bryns in der Osloer Karl Johans gate begab, um eine Erfin-

Stabkirche im Freilichtmuseum Maihaugen von Lillehammer

dung anzumelden. Die empfahlen ihm das Kaiserliche Patentamt in Berlin, denn Norwegen hatte zu diesem Zeitpunkt kein eigenes Patentgesetz. Von dort erhielt Vaalen am 12. November des Jahres die Anerkennung für seine Erfindung unter der Patentschrift Nr. 1121067 Klasse 11e. Man kann sich die Begeisterung der Bürokraten vom deutschen Patentamt über die eingereichte Erfindung lebhaft vorstellen. Sie wurde bestimmt umgehend ausprobiert und die Patentschrift Nr. 1121067 als erstes Papier damit zusammengehalten. Vaalen hatte die Büroklammer erfunden.

KAUM
ZU GLAUBEN...
OSLO

Noch vor wenigen Jahren wurde die norwegische Haupt-stadt mit dem Zentralfriedhof von Chicago verglichen. Heute würde niemand mehr behaupten, die 460000 Einwohner große Kapitale sei verschlafen. Die Kneipen- und Kulturszene ist in den vergangenen zehn Jahren förmlich explodiert und kann sich, zum Stolz der Osloer, in-zwischen mit allen anderen skandinavischen Hauptstädten mes-sen. Fast unvergleichlich ist dagegen die großartige Lage der Stadt am Ende des Oslofjords, umgeben von Bergen, Wiesen und Wäldern. In welcher anderen Metropole kann man mit der Straßenbahn in die Wildnis (norwegisch «marka») fah-ren? In der Nord- oder Østmarka be-findet man sich immer noch mitten in der Stadt und hat gleichzeitig eine grandiose Aussicht auf dieselbe. Oslo ist das politische Zentrum des Lan-des. Einige der zahllosen Sehenswür-digkeiten erinnern daran, daß von hier aus manchesmal auch der Lauf der Welt ein wenig mitbestimmt wurde: Beim Osebergschiff aus der Wikingerzeit zum Beispiel, den Papy-rusbooten von Thor Heyerdahl im Kon-Tiki-Museum oder dem Sitz des Friedensnobelpreiskomitees.

Norwegens Hauptstadt entzweit die Gemüter, seit sich diese Stadt

vor gut hundert Jahren ernsthaft angeschickt hat, zu einer Groß-stadt zu werden. Gegen Ende des vorigen Jahrhunderts erlebte der Garnisonsort am Oslofjord ein explosionsartiges Wachstum. Die Menschen der Umgebung such-ten in der neuen größeren Haupt-stadt, die damals noch Kristiania hieß, Arbeit und Wohnung, nah-men aber ihren Lokalpatriotismus und ihr Mißtrauen gegen alles Ur-bane dorthin mit. Der dänische Autor Hermann Bang beschrieb die Atmosphäre in der Stadt da-mals so: «Das einzige, was deren Bewohner offen zu zeigen wagen, ist ihre Begeisterung für die Karl Johans gate. Ja, sie erlauben sich sogar, diese regelrecht zu lieben.»

Die Paradestraße Karl Johan wird immer noch verehrt, von den Osloern wie von den übrigen Norwegern. Darüber hinaus gibt es aber nur wenige wirkliche Oslo-Enthusiasten. Eine Osloer Zeitung erinnerte an den norwegischen Schriftsteller Johan Bojer, der sich 1927 mit dem «Haß gegen die Hauptstadt» beschäftigt hatte. Er fand die Erklärung, daß der natio-nale Instinkt der Norweger pro-vinziell sei, und die neuen Stadt-bewohner sich im stillen ständig nach Hof und Tal zurücksehnten. «Darum», schrieb Bojer, «ist die Stadt in einem solchen Zustand.

100

VINSTUE

Die Hauptstadt hat sich zur Metropole gemausert: ein «utepils» («Draußenbier») auf Aker Brygge

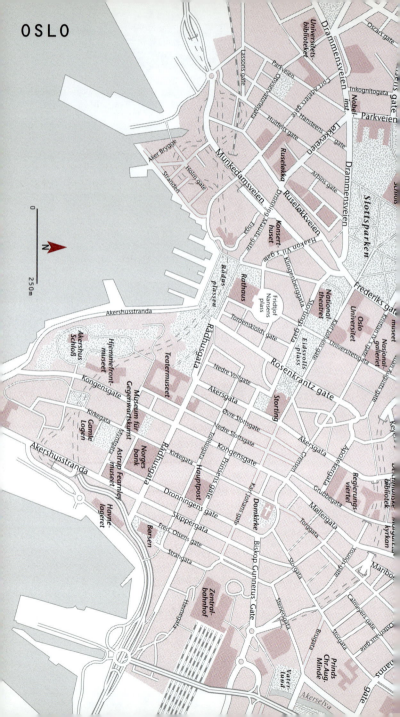

Vernachlässigt von den Regierenden, verachtet von den ‹Nationalen› und ungeliebt von allen.» Die Zeitung meinte, daß sich daran kaum etwas geändert habe: «Aus irgendeinem unerklärlichen Grund ist Oslo unsere meistbeschimpfte, am meisten mißverstandene Stadt.»

Bei soviel Mißtrauen wundert es nicht, daß die Osloer, verglichen etwa mit den Bergenern, einen wenig ausgeprägten Lokalpatriotismus besitzen. Das hinterläßt auch im Stadtbild Spuren. Ihr historisches Erbe haben die Osloer in der Vergangenheit weniger pfleglich behandelt als andere Städte, wenngleich sich noch viele Relikte der über 900jährigen Geschichte finden lassen. Das einzige, worin sich wirklich alle einig sind, Osloer und Nicht-Osloer, ist die einmalige Lage der Stadt zwischen den waldreichen Bergkämmen der «Marka» und dem Wasser des Oslofjords. Stolz ist man mittlerweile auch auf das in den letzten Jahren aufgeblühte Kneipen- und Nachtleben, welches sich mit dem Angebot der skandinavischen Nachbarmetropolen allemal messen läßt.

«Es gibt kaum eine Hauptstadt in der Welt, über die zu schreiben schwieriger ist», meinte der Schriftsteller Hans E. Kinck, als er 1927 «die Seele der Stadt Kristiania» beschreiben sollte. Oslo hat als Hauptstadt oder überhaupt als Großstadt keine besonders lange Tradition. Und was an die Vergangenheit der Stadt baulich erinnerte, haben die Stadtregierungen der Nachkriegszeit bis heute in bemerkenswerter Leichtfertigkeit dem Fortschritt geopfert. Die meisten alten Arbeiterbezirke zum Beispiel sind dem Erdboden gleichgemacht worden. Im Stadtteil Enerhaugen wurde die alte Holzhausbebauung von Betonblocks ersetzt – ein paar der Arbeiterhäuser wurden auf der Museumsinsel Bygdøy im Folkemuseum wiederaufgebaut. Im Zentrumsbereich Vika dominieren Bürohäuser das Bild. Andere Stadtteile wiederum erzählen noch Geschichten aus der alten Industriearbeiterzeit, zum Beispiel Kampen, Vålerenga in der Altstadt, und Sagene.

Die Industrie, die einst das rapide Wachstum dieser Stadt vorangepeitscht hatte, ist aus dem Stadtgebiet an die Stadtgrenze verschwunden. Die Fabrikgebäude wurden zu Einkaufszentren, wie das Glas- und Beton-Areal Aker Brygge. Obwohl ein paar Fassaden der alten «Mekaniske verksted», in der bis in die sechziger Jahre Schiffsteile montiert wurden, noch stehen, drückt der pompöse Umbau eher Verachtung als Respekt für die Geschichte der Werft aus.

Nur 200 Jahre zurück waren Bauern die dominierende Berufsgruppe im Osloer Gebiet. Hundert Jahre später hatte schon die Industrie das Übergewicht, heute dominiert ein wuchernder Verwaltungssektor. Wenn eine Entwicklung so schnell geht, bleiben viele mißtrauisch zurück. Bei jedem Skandal oder jeder größeren Demonstration heißt es vor allem aus anderen Landesteilen sofort: «Unsere mißratene Hauptstadt». Stadtplanerisch ist beispielsweise einiges in den letzten Jahren mißraten. Gegen den Protest von Konservatoren und Architekten hat die Stadt häßliche Wolkenkratzer wie Kainsmale aufgedrückt bekommen. Und dann wären da noch die regelmäßigen Straßenscharmützel, die sich die linke Jugendszene um das Café Blitz herum mit der Polizei liefert.

KAUM ZU GLAUBEN...

103

Weil so etwas in der norwegischen Hauptstadt nicht sein darf, geht die Polizei auf Pferden und mit Gummiknüppeln mit äußerster Härte vor. Nach einem solchen Einsatz gibt der Polizeichef gerne öffentlich zu, für die Sicherheit der Stadt «brutal» zur Sache gegangen zu sein. Zum Bild der kleinen Idylle gehört auch die nächtliche Straßengewalt. Weil Oslo unbedingt nie so werden wollte wie die anderen Hauptstädte, ist es doch so geworden. Nur eines bleibt unveränderlich anders: die nahe Marka. Hier erholen sich die Osloer von der furchtbaren Großstadt, hier gibt es kilometerlange Fahrrad- und Wanderwege, Skiloipen, eine heile norwegische Welt mit vielen Tieren, Pflanzen und Gewässern, aus denen man bedenkenlos Fische holen kann. Man kann aber auch raus zu relativ ungestörten Badefreuden in den Oslofjord fahren. Nach so einem Wochenende haben die Osloer ihren Frieden wiedergefunden und sind sich sicher, daß ihre Stadt noch in Norwegen liegt.

Späte Entwicklung

Der Ort hieß schon in den ersten 600 Jahren seines Bestehens Oslo. Wann die Gründung war, weiß man aber nicht so genau. Manche Historiker nennen das Jahr 1048, als König Harald Hardråde an dieser Stelle des Oslofjordes einen Handelsplatz gründete, der im Winter als Lager für ihn und seine Männer diente. Die strategische Lage des Platzes gab den Ausschlag, denn Harald lag in Dauerfehde mit dem dänischen König. Bis ins 17. Jahrhundert hinein war das Zentrum der Stadt weiter östlich von der heutigen Mitte, im nordöstlichen Teil des heutigen Hafengebiets. Im 11. Jahrhundert erhielt die Stadt von Olav Kyrre einen Bischofssitz, was Oslo zum religiösen Zentrum des Østlandes machte. Das mittelalterliche Oslo erreichte seinen Zenit unter

Festung Akershus: dreimal belagert, jedoch nie eingenommen. Bis 1940 die Deutschen kamen. Das Widerstandsmuseum erinnert daran

Håkon V. Magnusson, dem ersten norwegischen König, der 1299 in der Halvardskirche gekrönt wurde – und gleichzeitig der letzte König war vor dem Niedergang der Stadt und des Landes.

Unter Håkon V. wurde Oslo mit seinen inzwischen 3000 Einwohnern zur Hauptstadt. Grund und Boden gehörten größtenteils dem König und der Kirche, die Pacht war in Waren zu entrichten. Weder in Bevölkerungszahl noch im Handel konnte sich die Stadt allerdings mit Bergen messen. Um 1300 ließ Håkon die Festung Akershus bauen, nach seinem Tod 1319 verlor Oslo seine Bedeutung als Hauptstadt und fiel in Vergessenheit und Armut.

Im 16. Jahrhundert war Oslo, von Pest und mehreren verheerenden Bränden gezeichnet, eine bitterarme Provinz Dänemarks. Der Nordische Krieg von 1563 bis 1570 traf die Stadt schwer: Als der schwedische König sie einzunehmen versuchte, steckten die Bewohner sie auf Befehl des dänischen Festungskommandanten in Brand. An gleicher Stelle wieder aufgebaut, erholte sich Oslo ein wenig, der Holzexport brachte wieder Einkünfte. Doch die ständigen Brände blieben ein Problem. 1624 raste der Dreitagebrand, der das alte Oslo fast völlig vernichtete. Die Stadt wurde auf Beschluß Christians IV. von Dänemark-Norwegen auf der anderen Seite des Akerselva, hinter der Festung Akershus, wieder aufgebaut. Christian selbst zeichnete den Stadtplan, den Verlauf der Straßenzüge und ließ Festungsmauern rundherum bauen. Er benannte die neue Stadt gleich nach sich selbst: Christiania. Die neuerrichtete Festungsstadt wurde zwar dreimal belagert, aber nie eingenommen.

Ende des 17. Jahrhunderts lebten immer noch mehr als ein paar tausend Einwohner in der Stadt, hauptsächlich vom Holzgeschäft, wofür sie das Monopol

in der Region erhalten hatten. Die Volkszählung von 1769 verzeichnet 7500 Einwohner. Bergen und Trondheim waren doppelt so groß. Als der französische Emigrant Latocknaye 1799 Christiania besuchte, bemerkte er hinterher, daß sich das verschwenderische Leben in dieser Stadt auf fünf reiche Häuser und deren Freundeskreis beschränkte. Der Rest sei Armut gewesen.

Die Hauptstädter gelten in der Provinz als arrogant. Die Osloer kümmert das wenig. Ihre Stadt ist das politische und wirtschaftliche Zentrum des Landes

Allerdings war Christiania bereits ein Knotenpunkt für den Warenverkehr in alle Richtungen des Landes und gewann dadurch an Bedeutung. 1811 wurde die erste Universität gegründet – das dänische Königshaus mußte dieser Forderung kurz vor der Unabhängigkeit Norwegens nachgeben. Wo heute das Nationaltheater steht, gingen die Studenten unter Bäumen spazieren. Deshalb heißt der

Platz zwischen Nationaltheater und Storting heute noch Studenterlunden, obwohl es «stadtplankorrekt» der Eidsvolls plass ist. Dann wurde das Schloß gebaut, zunächst nur ein Zweitsitz des schwedisch-norwegischen Königs Karl Johan. Erst 1905 zog hier ein norwegischer König ein. Die Straße, die zum Schloß hinauf führte, wurde natürlich «Karl Johan» genannt, und sollte bald ein Boulevard werden, der sogar das Attribut «Champs-Élysées des Nordens» erhielt.

Der «reguleringsplan» des Straßennetzes, den der Architekt Linstow 1867 entwarf, gab der Kleinstadt entsprechend der auf 20000 gewachsenen Einwohnerzahl einen kontinentalen Zuschnitt. In dieser Zeit wurde das Storting gebaut, die Eisenbahn wurde in Betrieb genommen, und das Nationaltheater öffnete seine Pforten. Bei der Auflösung der Union mit Schweden 1905 wohnten in Christiania, nun Norwegens größte Stadt, 230000 Menschen, heute sind es doppelt soviel.

Rundgang durch die Stadt

Beginnen wir den Rundgang auf der **Festung Akershus**, eine riesige grüne Anlage. Ihre Glanzzeit hatte die Burg, als sie von Christian IV. zum Renaissanceschloß umgebaut wurde, was man dem Mahagoni-Interieur der Burgsäle immer noch ansieht. Zwischen den Gebäuden ist es eher norwegisch schlicht: niedrige Garnisonsgebäude und Kopfsteinpflaster. Im **Hjemmefrontmuseum**, der Ausstellung, die an den Widerstand gegen die deutschen Besatzer erinnert, drängeln sich Schulkinder durch die engen, dunklen Gänge. Alles ist ein wenig unheimlich. Vom Tonband kommt Quislings

Verräterstimme, hinter Glas sind KZs im Modellbau ausgestellt und lebensgroße Widerständler bei der Sabotagearbeit.

Von Akershus, das unter Verwaltung des norwegischen Militärs steht, hat man eine gute Aussicht über das Hafengebiet und das **Rathaus**, das seine stumpfen Zähne gen Himmel streckt. Die Besonderheit dieses kolossalen Baus, errichtet zwischen 1931 und 1950, als man den neuen Baustoff Beton noch bewunderte, erschließt sich einem nur schwer. Die Ziegelquader, die die Rathausfassade bedecken, sollen mittelalterliche Maße haben. Die Hallen sind von vielen Künstlern des Landes mit Wandmalereien ausgeschmückt worden. Die Straßen um das Hafenbecken herum sind seit einigen Jahren verkehrsberuhigt, die Europastraße E 6 unter die Erde verbannt.

Auf der gegenüberliegenden Seite erstreckt sich das Neubauviertel **Aker Bryggen** – ein neues Stadtviertel, auf das die Osloer inzwischen stolz sind, mit Marmorfassaden und verglasten Erkern, hinter denen sich Shopping-Center, Restaurants, Büros, Bankfilialen, Kinos und Luxusappartements verbergen. «Yuppie-Fabrik» wurde diese Anlage auf einem ehemaligen Werftgelände bei ihrer Einweihung Ende der achtziger Jahre spöttisch getauft. Kaum etwas erinnert an die alte «Aker Mekaniske Verksted», die hier bis zu ihrem Konkurs Mitte der sechziger Jahre norwegische Industriegeschichte schrieb. Wo einst unzählige Streiks für bessere Lebens- und Arbeitsbedingungen ihren Anfang nahmen, wird heute diniert. Ein paar der alten Fabrikfassaden stehen noch, aber an das ursprüngliche Versprechen, auch die übrigen Außenwände aus Ziegelsteinen zu mauern, hielten sich die Bauherren nicht. Statt dessen: Glas, Stahl, Beton. Inzwischen haben aber viele Kritiker ihren Frieden mit Aker Brygge geschlossen, auch weil viele Kultureinrichtungen hierher gezogen sind, die sich dem Yuppie-Schema entziehen: das Off-Theater «Black Box» zum Beispiel oder der wichtigste Musikclub der Stadt, «Cruise».

An Sommerabenden quillt Aker Brygge förmlich über von Menschen. Es herrscht eine fast südländische Stimmung. Ein fröhliches Stimmengewirr erfüllt die schmalen Gassen, es gibt Straßenmusik, Eisbuden und Bierausschank auf ausrangierten Fähren. Die Leute haben sich mit ihren Stühlen dem Fjord zugewandt, sie strecken der untergehenden Sonne ihr Gesicht und der salzigen Seeluft ihre Nase entgegen. Will man in Oslo ein bißchen Nizza haben, muß man nach Aker Brygge gehen.

Die «Paradegate» **Karl Johan**, die man nach zehn Minuten Fußweg am Rathaus vorbei erreicht, braucht gleichwohl nicht zu fürchten, von Aker Brygge ausgestochen zu werden. Die Parkbänke auf der grünen Insel Studenterlunden sind von Rucksack-Reisenden belegt, die ihre erste norwegische Fischbüchse aufhebeln. Amerikanische und japanische Besuchergruppen wechseln sich beim Staunen vor dem Nationaltheater und dem davor stehenden steinernen Bjørnstjerne Bjørnson und Henrik Ibsen ab. Das Storting bleibt von den Ausländern auffällig unbeachtet, vielleicht weil es weniger wie ein Parlamentsgebäude aussieht, eher wie ein weiteres Theater. Auch die anderswo üblichen Polizeiwachen mit MP im Anschlag fehlen gänz-

lich. Die Karl Johans gate ist so anziehend, weil sich hier so viele Funktionen der norwegischen Hauptstadt treffen: Parlament, König, Kultur, Universität.

Berühmte Lokale säumen die Karl Johan: Gegenüber Nationalteatret befindet sich das altehrwürdige Grand Hotel mit dem «Grand Café» im Erdgeschoß, jenem Lokal, in dem alle berühmten Köpfe der Stadt, von Ibsen bis Munch, täglich ihren Kaffee zu trinken pflegten. Auf dem großen Wandbild im Innern, gemalt von Per Krohg, sind alle berühmten nationalen und internationalen Gäste des Grand Café um die Jahrhundertwende abgebildet. Vis-à-vis dem Storting geht es hinunter in das «Tostrupkjeller», das Keller-Restaurant, in dem sich Politiker und Journalisten seit eh und je «off record» getroffen haben. Die Akersgate um die Ecke ist die Zeitungsstraße. Hier liegen die drei größten landesweiten Tageszeitungen, *Verdens Gang*, *Dagbladet* und *Aftenposten*, Haus an Haus.

In ihrem unteren Teil zum Hauptbahnhof hin wird die Karl Johan zur Fußgängerzone, erst hier fängt das eigentliche Shopping an. In einem gemauerten Halbrund hinter der Domkirche liegt **Kirkeristen**, ein Basar, der im vorigen Jahrhundert für einen geordneten Fleischverkauf gebaut wurde – für Norwegen ein exotisches Gebäude. Im Innenhof haben Kunsthandwerker, vor allem Keramikkünstler, ihre Lädchen. In den Räumen des ehemaligen städtischen Fundbüros ist jetzt das «Café Bacchus». Dort werden auch Bier und Wein serviert. Dem populäreren «Café Cappuccino» im gleichen Gebäude ist das hingegen untersagt. Warum? Weil es zum Dom zeigt, wo es der Herrgott nicht gern sieht.

Wegen seiner strikten Ausrichtung gen Osten, scheint in der Karl Johan die Sonne am längsten, bevor sie langsam über dem Schloß versinkt. **Slottet** liegt mitten in einem Park, man kann sogar an die Fenster klopfen – was der König aber nicht hören würde, denn seine Zimmer gehen zum Hof. Zu sehen sind nur die federgeschmückten Schloßwachen, die den Fotoangriffen hilflos ausgesetzt sind. Seit 1991 residieren hier König Harald V. und Königin Sonja.

Königsliebe ist in Norwegen keine Frage des politischen Standpunkts, denn das Osloer Königshaus war nie restaurativ oder antidemokratisch aufgetreten. Im Gegenteil: Als konservative Parlamentsabgeordnete 1932 empört zu König Haakon liefen, weil dieser die Sozialdemokraten als stärkste Fraktion des Stortings mit der Regierungsbildung beauftragt hatte, da prägte er den Satz: «Meine Herren, ich bin auch der König der Kommunisten.» Zehn Jahre später war der unbeugsame Haakon Symbol für den Widerstand gegen die deutschen Besatzer.

Sein Sohn und Nachfolger Olav V. gewann die Zuneigung seiner Untertanen als sportbegeisterter norwegischer Durchschnittsmensch. 1928 saß er in jenem Boot, das bei den Olympischen Spielen zur Goldmedaille segelte, dann wurde er sogar Vierter bei einem Holmenkollenspringen. Olav spielte gerne bei Pferderennen mit. Auch wenn er sich sonst nicht in die Tagespolitik einmischte, wenn ihm seine Untertanen zu fremdenfeindlich wurden, sagte er ihnen die Meinung.

Hinter dem Schloßpark, Drammensveien 19, liegt das ehrwürdige **Nobel-Institut**, das eine der größten Bibliotheken auf dem Gebiet des internationalen Rechts beherbergt. Doch vor allem wird hinter den streng verschlossenen Türen dieser Villa jedes Jahr ein Friedensnobelpreisträger bestimmt. Während die Preise für naturwissenschaftliche Leistungen und für Literatur in Stockholm vergeben werden, hatte der Schwede Alfred Nobel – Erfinder des Dynamits – den Norwegern die Auszeichnung für «die Verbreitung des Friedens» übertragen. Vermutlich hielt er die Norweger für friedfertiger als seine schwedischen Landsleute. Dieses Vertrauen in die randständigen Norweger ist ungebrochen, und machte es den Norwegern möglich, das historische Friedensabkommen zwischen Israelis und Palästinensern zustande zu bringen. Es wird oft vergessen, daß das Oslo-Abkommen nicht nach einigen gemütlichen Delegationstreffen am Kamin von allein entstand, sondern das Ergebnis zäher und professioneller Arbeit norwegischer Diplomaten war. Doch es widersprach der Bescheidenheit der Norweger, sich wenigstens in diesem Fall den Friedensnobelpreis einmal selbst zuzusprechen. Sie gaben ihn Jassir Arafat, Itzhak Rabin und Shimon Peres.

Gastronomische Wende

Kunst oder Kitsch? An den 192 Granitskulpturen des expressionistischen Bildhauers Gustav Vigeland im **Frogner-Park**, der größten grünen Lunge der Stadt im Westen, scheiden sich die Geister. Der Künstler hat in einem Vertrag 1921 sein Lebenswerk der Stadt Oslo hinterlassen. Der Park ist unbestreitbar wunderschön weitläufig angelegt, und die Vigeland-Figuren passen in diese Anlage gut hinein. Manche stören sich an den übertriebenen Darstellungen der Menschen – die Frauen kräftige Weibsbilder mit großen Brüsten, die Männer Kerle mit entschlossenem Blick und ordentlich Muskeln. Aber es gibt Ausnahmen, wie den eindrucksvollen siebzehn Meter hohen Monolithen in der Mitte der Anlage, der aus 121 ineinander verschlungenen Menschenleibern besteht – die Alten unten, die Kinder ganz oben. Die Generationen sind aufeinander angewiesen und müssen einander tragen, so die Botschaft. Alte und junge Parkbesucher gleichermaßen verharren beeindruckt vor der Skulptur.

Der Frogner-Park bietet auch dem **Stadtmuseum** (Bymuseum) Platz und der beliebtesten Gartenkneipe der Stadt: «Herregårdskroa». Rundherum ist es still, grün, ja ländlich, die Tischnachbarn sind gewöhnliche Leute aller Altersklassen, gut gemischt wie in Vigelands Generationsskulptur. Der Haupteingang zum Frogner-Park liegt am Kirkeveien, einer breiten Straße, die an der Majorstua endet, einer lebhaften Kreuzung des gehenden und fahrenden Verkehrs. Die S-Bahn-Station dient Jugendlichen als Treffpunkt.

Majorstua ist der westliche Außenposten des Zentrums. Nicht weit von hier liegt der Uni-Campus Blindern, auf dem die meisten Fakultäten versammelt sind. Auch Marienlyst, der Sitz der öffentlich-rechtlichen Sendeanstalt NRK, ist nicht weit. Von hier führt der Bogstadveien hinunter zur City (später nimmt er den Namen Hegdehausveien an). Diese Straße ist nicht nur die «handlegate», die Einkaufsstraße von Oslo, hier findet man auch eine Reihe netter Lokale. Oder das kleine «Café Olsen», das Oslos erstes Café mit C

gewesen sein soll – korrekt wird es im Norwegischen nämlich «kafé» geschrieben. Das war Mitte der achtziger Jahre ein wichtiges Symbol für die Wende im Land hin zur kontinentalen Café- und Kneipenkultur. Unbeeindruckt von den wechselnden Moden liegt die Alt-Studentenkneipe «Lorry» an der Ecke Park-/Hegdehausveien und lädt zu 81 Sorten Bier ein.

In den letzten Jahren sind die Kneipen in Oslo förmlich aus dem Boden geschossen. Die Anzahl der «Ausschankbewilligungen» hat sich, dank den in der Stadt lange regierenden Konservativen und Rechtsliberalen, in wenigen Jahren mehr als verdoppelt. Das frühere Aschenputtel unter den skandinavischen Kapitalen weist inzwischen gut 600 gastronomische Betriebe mit Alkohollizenz auf und kann es allemal mit Stockholm aufnehmen. Nach Jahrzehnten des Bürgersteighochklappens um Mitternacht, dürfen immer mehr Kneipen bis vier Uhr morgens servieren. Ein Werbespruch für Oslo lautet: «Oslo – You won't believe it». Wer die Stadt nach langer Zeit ein zweites Mal besucht, wird dem zustimmen.

In der Pilestredet, in einem Gebäude, in dem auch Edvard Munch ein paar Jahre gelebt haben soll, schwelt nach Meinung von Polizei und Politikern ein unschöner Unruheherd in der ansonsten sauberen und ordentlichen Hauptstadt: das autonome Jugendzentrum Blitz. Schon der Name ist eine Provokation: Das deutsche Wort Blitz soll, gewollt oder ungewollt, an «Blitzkrieg» erinnern. Reichlich geschmacklos. Hier treffen sich neben vielen arbeitslosen Jugendlichen alle die, die in der geordneten norwegischen Wirklichkeit keinen Platz

Publikumsmagnet Frogner-Park. An den Werken des Bildhauers Gustav Vigeland scheiden sich die Geister, den Park genießen alle

haben oder haben möchten: Anarchisten, Autonome, Rote, Grüne, Feministinnen, Punks. Regelmäßig kommt es in der Nähe des Hauses zu Prügeleien zwischen den Autonomen und Rechtsradikalen.

Das politische Machtzentrum der Nachkriegszeit liegt nicht weit vom Blitz entfernt am **Youngstor-**

112

vet, wo täglich ein Wochenmarkt stattfindet. Hier, zwischen der alten Polizeistation von 1860 und der Oper, liegen die Zentralen der sozialdemokratischen Arbeiterpartei und des Gewerkschaftsverbandes LO. In den häßlichen Hochhäusern im Fünfziger-Jahre-Stil wurden Hand in Hand und solidarisch, manchmal auch konspirativ, die Geschicke des Landes gesteuert, vor allem der Wohlfahrtsstaat geplant. An jedem 1. Mai sammelt sich hier die norwegische «arbeiderbevegelse» unter ihren Fahnen zum großen Umzug.

Ost-West-Gegensätze

Die Hauptstadt des Landes, das sich zugute hält, nur geringe soziale Unterschiede zuzulassen, hat wie alle anderen Großstädte in Europa einen feinen Westen und einen armen Osten. Untersuchungen haben gezeigt, daß die Lebenserwartung in den westlichen Stadtteilen um vier bis sechs Jahre höher liegt als im Osten. Besonders kraß sind die sozialen Unterschiede zwischen den östlichen Stadtteilen Sagene-Torshov, Grünerløkka und Gamle Oslo einerseits und den piekfeinen Vindern, Røa und Ullern im äußersten Westen andererseits. In den Ostvierteln ist der Anteil von alten Menschen, Studenten und Sozialfällen überdurchschnittlich hoch. Nicht alle Häuser und ihre Hinterhöfe haben vom Instandsetzungsprogramm der Stadt profitiert und strahlen in frischen Farben. Für viele Einwohner wurde dieses Programm zu teuer. Sie waren gezwungen, umzuziehen oder öffentliche Unterstützung zu beantragen.

Dagegen der Westen der Stadt: üppige Rosengärten vor den Villen in Vindern oder auf der Halbinsel **Bygdøy**, von der viele Stortingspolitiker stammen, auch die Sozialdemokratin Gro Harlem Brundtland. «Bygdøy-Bande» wird die politische Klasse der Hauptstadt deshalb an der Westküste geschimpft. Es ist lange her, seit ein sozialdemokratischer Ministerpräsident wie Einar Gerhardsen im Reihenhaus wohnte.

In Bygdøy wohnen zwar die Auserwählten der norwegischen Gesellschaft, darunter der König, genutzt wird die schöne Halbinsel aber von allen. Nicht nur, weil hier so viele Museen liegen: Das **Kon-Tiki-Museum**, das **Vikingskiphuset** mit dem Osebergschiff, oder das **Folkemuseum**, das älteste Freiluftmuseum der Welt. Auf dem Hauptbadeplatz des Stadtteils Huk am äußersten Rand von Bygdøy tummeln sich die Leiber. Man sollte einfach daran vorbeigehen und sich eine eigene Ecke suchen. In welcher europäischen Hauptstadt kann man sonst noch in seiner «eigenen» kleinen Bucht liegen?

Die Østkant-Bezirke – Kampen, Vålerenga und Grünerløkka – liegen östlich des Flußes Akerselva. Von der Innenstadt aus führt der Weg vorbei am Zentralfriedhof **Vår frelses gravlund**, auf dem fast alle berühmten Norweger begraben liegen. Die Østkantler schwören auf ihren Stadtteil. Die Bewohner von Kampen haben in einem mehrjährigen Kampf ein ehemaliges Arbeiterviertel, die einzige Kleinhaus-Bebauung der Stadt, vor dem Abriß bewahrt. Im «Kafé Lars» in Kampen trifft man die Originale der Gegend. **Grünerløkka** weiter nördlich wird auch als Oslos Kreuzberg bezeichnet: Mit anderen Worten: Hier hat die alternative Szene ihr Zentrum, hier wohnen viele Einwanderer. Drogen und Straßenkriminalität, früher ein großes Problem, konnten in den letzten Jahren durch die Initiative der Bewohner zurückgedrängt werden.

Die häßliche Falte

Noch weiter Richtung Norden, am **Akerselva** entlang, liegt der Stadtteil Sagene-Torshov. Am Akerselva

114

Mit dem Spezialschiff «Fram» ließ sich Fridtjof Nansen 1893/96 einfrieren und bewies, daß die arktische Polareiskappe in Bewegung ist

nahm die Industrialisierung in der Stadt ihren Anfang. Im Laufe von nur fünfzehn Jahren, von 1845 bis 1860, stieg die Zahl der Fabriken am Ufer des energiespendenden Flusses von 40 auf 120. Davon ist nichts mehr zu sehen.

Der Akerselva beginnt am Maridalsvannet, dem wichtigsten Trinkwasserreservoir der Stadt, bevor er zehn Kilometer weiter, durch zahlreiche Fälle beschleunigt, in den Oslofjord mündet. «Eine häßliche Falte im Gesicht der Stadt», hat ein früherer Bürgermeister den Fluß einmal genannt. Der Akerselva war vor hundert Jahren auch Oslos Kloake. Heute stehen die Kinder am Ufer und halten ihre Angel in das sprudelnde Wasser. Die Stadt hat Entwarnung gegeben: Man könne nach vielfältigen Bemühungen sogar wieder im oberen Akerselva baden. Die häßliche Falte hat ein grünes Make-up bekommen. Rad- und Gehwege zwischen Rasen und Laubbäumen begleiten heute den Lauf des Wassers. «Akerselva Naturpark» wird das stolz genannt.

Wenn der Akerselva einmal eine «häßliche Falte» war, dann ist das östliche Zentrum Vaterland rund um den Zentralbahnhof eine häßliche Warze. Der Kahlschlag fing hier mit dem Ausbau des Eisenbahnnetzes an. Das Areal lag lange brach, wurde hin und her verkauft, bis die Stadt Anfang der achtziger Jahre einen Architekturwettbewerb ausschrieb. Was dabei herauskam, ist Skandinaviens höchstes Gebäude, das Luxushotel Oslo Plaza, und zwei riesige überdachte Einkaufszentren. Und dann gibt es noch das «Oslo Spektrum», eine Stadthalle mit 10000 Zuschauerplätzen. Die Kritik von Stadtarchitekten, daß es in Oslo an jeder Bebauungsstrategie mangelt, erscheint beim Anblick dieser Ecke berechtigt. Eine Kuriosität am Rande ist, daß der Wolkenkratzer Oslo Plaza gen Mekka gebaut ist – ursprünglich sollte auf dem Grundstück einmal eine Moschee entstehen.

In Mark und Ås

Mit der Straßenbahn hinaus auf die Bergkämme des Stadtrandes. In welche Richtung man auch immer fährt, ob nach Westen auf den berühmten Holmenkollen mit seiner legendären Sprungschanze (371 Höhe) oder auf den straßenfreien Vettakollen – 418 Meter –, nur immer den Namen nach. «Mark» bedeutet Wald und Feld, Naturlandschaft: Nordmarka, Lillomarka, Østmarka. «Ås» bedeutet Bergkamm, Bergrücken: Ullernåsen, Grefsenåsen, Haukåsen, Holmenkollenåsen, Ekebergåsen. «Vannet» weißt auf einen See hin: Sognsvannet, Bogstadvannet, Maridalsvannet. 1200 Pflanzenarten, 45 wilde Säugetierarten, 250 Vogelarten wurden hier gezählt. Hier sind die Hauptstädter am Wochenende alle versammelt, holen mit den Stiefeln weit aus oder gleiten mit den Brettern kraftvoll dahin: der Minister, der Student, der Bischof, der Blitzer und der Börsianer.

Die schönste Aussicht auf Oslo bietet der Frognerseten oberhalb des Holmenkollen. Doch der Eindruck, man befinde sich weit außerhalb der Stadt, trügt. Wer am Ende einer anstrengenden Stadtbesichtigung, an einem milden Sommerabend in der Nordmarka seine Beine im Sognsvannet baumeln läßt, befindet sich ungefähr in der geographischen Mitte der Stadt. Oslo – You won't believe it!

Wer nicht springen möchte, genießt die Aussicht auf die Hauptstadt: der Holmenkollen

REICH UND BELIEBT
DER SÜDEN

Die schärengeschmückte Küste zwischen Risør und Egersund gilt zu Recht als «Norwegens Riviera». Malerische Döfer mit weiß gestrichenen Häusern säumen die Ufer des Skagerrak. Hier herrschen landesweit die wärmsten Temperaturen, es gibt Sandstrände und Ferienhütten mit Steg. In der «dänischen» Hafenstadt Kristiansund kann man eine Yacht chartern, in der Ölstadt Stavanger (Rogaland) den Reichtum des Landes bestaunen. Traditionsverbundene Norweger findet man in den Tälern von Telemark und Setesdal, wo Rosenmalerei und archaische Zimmermannskünste überlebt haben.

Eine der schönsten Stellen, an denen man das erste Mal norwegischen Boden betreten kann, ist **Kristiansand**, die Hauptstadt des Sørland. Der Kai, an dem die großen Pötte der Olsen-Line nach vier Stunden Überfahrt vom dänischen Hirtshals aus anlegen, liegt mitten in der 64 000 Einwohner zählenden Hauptstadt der südlichen Region Agder. «Dat is' ja wie in Dänemark», sagte der Deutsche mit den zwei Tax-free-Tüten, während er die Gangway hinuntersteigt. Die reden auch wie die Dänen hier, würde der Norweger hinter ihm mit den vier Tüten antworten, wenn er nicht so angetrunken wäre.

Was das «Reserve-Dänisch» der 235 000 Sørlendinger angeht, so sollte der Deutsche, der sich ein wenig Norwegisch aneignen will, froh sein, daß es diese Dialektvariante gibt. Er braucht das R nicht zu rollen und bei «først» kein «sch» zu sprechen. Landschaftlich ist das Sørland (das sind die Bezirke Vest- und Aust-Agder) kein Reserve-Dänemark, es ist zu vielseitig, um nur für einen idealen Badeurlaub genutzt zu werden. Schon beim Landgang in Kristiansand meint man, irgendwo zwischen Sylt und Brighton zu sein. Auf den Bürgersteigen und in der Fußgängerzone drängeln sich Menschen mit Angeln, Badeschlappen und Bastmatte unter dem Arm, promenierende Paare in weißer Baumwollkleidung und Segelslippern. Man sollte sich Zeit nehmen für einen kleinen Bummel durch den Stadtkern. Kristiansand ist die einzige Stadt Norwegens, die im Renaissancestil angelegt wurde – ab 1641 von König Christian IV. Davon ist nach einigen verheerenden Bränden aller-

Prekestolen, «die Kanzel» in der Nähe von Stavanger, gibt einen Vorgeschmack auf die tiefen Fjorde im Westen

dings nicht mehr viel zu sehen, Holz und Stein wechseln sich auch hier im Stadtbild ab. Noch deutlich erkennbar ist aber die streng quadratische Anlage der Stadt. Von der Festung Christianholm lassen sich die Hafenanlagen überblicken. Rechts erhebt sich ein Wald aus Masten – der Yachthafen ist proppenvoll, Nationenwimpel aus ganz Europa flattern im Wind. Die Segler aus dem Ostseeraum zieht es zum Sørland. An mehreren Holzbuden steht groß «Båtutleie». Wer segeln und die Miete bezahlen kann, der sollte das Sørland von seiner blauen Seite aus ansteuern.

Alle anderen müssen sich auf die E 18 begeben, die an der Stadt vorbeiführt. Richtung Oslo führt sie streckenweise sehr nahe am Wasser entlang zu dem Städtchen **Grimstad**, wo der junge Ibsen Apotheker gelernt hat. Wir fahren aber westwärts, Richtung Stavanger, lassen das häßliche Stahlwerk am Stadtausgang hinter uns und biegen bald danach auf einem der schmalen asphaltierten Wege Richtung Meer ab, vorbei an Blaubeergestrüpp, Birkenwäldchen und kleinen Gehöften mit reich blühenden Gärten. Der Weg endet – typisch für die Sørlandsküste – auf einem Campingplatz. Zwischen Sandhügeln ducken sich Hütten, Wohnwagen und Zelte; es ist voll, Kinder plärren, ein paar Jungs versuchen auf dem sandigen Boden zu kicken, Mütter hängen Wäsche auf. Überwiegend sind norwegische Stimmen zu hören. Deutsche, Franzosen und Engländer sind zwar auch vertreten, aber noch ist das Sørland des Norwegers Riviera. Wer es sich leisten kann, hat zwei Hütten: eine «på fjellet», im Gebirge, und eine «ved sjøen», an der Südküste, wie man sieht, Bungalows mit Terrasse und eigenem Steg.

Hinter der Pølserbude beginnt feinster Sandstrand, geschätzte

120

An der norwegischen «Riviera»: Nirgendwo in Norwegen sind Wetter und Wasser wärmer als im Sørland

Länge hundert Meter. Dann unterbrechen moosbewachsene Felsvorsprünge und windzerzauste Fichten die Strandlinie. Dahinter wieder Sandstrand und so weiter. Im Wasser vor dem Strand: Inseln, Inseln, Inseln. Kleine, flache, dicke, eckige, bewachsene, nackte. Um sie herum das blauschwarze Meer, nur ein wenig von der Brise gekräuselt. Mitten im Schärengarten ankern ein paar Segelboote. Am Kap Lindesnes, der südlichsten Spitze Norwegens, schleudert der Leuchtturm seinen Lichtstrahl in den hellen Abend. Bald kommen die Lichter von Lagerfeuern hinzu, etwas entfernt singt eine Pfadfindergruppe fromme Lieder, das Plärren der Kinder ist nur noch vereinzelt zu hören, die Pølserbude schließt ihre Holzluken. Keine laute Musik aus irgendeiner Discobar, kein Autohupen, Leuchtturm statt Leuchtreklame – das ist der Süden Norwegens.

Abstecher ins Urgestein: das Setesdal

In seinem Norden hat der Süden noch etwas ganz Besonderes zu bieten: das **Setesdal**. Dieses über 200 Kilometer lange Tal, erreichbar über die Reichsstraße 12 von Kristiansand, ist weder mit den breit ausgewalzten Tälern des Ostens noch mit den schroffen Einschnitten der Westküste verwandt. Mit riesigen Elefantenrücken verglich eine Reisebeschreibung das gipfellose Gebirge einmal treffend.

Das Setesdal dient der Tourismusindustrie als eine der traditionsreichen, urnorwegischen Vorführlandschaften. Hier, sagt man, sind die Bauernkultur, die Kunst der Rosenmalerei, der Volkstanz, der Gebrauch der charakteristischen Vorratsspeicher («stabbur») noch lebendig. Was man nicht sagt: Die meisten rosenbemalten Holzkisten, Vorratsspeicher und Volkstanztrachten

121

aus dem Setesdal befinden sich inzwischen im Volkskundemuseum auf Bygdøy in Oslo. Die Norwegen-Komposition aus kleinem Gehöft, massigem Gebirge und holprigen Straßen ist dennoch nirgendwo so harmonisch anzutreffen wie im Setesdal. Scheinbar ungeordnet, den Gegebenheiten des Untergrundes angepaßt, stehen Wohnhaus, Ställe und als Schmuckstück das stabbur am grünen Hang. Das stabbur ist nicht zufällig unten schmal und oben breit. In dem lichtlosen unteren Teil wurden die Essensvorräte gelagert, dieser Raum war durch den Überbau immer kühl und durch die Pfähle im Winter vor Frost geschützt. In der oberen Etage wurden Kleider und Felle gelagert. In alten Zeiten war es wegen der Brandgefahr von Vorteil, ein Haus für die Vorräte zu besitzen. Auch die Tradition der Seter-Balladen wird gepflegt. Dieser solistische Vortrag von Gedanken und Geschichten, nur manchmal unterbrochen vom Spiel der aus Weidenzweigen gefertigten Seljeflöte, ist Hirtenmusik. Vom Frühling bis zum Herbst mußten Mädchen und Jungs mit den Ziegen und Kühen auf dem Almen («seter») im Hochland verbringen und die Milch zu Butter und Käse verarbeiten. In dieser Einsamkeit unterhielt man sich gegenseitig mit sehnsüchtiger Musik.

Menschen wie die Setesdaler, die heute als «traditionsgebunden» gepriesen werden, lebten isolierter als andere, und das sicher nicht immer gerne. An ihre jahrhundertelange Abgeschiedenheit erinnert ein uriger Dialekt mit einer eigenwilligen Grammatik. Heute führt am nördlichen Ende des Tales eine Straße hinaus Richtung Bergen über die Hardanger Vidda. Aber früher war das Se-

tesdal eine Sackgasse. Die Menschen hier galten als schwer zugänglich für Obrigkeit und Priester, dänische Beamte weigerten sich bisweilen, überhaupt zu diesen Dickköpfen zu reisen.

Solche Geschichten werden heute gerne erzählt. Doch daß die alten «traditionsreichen» Täler wie Gudbrandsdal, Østerdal, Telemark und Setesdal und deren Einwohner immer als «nordisches Urgestein» gepriesen wurden, hatte auch Folgen, an die man sich weniger gern erinnert. Als Quisling, der selbst aus Telemark stammte, im März 1943 «Norweger mit Opferwillen und Mannesmut» aufrief, sich freiwillig zum Dienst in der deutschen SS und Wehrmacht zu melden, waren auffallend viele junge Männer gerade aus diesen Provinzen darunter. Die zweifelhafte Tradition, die der hohle Heldenmythos auch in Norwegen besaß, ist ausgerechnet am Mahnmal für die Opfer des KZ Bergen-Belsen nachzulesen. Dort, wo Zigtausende durch Mord, Hunger und Seuchen umgekommen sind, hat die norwegische Regierung nach dem Krieg zum Gedenken an ihre Landsleute in norwegischer Sprache den geschmacklosen Spruch einmeißeln lassen: «Das Banner muß stehn, wenn der Mann auch fällt.» Opfer-Gedenken mit einem deutschen NS-Wochenspruch.

Die weißen Orte Sørlands

Zurück zu den «weißen» Städten der Südküste. Sie heißen Risør, Arendal, Grimstad, Mandal, Farsund, Lillesand und Flekkefjord, und sie hängen laut Touristenwerbung «wie Perlen» an einer über tausend Kilometer langen Küstenschnur entlang der «Riviera am Skagerrak».

Ein solches weißes Sørlands-Dorf heißt **Narestø** und liegt nördlich von Arendal, gegenüber von Tromøya, der größten Insel des Südens, auf der norwegische Küchengeschichte geschrieben wurde: Mit Erfolg wurden hier die ersten Kartoffeln in Norwegen gepflanzt. Gut vierzig Häuser stehen um das plätschernde Wasser einer engen Hafenbucht herum, das warme Sonnenlicht taucht die weißen, roten und gelben Holzfassaden mit den kleinen Holzkreuzfenstern in einen Märchenfrieden wie bei Hans Christian Andersen. Im Gegensatz zum Westen, stehen die Häuser in gutem Abstand voneinander, lassen Platz zum Kreuz-und-Quer-Gehen. Es ist still in Narestø, jedes Knirschen unterm Schuh wirkt überlaut. Eine Kupferplatte auf einem runden Stein erinnert an den Sørlandsdichter Gunnar Reiss-Andersen, der hier bis zu seinem Tod 1964 wohnte und unermüdlich Oden an die friedliche Stille der Gegend schrieb. Überhaupt hat das Sørland wie keine andere Gegend Literaten angezogen. In Grimstad wohnte der junge Ibsen, in Nørholm bei Grimstad Knut Hamsun, in Arendal Jonas Lie und auf der Insel Justøya vor Lillestrand lebte der Autor Nils Kjær. In Narestø waren einst stolze «skippere» zu Hause, zu jener Zeit, als die Südküste von der Segelschiffahrt lebte und prächtig gedieh. Das ist lange her.

Das benachbarte **Lyngør** wurde 1991 zum «besterhaltenen Dorf» Europas gewählt. Ein Titel, mit dem die meisten der 110 Einwohner – Fischer, Seeleute, Krämer und Stadtflüchtlinge – nicht recht froh wurden. Denn die Touristenscharen, die daraufhin auf die vier kleinen Inseln abseits von Autos und Straßen strömten, zogen Ferienappartements und zusätzliche Yachtliegeplätze nach sich. Dennoch ist Lyngør immer noch eine Perle unter den «Perlen».

Nicht weit von Lyngør, auf der E 18 Richtung Grimstad, liegt das Gut **Nørholm**, das Norwegens größter Romancier Knut Hamsun 1918 erwarb. Das Großstadtleben stieß Hamsun ab, ihn zog es aufs Land zu den Bauern, denen er mit «Segen der Erde» ein Denkmal setzte. Heute ist Nørholm als Hamsun-Museum während des Sommers zu besichtigen.

Hauptstadt des Öls: Stavanger

Eine der wenigen Autobahnstrekken in Norwegen ist etwa zehn Kilometer lang und verbindet die Städte Sandnes und **Stavanger**. Die Asphaltpiste scheint hier noch breiter zu sein als um Oslo herum, so, als solle man bereits beim Annähern an Stavanger spüren, daß es sich nicht um irgendeine norwegische Stadt handelt. Bald tauchen auf der rechten Fahrbahnseite Stahl- und Glaspaläste auf: Oljedirektoratet, Statoil, Phillips Petroleum, Mobil. Linker Hand vor einem Hubschrauberflugplatz stehen dickbauchige Maschinen vor den Hangars oder heben schwerfällig ab, nachdem sie Männer mit übergroßen orangenen Overalls aufgenommen haben. Kein Zweifel: Die Öl-Metropole des Landes naht.

Fragt man einen «siddis», wie sich die 110 000 Einwohner von Stavanger nennen, dann war das erste Ölrigg, das 1961 nach Dusarvik außerhalb der Stadt kam, ein Segen für die Region. 1969 wurde das riesige Explorations-Feld «Ekofisk» 200 Seemeilen vor der Küste gefunden und zwei Jahre später in Betrieb genommen.

123

Plattformen statt Schiffe wurden jetzt in und um Stavanger gebaut – eine aber auch wieder im Byfjord versenkt: die «Alexander Kielland»-Plattform, die 1981 in der bisher größten Off-Shore-Katastrophe unterging und 181 Menschen mit sich in die Tiefe riß. Statt das geborgene Wrack zu verschrotten, entschloß man sich 1983, es einfach im Fjord zu versenken.

Das Öl ermöglichte es den Siddis, Ende der siebziger Jahre endlich ihren ewigen Konkurrenten im Norden, Bergen, an Prosperität hinter sich zu lassen. So ist es bis heute geblieben, auch wenn die übrige Westküste inzwischen vom Petrolkuchen etwas abbekommen hat, weil die Ölfelder immer weiter nach Norden wandern. Stavanger wuchs mit dem schwarzen Gold explosionsartig, aus allen Teilen des Landes und aus dem Ausland kamen mit den Öl-Multis Menschen auf der Suche nach einem Job. Die Bevölkerung wuchs in zwanzig Jahren um dreißig Prozent, viele kleine Gemeinden in der Umgebung wurden eingemeindet.

1125 wurde Stavanger Bischofssitz, im 17. Jahrhundert verlor es den Bischof wieder und wäre danach fast eingegangen. Im 19. Jahrhundert ging es wieder bergauf dank der Fischverarbeitung. Stavanger wurde die Stadt der modernen Fischkonservenproduktion – in Gamle-Stavanger erinnert ein vergnügliches Museum an die 200 Ölsardinenfabriken und ihre Produkte mit so wohlklingenden Namen wie «Mr. Norway», «Queen Maud» oder «Skippers». Ende des vorigen Jahrhunderts knickte dieses Standbein wieder ein, weil sich andere Konservierungsmethoden wie Gefrierverfahren durchsetz-

ten. Schließlich kam Ende der sechziger Jahre der erneute Aufschwung durch das Öl.

Auf den ersten Blick ist Stavanger eine ganz normale norwegische Stadt. Es hat eine schmucke Altstadtzeile wie Frederikstad, es hat wie Bergen in der Stadtmitte einen großen Teich, am Hafenbecken gibt es einen Fischmarkt, zu Kneipen mutierte ehemalige Handelshäuser und ein SAS-Hotel wie überall. Das kann aber nur normal finden, wer das Stavanger Anfang der achtziger Jahre nicht kennt: Die Fußgängerzone Kirkegate wurde abends nur von einer Burgerbude am Leben erhalten, ansonsten gab es in der Innenstadt ein China-Restaurant, einen Jazzclub, eine Kneipe und die schrecklichen Hotelbars. Irgendwann Mitte der achtziger Jahre entdeckten aber die Siddis, daß man mit dem vielen Geld auch ein bißchen Leben in die Stadt bringen kann. Plötzlich wimmelte es nur so von Kneipen, Restaurants und Discos, darunter nichts Besonderes, aber froh war man trotzdem.

Das, wodurch sich Stavanger von den anderen norwegischen Städten unterscheidet, ist nicht weit vom Bahnhof in einem modernen Supermarkt zu finden. «Com' on, Daddy, please», bettelt ein kleiner Junge in breitem Amerikanisch seinen Vater an und zeigt auf eine Stange Schokolade im Regal. Niemand dreht sich um. Der Ölboom hat Stavanger auch ein bißchen Multikultur geschenkt. In der Stadt leben Menschen aus über fünfzig Nationen, in der Mehrzahl Amerikaner, Franzosen und Engländer. Ein flüchtiger Blick in das Telefonbuch beweist es: Es gibt eine «American School», einen «Petroleums Wifes Club» und eine Handvoll «Square-

Dance»-Gruppen. «Für die Stadt ist das wirklich ein Segen», sagt Berit, eine Krankenschwester. «Früher, als hier das erste China-Restaurant aufgemacht hat, sind da kaum Leute hingegangen, weil man glaubte, die kochen dort nur Hunde.» Die Zeiten sind vorbei. Es gibt sogar ein gut besuchtes Norwegisch-Französisches Kulturzentrum. Und die Hotels heißen im Zeichen der neuen Zeit «Skandic», «Atlantic» oder «Holiday Motel». Doch viel weiter will man den ausländischen Einfluß nicht kommen lassen. Jahrzehntelang haben sich Sprachhüter zum Beispiel darüber aufgeregt, daß off-shore die englischsprachige Terminologie herrschte. Bis sie vom Staat einen millionenschweren Auftrag bekamen, alles zu norwegisieren. Aus «off-shore» wurde dann «i nordsjøen», in der Nordsee.

Plattes Land und steile Täler: Jæren

Südlich von Stavanger erstreckt sich eine für Norwegen wirklich ungewöhnliche Landschaft: plattes Land. Hier in **Jæren** kann die Landwirtschaft endlich mal ungehindert von geologischen Umständen aus dem vollen schöpfen. Die Kartoffelfelder sind größer noch als in den Anbaugebieten des Ostens, die Abstände zwischen den Höfen, die in ihren Ausmaßen eher Agrarfabriken ähneln, beträchtlich. Diese fruchtbare Ebene ist neben Østfold das älteste Siedlungsgebiet des Landes, davon zeugen auch hier an vielen Stellen Grabhügel und Runensteine. Der Wald, der einst hier stand, wurde zur Urbarmachung des Bodens abgeholzt. Den modernen Landmaschinen, mit denen die Jærbauern ihre Äcker bearbeiten, setzen erst die breiten Sandstrände eine Grenze. Der Unterschied zu den Stränden des Sørlands: Das Meer liegt offen ohne vorgelagerte Inseln vor einem. Bei dem Ort Sola liegt der Flugplatz von Stavanger. Keine Tafel an dem heute auch von der NATO genutzten Flugplatz erinnert daran, daß er von den deutschen Besatzern erbaut worden ist – mit dem Schweiß und Blut von Zwangsarbeitern.

Nach «Friesland» folgt «schottisches Hochland». Das südliche Jæren besteht aus vielen kleinen geschützten Tälern, aus denen man zu Fuß oder mit dem Fahrrad nur mit Mühe wieder heraus kommt. Auch die Fjorde sind eng und steil, zum Beispiel der Jøssingfjord. Das wurde dem deutschen Schlachtschiff «Altmark» 1940 zum Verhängnis, als es hier von einem englischen Kriegsschiff überrascht wurde. An seine Versenkung, ein Vorspiel zur späteren Besetzung Norwegens, und an die englischen Opfer dieser Auseinandersetzung erinnern unten am Ufer des Jøssingfjordes zwei Gedenktafeln. «Die Kanonenschläge, die hier unten hallten wie bei einem Weltuntergang, werde ich nie vergessen», erzählt der Fischer Thorvald Bøe, während er auf den Treppenstufen seines kleinen Hauses sitzt und mit einer dicken Nadel ein Netz flickt. «Wir sind hinterher raus und haben ein paar Schiffbrüchige gerettet, Deutsche und Engländer. Wir waren eher auf der Seite der Deutschen. Wir wußten damals nicht, daß die ein paar Monate später wiederkommen sollten.»

Das zweite große Ereignis, das den kleinen Jøssingfjord in die Schlagzeilen brachte, hing mit dem Titanwerk hoch über dem Tal zusammen. Ursprünglich gehörte es einem amerikanischen Großkonzern, später ging es in

Freilaufende Schafe halten vielerorts den Verkehr auf, sie sind auf den Straßen öfter anzutreffen als Elche

norwegischen Besitz über. Der Jøssingfjord ist eine der wenigen Stellen der Erde, an denen dieses nicht zuletzt für die Waffenproduktion wichtige Metall abgebaut werden kann. In den fünfziger Jahren war man auch noch stolz auf das Werk, und so führen meterdicke Rohre offen den steilen Hang hinunter in den Fjord. Durch sie hindurch rieselte dreißig Jahre lang giftiger Titanschlamm, der Abfall bei der Gewinnung, bis sich die Wassertiefe des Fjordes von fünfzig auf fünfzehn Meter verringert hatte. Die Fische, die Thorvald Bøe aus dem Wasser holte, waren voller Geschwüre und unverkäuflich.

Im Kvinesdal, einem Tal, an dem die E 18 in luftiger Höhe vorbeizieht, hat man einen anderen Arbeitgeber gefunden. Die Pfingstgemeindler haben hier ihr nationales Schulungszentrum aufgeschlagen und sichern damit den Leuten, die von Öl, Landwirtschaft und Tourismus abgeschnitten sind, ein Auskommen. Mit Gottes Hilfe und dank des Umstandes, daß in Rogaland der schräge religiöse Westen beginnt. Hier trifft man noch Taxifahrer, die einem erklären, Norwegen solle deshalb unbedingt der EU fernbleiben, weil die der Bibel nach des Teufels sei.

Schafe treiben: Die Sirdalheiane Findet man aus den engen Tälern der Flekkefjord-Region wieder heraus, gelangt man, immer in Richtung Landesinneres, in die **Sirdalheiane**. Dieses Hochland ist typisch für das rogaländische Hinterland: Steine bestimmen das

126

Bild und das Leben. Hier hat die Eiszeit achtlos einen riesigen Geröllhaufen hinterlassen. Die Bäche müssen sich ihren Weg an riesigen Findlingen vorbei ins Tal suchen, die Moose, Gräser und Birken ihren Platz an den Hängen. Nur oben auf den Hochebenen ist alles ein wenig üppiger und gleichmäßiger. Überall springen Schafe sicher von Stein zu Stein und rupfen zwischendurch mit treffendem Gespür ein paar schmackhafte Gräser zwischen den Steinen hervor. Im Frühjahr werden die jungen Lämmer von den Jærbauern hier hinaufgetrieben, im Herbst wieder hinab, um den Menschen als delikates Weihnachtsessen zu dienen. «Pinnekjøtt», diese auf frisch geschnittenem Birkenreisig geschmorten Lammrippen, sind eine Delikatesse der Südwestküste. Dazu gibt es Kartoffelklöße und «surkål», Weißkohl, und zu trinken «juleøl» und Aquavit. «Es ist der Aufenthalt på fjellet, der den Tieren den besonders guten Geschmack gibt», sagt ein alter Bauer, der auch mit künstlicher Hüfte wie jedes Jahr mit Hirtenstab und Rucksack in die Heiane zieht.

Das Heruntertreiben der Schafe im September, das Sauesanking, ist ein gesellschaftliches Ereignis seit Vorvätertzeiten. Familien, Freundeskreise, ja ganze Gemeinden ziehen gemeinsam mit viel Proviant im Rucksack und Hirtenhunden hinter den versprengten Herden her. Das Treiben kann Tage dauern. Erst unten im Tal werden die Tiere anhand der Ohrenmarken von einander getrennt.

127

FJORD UND FJELL

DAS WESTLAND

Wo die Hochgebirge von Hardangervidda und Jotunheimen aufhören, beginnt das berühmte «Land der Fjorde» – «das Land, das, vom Meer zernagt und durchfurcht, aus den Fluten ragt», wie der Dichter Bjørnstjerne Bjørnson in Norwegens Nationalhymne so schön (be)schrieb. An der Küste zwischen Bergen und Kristiansund wird Öl gefördert, Lachs gezüchtet und mit Wasserkraft Aluminium gewonnen. Die Menschen sind rauh, aber herzlich, und in entlegeneren Gegenden besonders gottverbunden. Ein Landstrich der Gegensätze: Am Hardangerfjord im Süden blühen die Obstbäume, während an den Klippen von Sunnmøro Stürme toben. Und in Ålesund entdeckt man unvermutet Jugendstilhäuser! Im «Vestland» hinterläßt Norwegen bei jedem Besucher den größten Eindruck.

Der Ort **Dombås** am nördlichen Ausgang des Gudbrandsdals wird «die wichtigste Kreuzung» Norwegens genannt, an der jeder Reisende sich entscheiden muß: weiter nach Norden oder nach Westen. Unmengen von Verkehrsschildern, Tankstellen, Cafeterien,

Hotels und Pensionen machen Dombås zu einer Mischung aus Verkehrsknotenpunkt und Haltestelle. Früher eine Schleuse für Kaufleute auf ihrem Weg zu den Fischereizentren des Nordens und Westens sowie für Pilger, die zum Nidaros-Dom in Trondheim wollten, ist der Ort heute zu einer Schleuse für Touristen geworden. Wählt man die rechte Fahrspur, führen alle Wege unweigerlich in das Dovrefjell und weiter nach Trondheim. Doch wir ordnen uns fürs erste links ein und folgen dem Schild nach Ålesund und Åndalsnes, dorthin, wo für viele das «wirkliche Norwegen» liegt. Die Europastraße 9 ist die nördliche Einfahrt in die zerrissene Welt der Fjorde, der einsamen Almhöfe, der zum Meer hin offenen, aber dem Fremden gegenüber verschlossenen Menschen.

Neben der Straße verläuft die Bahnlinie, bis in Åndalsnes für die Züge nur noch die Umkehr bleibt. Erste Bahnstation **Lesja**. Wer hier wohnt, arbeitet entweder in der Schleuse Dombås oder hat einen Bauernhof. Nördlich der Straße geht es steil hoch, dennoch sieht man im Sommer wie Traktoren

Das Schiff wirkt winzig: der Geirangerfjord, Mutter aller Fjorde

Baumstämme von den bewaldeten Hängen hinunter ins Tal schleppen. Mit Holz kann man in Norwegen noch gutes Geld verdienen. Auf der Südseite, wo sich der Fluß Lågen seinem Ende nähert, grasen Kühe. Im 18. Jahrhundert dachte hier noch niemand an Landwirtschaft. Ein Eisenerzwerk gab den Menschen Arbeit, doch als der Betrieb 1812 eingestellt wurde und der Wald auf der Südseite des Tals abgeholzt war, machten sich die Einwohner daran, den See Lesjaskogsvatnet umzuleiten. Die Reste des Erzwerkes liegen heute unter Wasser, auf dem gewonnenen Land haben die Bauern Hecken gepflanzt, um Wärme und Feuchtigkeit im Tal zu halten. Manche haben sich auch auf Besucher vorbereitet. Für wenig Geld kann man in Lesjaskog auf dem Campingplatz oder in einem Motel übernachten und sich die Kirche aus dem Jahre 1748 ansehen, deren Interieur von einem Bauern aus Lesja gestaltet wurde und als Musterbeispiel bäuerlicher Holzschnitzerei gilt.

Im norwegischen Vestland, das man bald darauf erreicht, folgen die Verkehrswege gezwungenermaßen den Bedingungen der Natur, sofern nicht Tunnels für Abkürzungen sorgen. Es geht rauf und runter, hindurch, unterher und drumherum. Nur das Tal des Rauma und später das Romsdal, das diesem Regierungsbezirk den Namen gegeben hat, wurde schon von der Eiszeit auf das Bedürfnis von Autos nach einer geraden Fahrstrecke vorbereitet. Dramatisch verengt sich das Tal, je weiter man nach Westen kommt. Die Bergspitzen der zahlreichen Sechzehnhunderter links und rechts scheinen sich berühren zu wollen. Auch im Hochsommer legen

Im Hochsommer möglich: Badeleben am Fjord

sich lange Schatten auf das Tal, das an den engsten Stellen nur für den Fluß, die Bahnlinie, die Straße und ein Haus mit kleinem Vorgarten Platz gelassen hat.

Auf alten Handelswegen nach Kristiansund

Von Dombås nach Åndalsnes: Hundert Kilometer ohne eine einzige Abzweigung, die nicht in einer Sackgasse endete. Westwärts soll es gehen, den alten Handelswegen folgend. Kurz vor Åndalsnes zwingt eine der wichtigsten Touristattraktionen Norwegens die vollgepackten Reisebusse von der unnorwegisch breiten Europastraße nach Süden ab: der Trollstigveien. Für ungeübte Busfahrer eine schweißtreibende Herausforderung, für die Touristen ein Abenteuer mit Herzklopfen und einmaliger Aussicht. Norwegens schärfste Haarnadelkurven von 0 auf 800 Meter in einer halben Stunde. Am Ende der Kletterpartie warten eine Cafeteria und eine Aussichtsplattform mit einem gefährlich rostigen Geländer. Ein erster Einblick in die widersetzliche Natur des norwegischen Westens.

In **Åndalsnes** hat man die Möglichkeit, zu erleben, wie vielfältig der Westen des Landes Ende des 20. Jahrhunderts sonst noch ist. Am Busbahnhof stehen Country-Typen neben Ami-Schlitten, werden im Imbiß Hamburger ebenso wie der norwegische Nationalrahmbrei «rømmegrøt» verkauft. Wer hier in den achtziger Jahren noch auf einem Fischtrawler anheuerte, wurde bedauert als jemand, der die Zeichen der Zeit nicht erkannt hatte. Das Ölfieber ging um und erwischte jeden zwischen sechzehn und sechzig. Die Ölindustrie im Südwesten um Sta-

131

vanger gab aber weniger an die nördlichen Gebiete ab, als einmal versprochen. Inzwischen herrscht hier Katerstimmung, man besinnt sich wieder auf die traditionellen Erwerbszweige Fisch, Holz und Möbel.

Von Åndalsnes nach Molde und Kristiansund reist man auf den Spuren der Christianisierung Norwegens. Vierzig Kilometer nördlich von Åndalsnes, hinter dem Fähranleger Åfarnes, liegt die kleine Insel **Veøy**. Heute nicht einmal mehr bewohnt, geschweige denn mit einer Postleitzahl versehen, wird sie «Insel der Heiligtümer» genannt. Zu Wikingerzeiten blühte hier der Handel mit Tuch, Fisch und Werkzeug, Veøy wurde der erste feste Warenumschlagplatz der Region. Dreihundert Menschen wohnten im Mittelalter auf diesem Mini-Eiland. Einer der vielen sagenhaften Wikinger, Håkon Herdebreid, fiel hier 1162 in einer Schlacht; er hinterließ seinen Sommersitz und zwei weithin sichtbare Kirchen, von denen eine noch steht. In der Steinkirche von Veøy wird jedes Jahr zu Pfingsten ein Gottesdienst abgehalten. Unter den tausend kleinen Inseln des norwegischen Nordvestlandes vermag Veøy wohl am meisten über die Geschichte dieses Landesteils zu erzählen.

In **Molde** blühen Kastanie, Esche, Linde und Ahorn. Der Golfstrom trifft zusammen mit den warmen Südwestwinden direkt auf die Kaimauer und läßt vergessen, daß hier der 62. Grad nördlicher Breite verläuft. Daß in den Vorgärten und auf dem Dach des Rathauses auch Rosen üppig gedeihen, ist nicht so außergewöhnlich für Norwegen. Dennoch wurde Molde «Die Stadt der Rosen» getauft. Molde ist nicht sehr alt (1742 gegründet) und hat sich nur langsam zur Stadt entwickelt. Für den Fischfang lag es zu weit vom Meer entfernt, die Einwohner versuchten es mit Handel und Gewerbe. Die Armaturen- und Konfektionsfabriken geben genug Arbeit, die Ölindustrie ist bis Molde noch nicht vorgedrungen. Außerdem ist Molde «Hauptstadt des Regierungsbezirks Møre og Romsdal, also Verwaltungssitz. Mit gut 20 000 Einwohnern gilt es schon fast als Großstadt. Groß sind auch die 87 schneebedeckten Berge, die die Stadt umgeben, und großartig ist die Aussicht von dort. Außerdem ist Molde eine feste Größe in der europäischen Jazz-Szene. Ein paar verblichene Plakate erinnern daran, daß jeweils Anfang August das Molde-Jazzfestival stattfindet. Hier standen in den letzten Jahren Miles Davis und Jan Garbarek genauso selbstverständlich auf der Bühne wie die Combos aus dem örtlichen Jazz-Keller. Das milde Klima und die Beschaulichkeit dieser Stadt gefielen auch Henrik Ibsen. Gern ließ er sich dichtend mit einem Ruderboot den Fannestrand entlang treiben. Davon wurde noch ein anderer Urlauber angelockt: Kaiser Wilhelm II. 1940 wurden zwei Drittel der Stadt von deutschen Flugzeugen in Schutt und Asche gelegt.

Kristiansund liegt siebzig Kilometer auf der Straße 64 und eine kurze Autofähre entfernt. Nach ungefähr dreißig Kilometern verkaufen die Tankstellen und Landhandel entlang des Weges Fakkeln. Gebraucht werden sie für die Trollkyrkja, die Trollkirche, eine gut siebzig Meter lange Marmorgrotte. Ein Wasserfall stürzt in dem von den Fackeln nur schwach erleuchteten «Kircheninnern» mit Getöse in eine

Art überdimensionale Marmor-schale.

Einige Kilometer südlich der Trollkyrkja zweigt eine Straße Richtung Westen nach **Bud** ab. Die letzte Hochburg der norwegischen Katholiken war im August 1553 Schauplatz eines politischen Dramas. In seinen Anstrengungen, den Protestantismus fernzuhalten, hatte Norwegens letzter Erzbischof Olav Engelbrektsson den norwegischen Reichsrat, Bürger und Bauern in der reichen katholischen Gemeinde Bud versammelt. Der Versuch, die Norweger gegen die dänischen Besetzer und den ketzerischen Protestantismus zu verteidigen, schlug blutig fehl. Die Erinnerung an reiche Zeiten und der Blick auf eine schmucke Insel sind den Bewohnern der Küstenstadt geblieben. Bjørnsund war noch in den fünfziger Jahren eine blühende Insel mit betuchten Fischersleuten, die ihre Netze nur vor der Haustür ins Wasser zu lassen und auf die Heringsschwärme zu warten brauchten. Inzwischen ist daraus ein Ferienort für Norweger und einige Sommergäste aus dem Ausland geworden. Man braucht nicht nach Nordnorwegen zu fahren, um norwegisches Fischermilieu als feriengerechtes Erlebnis serviert zu bekommen. Wie auf den Lofoten, vermieten die Bjørnsunder ihre leerstehenden Wohnhäuser, Bootshäuser, Boote und Angelgeräte an Besucher.

Von Bud geht es weiter auf Schleichwegen an der Küste entlang zum **Atlanterhavsveien**, der parallel zu einer der berüchtigtsten Fahrrinnen der norwegischen Küste gebaut wurde, der Hustadvika, die schon so manchen Steuermann zur Verzweiflung oder ums Leben gebracht hat. Der Meeresgrund soll von Schiffswracks bedeckt sein. Mit festem Boden unter den Füßen bietet sich ein unvergleichlicher Blick in die Schärenlandschaft − nirgendwo sonst kommt man im Westen Norwegens dem Meer so nah. Mit unzähligen Holmen und Schären als Unterlage durften die Straßenbauer hier ihr ganzes Können zeigen, als sie die rund acht Kilometer lange Küstenstrecke zwischen dem Festland und der Insel Averøy anlegten. Wer weder bergwandern, baden, fotografieren, fischen noch tauchen möchte, kann den Atlanterhavsveien wieder verlassen. Für alle anderen gilt: Dieser Küstenstreifen soll die schönsten Unterwassererlebnisse Nordeuropas bereithalten. Die Einwohner scheuen nicht davor zurück, den Campern das klare und extrem salzige Wasser zum Kochen von Kartoffeln oder Fischen zu empfehlen. Wer andere Abenteuer sucht, sollte einen Tag mit steifem Nordwest abwarten und auf den 670 Meter hohen Stemhesten klettern. Schon bei Windstärke sechs läßt Hustadvika nicht nur die Hosen flattern.

Kleiner, doch wesentlich älter und für die Fischerei im Nordmeer bedeutender als Molde ist die Stadt **Kristiansund**, nördlicher Endpunkt des Westlandes. In vielerlei Hinsicht spiegelt auch diese Stadt das Schicksal westnorwegischer Städte wider. Die Fischereiflotte ist in den letzten Jahrzehnten kräftig geschrumpft, doch die Öl- und Gasfunde auf der Haltenbank vor der Küste brachten nur wenig neues Leben auf die Insel, auf der Kristiansund liegt. Landeinwärts, im Rücken der Stadt, bietet fruchtbares Ackerland der Landwirtschaft eine gute Grundlage, doch in der Stadt selbst geht es nur um Fisch und Öl: «Haupt-Service-Base» für die

133

Ein Hauch von Venedig:
die Jugendstilstadt Ålesund

Haltenbank nennt sich Kristiansund seit kurzem, nicht viel für eine Stadt mit 17 000 Einwohnern.

Per Postschiff nach Ålesund
Irgendwann sollte man an der Westküste von jedem anderen Verkehrsmittel umsteigen auf das Schiff, hinaus in die Welt der Schären und Strömungen. Kristiansund ist Anlaufhafen für die Post- und Touristenschiffe der «**Hurtigrute**», die täglich zwischen Bergen im Süden und Kirke-

nes an der russischen Grenze verkehren und dabei nicht weniger als drei Dutzend Häfen anlaufen.

Eine wacklige Gangway führt hinauf zur zigfach übermalten Reling. In den Salons schmücken Malereien mit Fischern, Vogelleben und Finnmarkshandel die Wände. In der frühen Morgendämmerung geht die ruhige Fahrt unter Möwengeschrei zurück nach Molde, an den Riffs von Hustadvik und an Bud vorbei. Hinter Molde erscheinen wieder die Alpen von

Sunnmøre, diesmal von der See aus zu bestaunen. Von Kristiansund und Ålesund dauert die Fahrt fünf Stunden, was im Sommer viel zu kurz erscheint, in einem Wintersturm allerdings eine Ewigkeit ist.

Die Sunnmøringer, insbesondere die Städter aus Ålesund, mögen es nicht, wenn man sie die Schotten Norwegens nennt. Sie vermuten dahinter nichts anderes als Neid. Tatsächlich haben es die Einwohner der «heimlichen» Hauptstadt von **Møre og Romsdal** – Molde ist nur halb so groß – schon immer besser als alle anderen verstanden, die Reichtümer des Meeres und des Bodens auszunutzen. Ihre Entstehung hat Ålesund den Hanseaten zu verdanken, die in der Nähe einen Marktplatz unterhielten. Erst 1848 bekam der Ort die Stadtrechte verliehen.

Ålesund ist eine Hafenstadt, in der es endlich auch nach Fisch riecht. Trawler liegen im Hafen, der frische Fang wird von den Booten in die Einkaufstaschen der Hausfrauen hochgereicht. Mittlerweile blühen in Ålesund zwar auch andere Geschäfte, aber ihre hochmoderne Fischerei-Armada hat diese Stadt wohlhabend gemacht. Als vor der eigenen Haustür der Hering ausblieb, vergrößerten und verbesserten die Ålesunder ihre Flotte und fuhren bis nach Grönland und in die Barentssee. Auf den Ålesunder Trawlern arbeiten heute nicht mehr als 500 Mann Besatzung. Doch für das, was sie anlanden, braucht es zehnmal so viele Arbeitskräfte: in den Kühlhallen, in den Filetierungs- und Tranfabriken, in den Räuchereien und den Konservenfabriken. Einst lag hier auch die größte Walfangflotte Norwegens, und auch der Robbenfang wurde

in großem Stil betrieben, bis auch der verboten wurde. Bei den Fischern anderer Landstriche, besonders in Nordnorwegen, sind die Sunnmøringer verschrien, weil sie immer dort auftauchen, wo gerade Saison ist.

Ålesund macht nicht nur einen sehr geschäftigen Eindruck, es entbehrt auch nicht einer gewissen Elegance. Dazu tragen die Jugendstilhäuser am Hafen bei, gebaut nach dem großen Stadtbrand 1904. Als in anderen Städten noch kräftig abgerissen wurde, hat man sie restauriert und im Inneren zu «butikker» gemacht.

Auf der Insel **Hareid** kann man vom Strom der sommerlichen Wohnmobilkaravanen ungestört die besondere Atmosphäre des Küstenlebens genießen. Das Innere der Insel offenbart eine überraschend grüne Ebene mit einem von Fichten umsäumten See, dem Snipsøyrvatnet, in dem es von Forellen wimmeln soll. Über einige Brücken führt der Weg weiter hinaus in die Nordsee auf die kleine Insel Runde. Hier ist es plötzlich vorbei mit der Ruhe: Hunderttausende von Seevögeln haben in dem 300 Meter aus dem Meer herausragenden Fjellmassiv ihre Brutplätze. Die örtlichen Vogelschützer haben dafür gesorgt, daß die Vögel – unter ihnen die vom Aussterben bedrohten Lundevögel und Kormorane – nicht nur in der Brutzeit ihre Ruhe haben. Markierte Wanderwege halten die Besucher von der empfindlichen Fauna der Insel fern.

Fundort des Nynorsk

Die beiden Orte **Ørsta** und **Volda** gelten als Zentren der Nynorsk-Kultur, als Geburtsort eines Sprachbewußtseins, das im Osten des Landes und besonders in Oslo eher belächelt wird. Hier wird

Denkmal für die Fischerei, die für Ålesunds Wohlstand sorgte

Treffpunkt der Kreuzfahrtschiffe: im Geirangerfjord. Die kleinen Fjordgemeinden leben während der Sommermonate vom Tourismus

kompromißlos und in der Aussprache so rein und klar wie nirgendwo sonst Nynorsk gesprochen. Aus Volda stammte Ivar Aasen, der Mann, der Mitte des 19. Jahrhunderts dieses «eigentliche» Norwegisch ausarbeitete. Schon zu dieser Zeit waren Ørsta und Volda Zentren einer bäuerlichen Kultur, die nicht, wie die Bürger Christianias meinten, rückständig war, sondern in der Wissen und Bildung hohes Ansehen genossen. Sivert Aarflot beispielsweise war ein Mann, der sein Leben der Aufklärung widmete. 1809 gründete er die erste Druckerei Norwegens außerhalb der großen Städte. Im Aarflot-Museum, einem Bauernhof etwas außerhalb des Zentrums von Volda, können Besucher Beweise der enormen Arbeit besichtigen, die Aarflot für die Bildung der westnorwegischen Bevölkerung leistete. Daß Volda heute ein Hochschulzentrum mit etwa 1800 Studenten ist – in der ganzen Gemeinde leben nur knapp 8000 Menschen –, ist nicht zuletzt auf Aarflots Einsatz zurückzuführen.

Von Ørsta führt eine tolle Strecke ins Landesinnere. Weil die Straße 655 nicht gut ausgebaut ist, trifft man auch im Sommer nur wenige Touristen. Bei Rekkedal ist man mittendrin in der Alpenwelt von Sunnmøre. Das Meer und der

gerade überquerte Fjord scheinen plötzlich weit weg. In den Flüssen, die wir vom Aussichtspunkt bei Rekkedal sehen können, stehen im Sommer die von ihrer Nordmeerwanderung noch müden Lachse. Der **Hjørundfjord**, der bald danach auftaucht, ist einer der imposantesten Fjorde. Seine Schönheit wird noch nicht von den weißen Kreuzfahrtschiffen gestört. Links und rechts ragen Gipfel bis zu 1560 Meter empor. Versteckt in den steil abfallenden Fjordhängen liegen Bauernhöfe, die noch bis in die sechziger Jahre bewirtschaftet waren und jetzt von einer freiwilligen Interessengemeinschaft in Schuß gehalten werden. 1905 staute eine riesige Steinlawine einen der unzähligen Flüsse auf. Ein Hof mußte dran glauben. In dem klaren Wasser des Sees kann man ihn sich genauer ansehen. Die Kirche von Sæbø ist wunderschön, und der Bondalselv gehört zu den reichen Lachs- und Forellenflüssen Westnorwegens. Wer die Fjordhöfe näher in Augenschein nehmen möchte, kann im Ort ein kleines Motorboot mieten und dabei auch einen weiteren Beweis für die kulturgeschichtliche Bedeutung dieser Gegend kennenlernen. Im Inneren des Fjords liegt Bjørkedalen, wo Handwerker nach uralten Vorlagen Wikingerboote bauen. Es gehört ein wenig Glück dazu, die Wassertaufe eines neuen Bootes mitzuerleben. Für die Beteiligten und die Leute aus der Gegend ist dieses Ereignis immer ein großes Fest wert.

Postkartenfjord Geiranger

Auf der anderen Seite des Fjords liegt **Leknes**, von dort geht es durch ein Eldorado-Tal für Bergsteiger nach Hellesylt, einem jener Fjordorte, in dem die Einwohner zehn Monate drauf warten, daß im Sommer die Touristenkreuzer vorbeikommen und ein bißchen Leben in die Gemeinde bringen. Und sie kommen, das ist sicher, auf dem Weg zum **Geirangerfjord**, dem Fjord aller Fjorde, der sich hier tief in die Landschaft schneidet. 30 000 Kreuzfahrpassagiere fahren jährlich in der Sommersaison in diesen Postkartenfjord hinein.

Auch unser Ausflugsboot ist bis zum Deck gefüllt mit Franzosen, Engländern und Amerikanern. Alle sind gekommen, «to find the scenery», um das Unberührte zu finden. Langsam schiebt sich das Boot unter den schnarrenden Lautsprecher-Erklärungen des Gruppenleiters an schwindelerregenden Hängen und Wasserfällen vorbei, die sich selbstmörderisch in das grüne Wasser stürzen. «Geiranger braucht keinen Pfarrer, weil hier die Natur selbst Gottes Sprache spricht», sagte der Dichter Bjørnson.

Der Geirangerfjord hat keine Ufer. Es geht gleich himmelwärts. Als das Boot an den Wasserfällen **Dei syv systrene** (Die sieben Schwestern) vorbeikommt, werden Einödhöfe sichtbar. Ein Blick durch den Feldstecher zeigt, daß die meisten verfallen sind, manche aber auch frisch gestrichen – sie werden von Sommergästen ge-

nutzt. Die letzten Einödbauern verließen ihre Höfe Anfang der siebziger Jahre.

Hans Magnus Enzensberger erzählt in seinem Norwegen-Report die Geschichte von der alten Bäuerin Anna aus Sunnmøre, die zeit ihres langen Lebens eine Leiter hinunterklettern mußte, um über den Hang zum Bootshaus zu gelangen. Die höher gelegenen Höfe waren im Winter sogar nur über den Berg zu erreichen. Die Leute lebten von der Schafzucht, vom Lachsfang, vom Käse und der Korbflechterei. In einem Essay über die Landwirtschaft in Norwegen schrieb der Schriftsteller Sigurd Hoel 1948 über diese immer wieder zu entdeckenden Einödhöfe: «Wer möchte glauben, daß da oben Menschen wohnen? Aber so ist es. Hier und da ein paar grüne Flecken in der Fjellwand. Sie liegen fast senkrecht, man glaubt nicht, daß sich andere als Fliegen dort festhalten können. Und wie Fliegen sehen auch die aus, die dort oben herumkriechen. Aber es sind Menschen. Und so unglaublich es sich anhört: Sie fühlen sich wohl dort oben. Jedenfalls würden sie sich andernorts unwohl fühlen. Sie müssen ihre Kinder anbinden, damit sie nicht abstürzen; sie müssen das Heu lange Wege von den entlegenen Wiesen herauftragen. Oft auf Pfaden, die keine richtigen sind, immer entlang am Abgrundes. Waren müssen sie hoch oder runter auf dem Rücken oder mit dem Flaschenzug befördern. Und wenn die Beine steif werden, so mit achtzig, neunzig Jahren, können sie nicht länger zum Dorf und müssen ihren Lebensabend dort oben in diesem schrägen Fach verbringen. Der Sarg wird gleich vor Ort gezimmert und dann mit dem Flaschenzug hinuntergelassen. Rationelle Landwirtschaft? So kann man das kaum nennen, international gesehen.»

Am Ende des Geirangerfjordes tauchen ein paar Häuser auf. Ein weißes Kreuzfahrtschiff hat bereits vor Geiranger-Ort gehalten. Direkt zum Wasser hin befindet sich eine Tankstelle, dahinter drei Betonhotels. Es gibt noch drei Campingplätze und 200 Campinghütten. Der Souvenirladen bietet meterweise Strickjacken mit Norwegermuster an. Ständig kommen Busse die Serpentinen hinunter gefahren. Früher wurden die Gäste von hübschen Mädchen in Trachten willkommen geheißen. Das ist heute nicht immer möglich, weil alle jungen Mädchen in die Stadt gezogen sind. Die 250 verbliebenen Menschen Geirangers leben vom Tourismus. Die Winter- und Herbstmonate verbringen sie damit, die Sommersaison vorzubereiten; manchmal können sie auch die Tagung des Fischzüchterverbandes oder der Sunnmørischen Apothekenvereinigung mit billigen Wochenendangeboten herlocken. Die meisten der Cruise-Touristen wollen nur schnell auf den 1500 Meter hohen Dalsnibba, um das in jeder Broschüre gedruckte Bild vom Fjord fürs eigene Fotoalbum zu knipsen. Doch leider schiebt sich oft, wenn sie oben angekommen sind, eine Wolkenwand ins Motiv, und sie müssen mit einer Postkarte vorlieb nehmen.

Hinter dem Bibelgürtel

Zurück an den Anfang des Postkartenfjordes, nach Hellesylt, und dann weiter nach Süden bis zum Hornindalsvatn, dem mit 514 Metern tiefsten Binnensee Norwegens. Tunnels, kurvenreiches Fahren, Steigungen und Abfahrten.

Hier bestimmt eine intakte Landwirtschaft das Bild. Die Höfe liegen weit verstreut, dazwischen viel Acker- und Weideflächen. Die grasenden Kühe erinnern daran, daß in dieser Provinz genausoviel Milch produziert wird wie in dem «klassischen» Agrargebiet Østfold. Die Nähe zum Meer und die schützenden Gebirge im Rücken schaffen ideale Voraussetzungen für einen guten Ertrag.

Wir sind am Rande des «Bibelgürtels» angekommen, der Grenze zum Bezirk Sogn und Fjordane. Verschlossene Gottesfurcht – die Christliche Volkspartei erreicht hier seit Jahren um die vierzehn Prozent Stimmen –, sture EU-Feindschaft und das bescheidene Vergnügen am Bingo-Spiel prägen Mentalität und Leben der Einwohner. Sie hatten nie Besuch von Handelsschiffen aus fernen Ländern, versuchten nie, wie ihre Nachbarn in Sunnmøre, mehr zu werden, als sie sind. Dafür pflegen sie mancherlei Aberglauben, wie den, daß man Äcker, in denen Findlinge gefunden wurden, nur zu einer bestimmten Tageszeit pflügen darf. Daß im Sommer Fremde auf ihren schlecht ausgebauten Wegen fahren, akzeptieren sie. Die Besucher sind willkommen, sich die schöne Umgebung anzusehen – sofern sie danach weiterreisen. Wenn die Ernte eingebracht ist und die Abende länger werden, treffen sich die «Sogninger» gern zum Bingo im Gemeindehaus – in Westnorwegen neben dem Lesen von Büchern und der Handwerkerei eine Art Volkssport, bei dem auch mal der eine oder andere Traktor den Besitzer wechselt. Gut ins Bild paßt, daß es bis 1990 für die rund 100 000 Einwohner von Sogn og Fjordane kein einziges «Vinmonopol» gab. Den traditionsreichen nachbarschaftlichen Handel mit «hjemmebrent», dem Selbstgebrannten (Kurzformel: HB), lassen sich die Leute allerdings durch die legale Einkaufsmöglichkeit nicht nehmen.

Am Hornindalsvatn geht es wieder Richtung Küste. In Nordfjordeid liegen das einzige für Besucher offene Gestüt für Fjordpferde und der älteste Exerzierplatz Norwegens, der wahrscheinlich 1628, im Gründungsjahr der norwegischen Heimatwehr, erstmals benutzt worden ist. Das örtliche Heeresmuseum bietet einen Überblick über die kleine norwegische Waffengeschichte von der Wikingerzeit bis zur Zeit der deutschen Besatzung.

Lachse hinter Gittern

Die knapp sechzig Kilometer am Nordfjord entlang nach Måløy führen an zahlreichen Fischfarmen und ihren Aufzuchtreusen vorbei – ein alltägliches Bild im Westen. Was so harmlos «Aquakultur» genannt wird, ist eine große Industrie und für viele Menschen an der Küste Haupterwerbsquelle. Der «König der Fische», der Lachs, wird in Stellnetzen gehalten, auf engstem Raum zusammengepfercht und vollgestopft mit Karotin, damit das Fleisch trotz Durchblutungsmangels so rosa ist wie bei einem Wildlachs.

Der Versuch mit dem Aufzuchtlachs war für die Norweger neben dem Öl das zweite Wirtschaftswunder der letzten beiden Jahrzehnte. 1970 gab es ganze vierzig Züchter mit einem Ertrag von 500 Tonnen. Zehn Jahre später waren es 7000 Tonnen und 1996 fast 250000 Tonnen Zucht-Forellen und Lachs aus rund 1500 Farmen. Längst ist dieser Fisch der größte Exportschlager des Landes nach

dem Öl geworden. Das Wachstum dieser Branche war scheinbar grenzenlos, bis der politische Druck aus Oslo und der EU so groß wurde, daß die Züchterverbände selbst die Notbremse zogen. Genehmigungen für neue Farmen werden nicht mehr erteilt, wodurch die Zahl der Fische pro Netz deutlich reduziert werden konnte.

Computergesteuerte Maschinen spucken im Minutentakt vitamin- und mineralstoffreiche Trockennahrung in die Käfige. Schon nach gut zwei Jahren sind die Fische mit drei und mehr Kilo schlachtreif für die deutsche Kühltruhe. Selbst Kritiker räumen ein, daß das «Hähnchen der neunziger Jahre» eine höhere Qualität als noch vor zehn Jahren hat.

Die 1275 Meter lange Brücke zu der Insel Vågsøy mit dem Hafen Måløy besitzt unter allen Brücken der norwegischen Küste eine Konstruktionspanne besonderer Art. Kommt der Wind aus einer bestimmten Richtung, «singt» diese Brücke ein eingestrichenes C und raubt den Anwohnern den Schlaf. In **Måløy** stapeln sich aus Platzmangel die windschiefen Häuser terrassenartig übereinander. Vom Hafen aus wird der Zuchtfisch verschifft. Eine andere Erwerbsnische ist die Annahme und Veredlung von Dornhai. An der Nordwestspitze der Insel liegt Kråkenes, wo es bestimmt nie windstill ist. Vier restaurierte Mühlhäuser zeugen davon, daß die Menschen es früher verstanden, diesen Umstand für sich zu nutzen.

Einen noch besseren Einblick in vergangene Zeiten bekommt man, wenn man den alten Handelsplatz aus dem 18. Jahrhundert in **Vågsberget** westlich von Måløy besucht. Das Haupthaus aus dem frühen 19. Jahrhundert mit seinen sechs Wirtschaftshäusern ist heute ein Museum. Wer das Leben der Sogninger einmal hautnah erleben will, hat auf dieser Insel zwei Möglichkeiten: Entweder er heuert für einen Tag auf einem der kleineren Fischereiboote an oder er mietet im Sportgeschäft von Måløy eine der zwanzig «Meeresstuben» (havstover), die vor mehreren Jahrhunderten von den Bauern in Torskangerpoll errichtet wurden, um während der Winterfischerei ein Dach über dem Kopf zu haben. Die Einrichtung ist spartanisch, das Wohnerlebnis dafür von besonderer Art.

Küste des Schreckens

Das Nordkap kennt jeder, das Westkap auf der Halbinsel Stadlandet kaum jemand. Auch für die meisten Norweger ist **Stad** nur ein Name aus dem täglichen Wetterbericht, und für die Küstenschiffer Grund für ein bißchen Gänsehaut. Was sich draußen auf dem Meer abspielt – der Kampf zwischen drei Strömungen und verschiedenen Windrichtungen –, läßt sich von dem fast 500 Meter hohen Kjerringa-Plateau beobachten. Bei Sturm schlägt die Gischt fast bis zum Aussichtspunkt. Umgeben von Festungen, die die deutsche Wehrmacht zurückließ, sieht man die Alpen von Sunnmøre, den Ålfot-Gletscher und die Fjorde, die sich ins Landesinnere zwingen. Sie scheinen genauso nah wie der Tanz der Strömungen, der sich auf der Oberfläche der Nordsee zeigt. Unterhalb dieses Felsens, der das Festland wie eine Faust vor den Launen des Meeres schützt, liegt einer der wenigen und zugleich historisch interessantesten Sandstrände zwischen Bergen und Ålesund. Römischer Bronzeschmuck und angelsächsische Silbermün-zen wurden hier gefunden – Nachlaß eines seit Jahrhunderten lebhaften Verkehrs, der an dieser Stelle allerdings viele Opfer forderte. Schon in der Wikingerzeit versuchte man, diese gefährlichste aller norwegischen Seepassagen zu umgehen. Noch vor siebzig Jahren wurden kleinere Schiffe bei Dragseidet über Land gezogen.

Fünfzehn Minuten Bootsfahrt westlich von **Selje** liegt ein interessanter Kulturschatz Norwegens. Auf einer kleinen Insel sind die Reste des Klosters Selja aus dem 12. Jahrhundert, besonders der gut erhaltene Klosterturm, zu sehen. Hier lag Westnorwegens Bischofssitz. Die einzige Heilige Norwegens, die Schutzheilige Sunniva, soll einem lateinischen Bericht zufolge hier gestorben sein.

Die Straßen an der Küste entlang nach Süden sind schmal, schwierig und wegen einiger Fähren sehr teuer. Florø, ein Nest mit knapp 10 000 Einwohnern, war von Planern in Oslo einmal dazu auserkoren worden, in den neunziger Jahren das Zentrum für neue Ölaktivitäten in der Nordsee zu sein. Tatsächlich werden von hier aus einige Ölplattformen mit Maschinen, Ersatzteilen und anderem versorgt. Der Charakter des Ortes hat sich dadurch allerdings kaum geändert.

In **Førde**, der nächsten Etappe an der Straße 5, sieht es aus wie in Florø oder in den meisten anderen Orten in Sogn og Fjordane mit mehr als 2000 Einwohnern. Aber irgendwie ist Førde die Quintessenz verkorkster Stadtplanung: Tankstelle – Supermarkt – Kaufhaus – Sportladen – Bürohaus – Stadtverwaltung – Burger-Fritten-Buden – Busstation mit vierspurigen Straßen im Avenue-Quadrat zwischendrin. Die Disco heißt «Cherie – for you and me», der

Wasser, Berg und Fjell: Morgenstimmung in Jotunheimen

Schuhladen «Zik Zak», die Boutique «Jet Zet – the best of choice». Wenn der «Fun Pub» aufmacht, hat der Rest der Stadt geschlossen. Ab 17 Uhr liegen die Straßen in Førde öde da. Die riesigen Parkflächen, Plätze und Kreisverkehrsstraßen erscheinen wie eine Asphaltprärie. Wie immer sind es nur ein paar knatternde Mopeds und metallic lackierte Ami-Autos, die sich in diese Ödnis hinauswagen. Das gleiche Bild in Sogndal, Stryn oder Måløy.

Höhen und Tiefen

Besser weiter landeinwärts. **Moskog** ist eine dieser Kreuzungen mit «turistsenter», die den Reisenden zu einer Entscheidung zwingen. Links ab geht es am Jølstravatnet vorbei zum westlichen Rand des Jostedalsgletschers. Mit 1150 Quadratkilometern ist er der größte Gletscher des Landes, seine eisblauen Zungen lecken überall im nordöstlichen Sogn in die Täler hinein. Erst vor 12000 Jahren zogen sich die Gletscher in die Höhenlagen der skandinavischen Gebirgszüge zurück. In den Millionen Jahren zuvor hatten die Eismassen mit den Gesteinstrümmern, die sie mitführten, die Landschaft wie mit einer Raspel bearbeitet. So erhielten die Täler im inneren Norwegens ihre trogförmige Gestalt. Dort, wo der Druck des herabgleitenden Eises besonders hoch war, schliffen die

Gletscher die Täler mit ungeheurer Macht bis unter das Meeresniveau ab. Nach Abschmelzen des Eises füllten sich die Täler mit Wasser des Nordatlantiks – die Fjordküste war entstanden. Die enorme Tiefe der Fjorde erinnert an die Arbeit der Gletscher: der Sognefjord erreicht beachtliche 1300 Meter.

Auf der wenig befahrenen Südseite des 24 Kilometer langen Jølstravatnet liegt **Astruptunet**: drei Bauernhäuser, die der Maler Nikolai Astrup um die Jahrhundertwende hier errichtet hat. Seine Bilder und Holzschnitzereien, dazu seine Leidenschaft für die bäuerliche Architektur machten ihn über Norwegen hinaus berühmt. Teile seines Werkes können besichtigt werden. Auch «Astrups sieben Schwestern» bekommt man hier zu sehen: eine siebenstämmige Birke.

Die Alternative ist, in Moskog rechts auf die Gaula fjellsveien abzubiegen. Ziegen sitzen stoisch auf der Straße, dann kommt dichter Nadelwald, der langsam spärlicher wird. Auf dem Aussichtsplateau Utsikten öffnet sich der Blick auf ein Tal, das wie ein riesiges grünes Auge leuchtet. Im Norden schimmern blaugrau die Gletscherzungen des Jostedalsbreen, im Osten scheint der 1547 Meter hohe Melsniba zum Greifen nahe, und irgendwo da unten liegt einer der unzähligen Arme des Sogne-

145

Kein Land für Leichtsinnige:
geführte Gletschertour in
Jotunheimen

fjords, des längsten und tiefsten Einschnitts des Landes.

Von Utsikten bis Mel sind es nur wenige Kilometer. Neun Haarnadelkurven reduzieren die Steigung auf angenehme sieben Prozent. Verlassene Almhütten links und rechts der Serpentinen. Von Torsnesstøl im Gebirge nach Torsnes unten am Fjord führt noch heute ein Wanderweg, den 1706 Bauernführer Hugleik Tungøen mit tausend Weggefährten ging, um in Christiania eine Erklärung gegen die hohen Steuern abzuliefern. Nicht weit von hier geriet er in einen Schneesturm und erfror. Ein Gedenkstein erinnert an seinen Tod.

In Balestrand oder Dragsvik endet diese Reise durch die Höhen und Tiefen schließlich wieder an einem Fjord: dem **Sognefjord**. Die Einfahrt in diesen 200 Kilometer langen und 60 Millionen Jahre alten Schlund ist ein schwer beschreibbares Erlebnis. Vom Wasser aus ist die Sonne am Nachmittag nur an der Helligkeit hoch über der steil aufragenden Felsenwelt zu erahnen. Die Höfe und Häuser, die sich auf dem grünen Uferstreifen verteilen, liegen auch an langen Sommertagen in den dunklen Riesenschatten der Berge, die an den Spitzen ganzjährig weiß gepudert sind. Dank des milden Golfstromklimas säumen dennoch blühende Apfel- und Aprikosenbäume das Ufer.

Hinter dem Örtchen Leikanger verästelt sich der Sognefjord in viele Nebenarme. Nach Süden zweigt der schmale Aurlandsfjord ab. Die Fahrt endet in dem Flecken Aurland. Von dort geht noch eine weitere Fähre bis zum «deadpoint» **Flåm**. Hier ist die Endstation der Flåmbahn, die sich vom Ufer des Aurlandfjordes in einer einstündigen Fahrt auf 867 Meter zum Bahnhof Myrdal hinaufquält, vorbei am tosenden Kjosfoss-Wasserfall. Von Myrdal hat man dann Anschluß nach Voss und Bergen.

Wenn man nicht auf die Bahn angewiesen ist, sollte am Ende der **Hardangerfjord** nicht vergessen werden (die E 68 führt an seinem nördlichen Ufer entlang). Er hat im Vergleich zu den gewaltigen Fjorden Sogne und Geiranger einen fast schon lieblich erscheinenden Reiz – besonders zur Apfel- und Kirschblütenzeit. Die breiten Ufer sind eine wahre Pracht. Wenn in der Gegend um den Hardangerfjord zum Tanz aufgespielt wird, steht die «hardingfel», die Hardangerfidel, eine achtsaitige, kunstvoll verzierte Geige, im Mittelpunkt. Sie ist Symbol der norwegischen Volksmusik schlechthin. Wegen zusätzlicher Resonanzsaiten entstehen beim Streichen die typischen schrägen Dissonanzen. Zu den Rhythmen des «spelmann» drehen sich die Tänzer wie bei der Polka in Zweierreihen im Kreis. Im Hallingdal springen die Männer dazu im Takt in die Luft, schlagen sich auf die Unterschenkel oder versuchen, mit einem Riesensatz einen Hut von einem Stock zu kicken, den ein Mädchen in die Luft hält. In den Augen der norwegischen Kirche war dieses Vergnügen im 19. Jahrhunderts war dieses Vergnügen lasterhaft, ja sogar die Ursache für die Armut der Bauern. Der Beruf des Spielmannes galt als unehrenhaft.

AM SCHÖNSTEN OHNE REGEN
BERGEN

Nirgendwo hört es so oft zu regnen auf wie in Bergen! Immerhin nehmen die Bergener ihr Schicksal, in der regenreichsten Stadt Europas zu wohnen, mit Humor. Denn sie sind überzeugt: Im Vergleich zu Oslo sei Bergen bei jedem Wetter die schönere und vor allem die ältere Stadt. Von beidem zeugen besonders das alte Hanseviertel «Bryggen» und die Marienkirche aus dem 12. Jahrhundert. Und bei schönem Wetter mutet der Blumen- und Fischmarkt am alten Hafenbecken fast südländisch an. Die Heimatstadt Edvard Griegs bietet im Mai das größte Musik- und Theaterfestival des Nordens; während des übrigen Jahres sorgen die 8000 Studenten für ein lebhaftes Nachtleben. Auch Bergen kann mit seiner Umgebung prahlen: Gebirge, Inseln, Stabkirchen. Eine Seilbahn bringt den Besucher bequem auf die umliegenden Bergrücken.

Von irgendwoher dringt Trommelwirbel herüber. Gibt es doch Militäraufmärsche in diesem Land? Dann biegen die Trommler um die Ecke: Zehn- bis Fünfzehnjährige in Phantasieuniformen, ein Vereinsbanner vorneweg. Wer nicht trommelt, trägt ein Holzgewehr oder eine Armbrustattrappe. Diese Aufzüge der «bykorps», jugendlicher Spielmannszüge, sind ein Wahrzeichen dieser Stadt. So richtig erklären kann kein Bergener, was der Sinn dieser Aufzüge ist. Vielleicht trommeln die Jungs stellvertretend für alle gegen den Nieselregen an, der ihnen von der Nase tropft.

Will man über Bergen reden, muß man auch über das Wetter reden. Schließlich ist dieses Thema, obwohl sie es eigentlich längst über haben müßten, auch den Bergenern immer noch einen Schwatz wert. Bergen ist die regenreichste Stadt Europas mit bis zu 350 Regentagen und 2000 Millimeter Niederschlägen im Jahr. Trockene Zahlen, die nicht vermitteln können, wie man sich fühlt am Ende eines Frühjahrs, in dem es von März bis Mai jeden Tag

Ein idealer Handelsplatz: Bei dieser
Sicht auf den Stadtfjord Vågen
erkennt man rechts unten das
mittelalterliche Hanseviertel

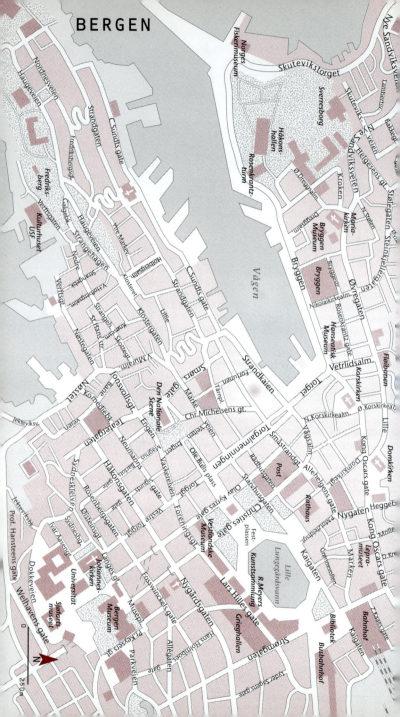

wenigstens einmal geregnet hat. Dann fragt auch die lokalpatriotische Zeitung *Bergens Tidende*: «Sind wir denn dazu verdammt, in der Stadt des Sodom und Gomorrha zu leben?» Das Schicksal wiegt noch schwerer, wenn aus Oslo Woche für Woche Sonnenschein gemeldet wird. Bergener und Osloer können sich ohnehin nicht besonders leiden. Die Westnorweger halten das ältere Bergen für die wahre Hauptstadt – und sind sich sicher, daß sie es auch wären, wenn nicht dieses schlechte Wetter wäre. Daß es über dieser Stadt soviel regnet, liegt am milden Golfstrom und daran, daß es gleich hinter der «Stadt hinter den sieben Bergen» steil bergauf geht. Dort bleiben die Wolken fast immer hängen. Man kann erleben, daß nur dreißig Kilometer landeinwärts eitel Sonnenschein herrscht, während es in Bergen gießt.

Doch nehmen wir an, daß die Sonne scheint und die Sicht klar ist. Dann muß man mit der Seilbahn auf den **Fløien**, einen der sieben Berge, fahren. Schaukelnd werden die Wagen langsam von den Winden auf Schienen den steilen Hang hochgezogen. In 300 Meter Höhe wartet ein Kiosk mit Touristenkitsch und Rentierfellen auf die Besucher, ein ehemaliges Sportlerheim wurde zu einem feinen Restaurant ausgebaut. Von hier aus hat man einen ausgezeichneten Überblick über die Stadt und ihre Umgebung. Man sieht schnell den Unterschied zu Oslo: Nicht am Ende eines Fjordes liegt die Stadt, sondern nah am offenen Meer, geschützt nur durch vorgelagerte Inseln, an denen Hochwasser und Feinde seit jeher nur schwer vorbei kamen. Diesen strategischen Vorteil bekamen zuletzt Hitlers zum Teil na-

gelneue Kriegsschiffe am 9. April 1940 zu spüren. Bevor sie am Kai festmachen konnten, waren sie durch norwegische Geschütze auf den Außeninseln schwer ramponiert worden. Auch an die Rückseite hatten die klugen Stadtgründer vor 500 Jahren gedacht: Landeinwärts durch die Berge gibt es nur einen Paß, die heutige E 68 Richtung Oslo. Bergen gedieh dank solcher Vorteile prächtig im Mittelalter: Es wurde Bischofssitz, und im 13. Jahrhundert ließ sich König Haakon V. dort eine Festung mit der großen **Haakonshalle** bauen, heute eine Art Nationalheiligtum der Norweger. Vom Fløifjellet aus ist die Haakonshalle an der Einfahrt der alten Hafenbucht Vågen gut zu erkennen – eine große Anlage mit viel Grün, umgeben von Mauern und Türmen. Im größten Turm hatte der König seine Kanzlei. In seinem Kern hat dieser Turm im 1560 erbauten Rosenkrantz-Turm überdauert. Die Kammerkonzerte in der steinernen Håkonshalle während des alljährlichen Bergen-Festivals im Mai gehören zu den außergewöhnlichsten Musikerlebnissen, die man in Norwegen bekommen kann.

Das Königshaus hielt enge Verbindung mit Bergen, weil sich die Stadt rasch zum führenden Handelsplatz des Landes entwickelte. Dänische Pilger hatten schon 1191 festgestellt: «Diese Stadt ist die berühmteste im Lande. Sie ist reich und hat an mancherlei Überfluß. An Stockfisch ist soviel da, daß man ihn weder zählen noch messen kann. Schiffe kommen von überall her gesegelt: Isländer, Grönländer, Engländer, Deutsche, Dänen, Gotländer …» Vor allem die Deutschen kamen. Um 1350 setzte sich eine deutsche Kolonie aus Handelsleuten mit

guten Verbindungen zum Hansischen Kontor in der Stadt fest. Mit Unterstützung der norwegischen Könige übernahm die Hanse die Stadt in ihren Bund und verdrängte die norwegischen Kaufleute.

Streifzug durchs Mittelalter
Die Hanse-Kaufleute hatten ihr Quartier am «Tyskebryggen», der Deutschen Brücke, die seit der Befreiung 1945 nur noch **Bryggen** heißt. Geht man von der Håkonshalle stadteinwärts, entdeckt man

Mittelalterliche Bebauung im Hanseviertel Bryggen

die ineinander verschachtelten Handelshöfe. Die ersten Gebäude sind jüngeren Datums, aus der Zeit um die Jahrhundertwende und aus Stein, sie erinnern mit ihren «typischen» Giebeln an Bremer oder Hamburger Bürgerhäuser. Die Frontgeschäfte sind mit Fischrestaurants und Souvenirläden belegt. Auf der Suche nach dem Mittelalter muß man in die Hinterhöfe gehen. Fast hundert Handelshöfe gehörten zum Bergenser Kontor, hier lebten und arbeiteten zeitweise über 2000 Männer (es herrschte das Zölibat), Lehrlinge von Meistern durch ein strenges Ordensreglement getrennt.

Enge Gänge, der Boden aus Holz wie die Wände zu beiden Seiten, manchen Paneelen sieht man das achtbare Alter an, steinharte Eiche mit tiefen Furchen der Zeit. Hinter den Lagerluken, Balustraden und niedrigen Türen residieren heute Architekturbüros und Schmuckläden, doch in einem Nebengang zerren zwei Männer eine Palette mit Fisch aus dem Lagerraum – immer noch wird auf Bryggen der alte Handel getrieben. In dieser hölzernen Enge brachen ständig Feuer aus, zuletzt brannte Bryggen im Jahre 1955. Den «Finnegården» darf man getrost den schönsten Biergarten der Stadt nennen.

Im **Bryggen Museum** am Ende des alten Viertels ist das soziale Leben der mittelalterlichen Bergenser, ihre Arbeit und Freizeit anhand der archäologischen Funde rekonstruiert. Die Forschungen über diese Zeit gehen weiter, und immer wieder stoßen die Archäologen auf Erstaunliches. Ein Londoner Hafenregister aus dem späten Mittelalter verzeichnete von Februar 1303 bis Mai 1304 235 eingelaufene ausländische Schiffe. Davon kamen dreißig aus Norwegen, vor allem aus Bergen; sie brachten Waren, deren Wert mehr als die Hälfte der gesamten Auslandsfracht betrug. Zwar waren die norwegischen Güter sicher von guter Qualität, doch mußten die Norweger auch mit besonders großen Ladungen gekommen sein. Der wendige «Knarr», das hochseetüchtige Schiff der Wikinger, taugte dafür nicht, denn es konnte nur einige Dutzend Tonnen transportieren. Anhand einiger spärlicher Schiffsreste, die bei Ausgrabungen auftauchten, wies ein norwegischer Archäologe nach, daß von der Mitte des 13. Jahrhunderts an auf Bryggen massive Frachtschiffe von mindestens dreißig Meter Länge (die 130 Jahre später gebaute «Bremer Kogge» war 23 Meter lang) und einer Tragfähigkeit von rund 170 Tonnen zu Wasser gelassen worden sind. Das gefundene Kielschwein mit Mastfuß, das im Bryggen Museum zu sehen ist, stammt von einem Prototyp, der noch fast neu im Jahre 1248 einem der großen Stadtbrände zum Opfer fiel. Was von diesem «Superfrachter» übrigblieb, wurde abgewrackt, die Teile verwendete man zur Verstärkung der Hafenanlage, wo man sie Jahrhunderte später wieder ausgrub.

Das Bergenser Hanse-Kontor wurde 1754 aufgelöst, das «Norwegische Kontor» übernahm. Geblieben sind viele deutsch klingende Namen im Bergenser Telefonbuch wie Butenschøn, Winther oder Güthfeldt. Bis ins vorige Jahrhundert hinein wurde in der romanischen Marienkirche, dem ältesten Bauwerk der Stadt, gleich hinter Bryggen deutsch gepredigt. Anläßlich der fünfzigsten Wiederkehr des deutschen Überfalls auf Norwegen feierten deutsche und norwegische Kirchenvertreter an dieser geschichtsträchtigen Stelle einen «Versöhnungsgottesdienst». Der jahrhundertealte Name «Deutsche Brücke» (Tyske Bryggen) wurde aber 1945 für immer getilgt.

Auf und ab durch die Innenstadt

Hinter **Sandviken** erstreckt sich das alte Arbeiterviertel gleichen Namens. Was heute mit seinen engen Wegen und frischgestrichenen Holzhäusern zum Schauen einlädt, war noch bis in die sechziger Jahre das Armenhaus der Stadt. Manche Spuren sind geblieben, die steinernen Mietblocks etwa, die die Holzhäuserreihen unterbrechen, oder der niedrige Mietenspiegel, der verrät, daß hier weiterhin Einkommensschwache und Studenten wohnen.

Von Sandviken wieder stadteinwärts die Øvre gate entlang kann man jederzeit in eine der Seitenstraßen nach links bergan gehen – immer wird man in ein Gewirr steiler Gassen und schmaler Häuserfronten stoßen. Von unten betrachtet wirken die Häuser wie hintereinander gesteckt, manchmal wie auf- und ineinander gesetzt. Blau, weiß und beige die Farben, die Giebel mal zur Gasse hin, mal quer – wie es sich mit dem Fjell am besten arrangieren ließ. Doch was haben die Bewohner eigentlich von ihrem kleinen Gärtchen mit zehn Prozent Gefälle? Manche Hauseingänge sind nur über eine kleine Brücke zu erreichen, weil Hang und Hauswand fast parallel zueinander stehen.

Øvre gate und dann die Lille Øvre gate führen vorbei an zwei alten Kirchen, der Korskirke (Kreuzkirche) aus dem 17. Jahrhundert und dem Dom, erbaut im 12. Jahrhundert, bis die Straße auf die Kong Oscars gate trifft. Dort, kurz vor dem Bahnhof, befindet sich ein kurioses Museum: das **Lepra-Museum** im alten St.-Jørgens-Hospital, ein paar Holzbaracken um einen geräumigen Innenhof. Der Bergenser Arzt Armauer Hansen entdeckte hier an einem späten Februarabend des Jahres 1873 unter seinem Mikroskop den Lepra-Bazillus. Lepra galt damals als schlimmste Epidemie der Menschheit. Auch an der Westküste waren zu jener Zeit drei Prozent der Bevölkerung von dieser entstellenden Krankheit betroffen, die die Seeleute von andern Kontinenten mitgebracht hatten. Hansens Mikroskop, sein Operationsbesteck, die Nachttöpfe unter den Betten der Patienten – alles steht wohlerhalten in den dunklen Räumen dieser ehemaligen Reha-Anstalt für Lepra-Kranke. Die Atmosphäre ist ein wenig schaurig, mit den Gewebeproben in Spiritus und dem modernden Holzgeruch.

Am Stadtteich Lille Lungegårdsvannet – Treffpunkt von Obdachlosen, die dem Alkoholverbot in der Öffentlichkeit mit selbstgefüllten Cola-Flaschen trotzen – führt der Weg vorbei Richtung City. Auf der Haupteinkaufsstraße **Torgalmenning** drängen sich Warenhäuser, Banken, das Hotel Norge und Einzelhandelsgeschäfte dicht an dicht auf kaum mehr als 300 Metern. Dahinter führt die Straße hinunter zu Hafen und **Fischmarkt** am Ende von Vågen. Vor der Kulisse des mächtigen, schneeweißen Dreimasters «Statsraad Lehmkuhl» (der natürlich ein Bergener war) zappelt der Fang des Tages unruhig im engen Bassin vor dem Verkäufer. Oder er liegt schon säuberlich aufgereiht auf dem Tapetentisch. Feine Bergenser Damen, Stammkundinnen immer des gleichen Fischers, möchten das Tier lieber vor ihren Augen geköpft und ausgenommen haben. Längst mogeln sich aber Stände mit plasteverpacktem Lachs unter die Alteingesessenen. Um drei Uhr leert sich der Markt langsam, die Tapetentische werden wieder zusammengeklappt. Ein kleiner Wagen der Stadtreinigung fährt langsam über den Platz und spritzt die Gedärmereste ins Hafenbecken. Kaum ist er weg, rollen die ersten Chevrolets und

Fords im Schrittempo auf den Platz. Die Jugend der Stadt parkt. Kiste Pils im Kofferraum, die Anlage voll aufgedreht, einen Arm lässig aus dem Fenster und die Breitreifen des Nachbarn taxierend – so stehen sie einfach und warten, ob etwas passiert. Meistens passiert nichts außer trinken, ohne daß die Polizei es merkt, und auf dem Rücksitz ein wenig knutschen. Aber weil man nicht mehr erwartet, ist es nicht so schlimm.

Vom Fischmarkt kann man sich auf der anderen Seite des Vågen zu einem Rundgang Richtung **Nordnes** aufmachen, der äußersten Landnase der Innenstadt. Über Strandkaien, auf dem – die Bergenser sprechen mit dem Stolz richtiger Großstädter darüber – gelegentlich Straßenhuren gesichtet werden, und die C. Sundts gate, vorbei an Nykirken und dem alten Zollamt (Tollboden) aus dem 18. Jahrhundert, erreicht man die Nordnes-Spitze, eine weitläufige Parkanlage, in der sich gerne die Verliebten treffen. Mittendrin das **Aquarium**, das man sich ansehen sollte, wenn man der vielfältigen Unterwasserfauna an der Küste nicht selber nachtauchen kann. Auf der anderen Seite ist eine öffentliche Badestelle, was angeblich für die Wasserqualität des Byfjordes spricht. Danach kann man sommerabends noch etwas weiter unten am Ufer in Georger-

Vom Fischfang leben noch viele Einwohner Bergens

nes Verft ein Bier trinken. In der ehemaligen Werft befindet sich heute ein Kulturzentrum. Das Café ragt auf einem breiten Holzkai weit ins Wasser des Fjords hinein.

Auf dem Rückweg über Haugeveien und Klosteret steht unübersehbar die Frauenkämpferin Amalie Skram in entschlossener Denkmal-Pose. Auf dem Klosterplatz treffen sich die Alten. Zwei betagte Bergenser stecken die Köpfe zusammen: schlohweiße Haare unter der obligatorischen Schlägermütze (wahlweise: englischer Segelhut), Popelinemantel und festes Schuhwerk. Neben den Türen der angrenzenden frisch gemalten Holzhäuschen, die den gesamten Stadtteil Nordnes prägen, haben die Bewohner Töpfe mit frischem Heidekraut aufgehängt. Weiter unten auf dem Platz Mennalmindingen steht etwas verloren ein Stadttor aus dem 16. Jahrhundert, das die Autos im Kreisverkehr umfahren.

Die neuen Stadttore von Bergen heißen «Bom-stasjoner», Mautstationen – kleine braune Kassenhäuschen, die sich jedem Autofahrer auf dem Weg in die Innenstadt in den Weg stellen. Wer in die City will, muß fünf Kronen Eintritt berappen. Das hat Wirkung gezeigt: In Bergen verstopfen längst nicht so viele Autos die Straßen wie andernorts. Zusätzlich schrecken die Parkraumnot in

157

der Innenstadt und die saftigen Strafen fürs Falschparken ab. Wie in Oslo wurden die Ausfallstraßen in Tunnels verlegt.

Walföten in Alkohol
Am anderen Ende des Torgalmenning gelangt man nach ein paar hundert Stufen auf den **Sydneshaugen**. Hier verteilen sich die Insitutionen der Universität, mit 8000 Studenten die zweitgrößte des Landes. Ein paar Studenten, den beliebten Lederrucksack auf den Rücken geschnallt, hasten über den Vorplatz der Uni-Bibliothek nach Hause. Das ist meistens ein Zimmer in der «Studentenstadt» Fantoft, fünf Kilometer außerhalb der Stadt. Dort hat die Kommune 3000 Studenten in drei Waschbeton-Kästen gestopft. Die Wohnungsnot unter den Studenten, nicht nur in Bergen, ist groß. Einerseits fehlt es an billigem Wohnraum, andererseits gibt es zwar viele Häuser, aber wenige Wohnungen in den norwegischen Städten. Nach der Ausbildung kauft oder baut man sich ein Haus. Die kleinen Häuser in Bergen geben meist nur enge Ein- bis Drei-Zimmer-Wohnungen ab. Nur in einigen Stadtteilen Oslos gibt es große Mietshäuser, deren Wohnungen auch einer Wohngemeinschaft Platz böten.

Im Lesesaal der Uni-Bibliothek beugen sich die Gesichter tief über die Bücher. Alle müssen jedes Semester ein «Pensum» schaffen, einen bis auf die Seitenzahl genau festgelegten Stoff lesen und nachher in einer Prüfung aufsagen können. Das Studium ist dadurch sehr verschult, Wahlmöglichkeiten bei den Veranstaltungen gibt es kaum.
Im **Botanischen Garten** läßt es sich schön ausspannen, dahinter liegt das «Studentsenter» mit Buchladen, Reisebüro, Sporthalle, Kiosk, Kneipe und Mensa, in der man ein für norwegische Verhältnisse billiges «middag» für 40 Kronen essen kann. Abends lädt hier der Filmklub zu besseren Filmen ein, als der flotte Kinopalast mit acht Sälen in der Stadt bietet. Auf dem Sydneshaugen gibt es noch ein skurriles Museum: das **Naturkunde-Museum**. Nur ab und zu verirren sich ein paar Schulklassen hierher. Es riecht moderig, es ist dunkel und staubig. Ein paar Bergener Rentner sitzen zwischen vergilbten Dinosaurierknochen und Walföten in Alkohol-Aspik und passen auf. Die Fußbodendielen knarren, die ausgestopften Pelztiere sind sichtbar mehrmals geflickt und stehen traurig in alten Holzvitrinen. Dieses Museum hat noch nichts von der gestylten Museumspädagogik mit 3-D-Erlebnisräumen. Ein Besuch hier erinnert eher an den ersten Klassenausflug ins Heimatmuseum.

Griegs Troldhaugen
«Gelehrtheit und die Buchkünste werden in Bergen nicht sonderlich gepflegt, da fast alle Einwohner mit ihren Gedanken dem Handel und der Kaufmannschaft zugewandt sind», schrieb Ludvig Holberg in seiner *Bergens Beskrivelse* von 1737 über seine Heimatstadt. Heute ist es eher umgekehrt: Bergen ist das kulturelle Zentrum des Westens, wirtschaftlich dagegen hat Öl-Stavanger Bergen den Rang abgelaufen.

Seit Holberg hat die Stadt zwei berühmte Söhne gefördert: Henrik Ibsen und Edvard Grieg. Der eine steht hoch aufgerichtet in Bronze vor «Den Nationale Scene», dem Theater, das er ein paar Jahre leitete. Der andere steht, ebenso von Möwen vollgeschissen, auf dem Festplassen. Zumindest an Theater und Musik hat die Stadt zu jeder Zeit allerlei zu bieten. Für das alljährliche Internationale Theater- und Musikfestival wurde im Mai 1978 eigens die **Grieg-Halle** errichtet, ein ansehnlicher Bau mit guter Akustik. Noch reizvoller sind aber die sonntäglichen Matinéen auf **Troldhaugen**, dem Alterssitz Edvard Griegs und seiner Frau Nina, etwa zehn Kilometer vom Zentrum entfernt. Wenn man vor der alten Holzvilla steht, der Garten voller blühendem Rhododendron, das Wasser nur wenige Schritte entfernt, dann kann man sich vorstellen, warum der Komponist einmal an einen Freund die Worte schrieb: «Jeden Tag erscheint mir Troldhaugen schöner. Und dann die wunderbare Arbeitsruhe, die hier herrscht ... Ich wage Dir kaum zu sagen, wie herrlich es hier nun ist. Du kennst ja die stillen, stillen Herbsttage voller Farbenpracht, in ihrem Schoße Ruhe und aber Ruhe ...»

Grieg schätzte seine Vestlendinger, trotz oder gerade wegen ihrer Macken. Eine dieser Macken ist der grenzenlose Stolz der Bergener auf alles und jeden aus dieser Stadt. «Ich komme nicht aus Norwegen, ich komme aus Bergen», heißt es sinnigerweise. Wenn man Bergener ist, kann einem herzlich egal sein, was sonst so in Norwegen und der Welt passiert. Als die baltischen Länder ihre Unabhängigkeit von der Sowjetunion ausriefen, zögerten auch ein paar Bergener Spaßvögel nicht: Sie sagten sich über das örtliche Radio von Oslo los. Mit der Korruption dort wolle man nichts zu tun haben, und sonstige Verbindungen zwischen beiden Städten gebe es auch nicht mehr, da die Bergen-Bahn dauernd im Schnee steckenbleibe. Die Bergenser sind im hanseati-

schen Sinne witziger, schlagfertiger und weniger introvertiert als die übrigen Norweger. Die Østlendinger sagen immer erst «ja vel», bevor sie «nei» sagen. Der Bergenser sagt gleich «nei». Nur der Nordlending nördlich von Bodø ist mit «fae'n» (zum Teufel, Scheiße) noch direkter.

Die Bürger von Bergen fühlen sich als etwas Besseres im Vestland. Die «stril», alle, die in den Fjorden um die Stadt herum wohnen, haben das immer zu spüren bekommen. Wenn die einfachen Bauern und Fischer in Holzschuhen und zerschlissener Kleidung mit ihren Waren in die Stadt kamen, rannten die Kinder hinter ihnen her und riefen Hohn und Spott. Die Bergener pflegten mit den «stril» höchstens als Dienstmägde Umgang. Erst langsam verschwinden die Grenzen: Seit ein paar Jahren wird auch über die Stadtgrenzen hinaus geheiratet, und immer mehr Bergener flüchten aus der wachsenden Stadt hinaus aufs Land.

159

UNBEKANNTE MITTE
TRØNDELAG

Mittelnorwegen liegt dort, wo es eng wird auf der Landkarte. In den Bezirken Nord- und Sørtrøndelag ist die schwedische Grenze nie weit. Gleichzeitig führen alle Wege durch diesen abwechslungsreichen Landstrich, in dem die nördlichsten Freilanderdbeeren der Welt gedeihen. Skifahrer und Wanderer finden in Trøndelag mühelos ihre Naturparks. Eine besondere Sehenswürdigkeit ist die alte Bergbaustadt Røros. Und mittendrin das «Herz Norwegens», das 2000 Jahre alte Trondheim, drittgrößte Stadt des Landes. Modernes High-Tech-Zentrum des Landes und beschauliche Domstadt zugleich mit einer lebhaften Kulturszene und dem besten Fußballverein des Landes.

Kehren wir zurück an den Anfang unserer Vestland-Tour: zur Kreuzung nach Dombås am Ende des Gudbrandsdals. Bei Dombås zweigt die Europastraße 6 nach Norden Richtung Trondheim ab und überquert das **Dovrefjell**. Dieses Gebirgsmassiv gilt den Norwegern als Symbol für die Ewigkeit: «Einig und treu werden wir sein, bis das Dovregebirge einstürzt», gelobten 1814 die Väter

Hüttenfenster im Dovrefjell

der norwegischen Verfassung von Eidsvoll, die noch weitgehend unverändert in Kraft ist. Schließlich ist das Dovregebirge ja auch noch nicht eingestürzt.

Auf dem Dovreplateau zwischen Hjerkinn und Kongsvoll beginnt der Regierungsbezirk Trøndelag, auch das «geographische Herz Norwegens» genannt. Hier erreicht die E 6 mit 1026 Metern ihren höchsten Punkt und bietet bei entsprechendem Wetter eine phantastische Aussicht auf die beiden Zweitausender Snøhetta und Svanåtind. Die «Kongsvold fjellstue» auf dem Dovrefjell, wo einst die königlichen Reisenden auf dem Weg nach Trondheim abstiegen, bietet ein historisches Übernachtungserlebnis. Neu ist hier nur eine Forschungsstation für die heimische Fauna und Flora.

Ein beliebtes und schneesicheres Wintersportgebiet ist die Gemeinde **Oppdal** mit einer Reihe von Skiliften, über fünfzig Kilometer Alpinabfahrten und mehr als 180 Kilometer präparierten Langlaufloipen. Der Wintersportort ist auch im Sommer interessant; unter anderem sind von hier aus längere Bergtouren zu Pferd möglich. In Oppdal zweigt die Reichsstraße 16 ab, die nach Westen Richtung Küste durch das Sunndal nach Sunndalsøra am Tingvollfjord und weiter nach Kristiansund führt.

Norwegen in einer Nußschale
Die beiden Regierungsbezirke Sør-Trøndelag und Nord-Trøndelag, mit Trondheim in der Mitte, sind zusammen gut 41000 Quadratkilometer groß und bieten nahezu das gesamte Spektrum norwegischer Naturlandschaft. Dieser Landesteil, sagen die Einheimischen stolz, sei «hele Norge i et nøtteskall», ganz Norwegen in einer Nußschale: Alpine Gebirge und baumlose Hochplateaus im Süden, inselreiche, zerklüftete Küsten im Westen, dichte Wälder und zahllose klare Flüsse und Seen im Osten und Norden. Rund um den Trondheimfjord, mit 126 Kilometer Länge der drittgrößte Fjord des Reiches, erstreckt sich eines der fruchtbarsten Ackerbaugebiete ganz Norwegens.

Trotz der nördlichen Lage – Nord-Trøndelag liegt auf gleicher Höhe mit Island und Südgrönland – ist die Landwirtschaft, vorwiegend Getreide- und Kartoffelanbau, sehr ertragreich. Sie deckt auch einen großen Teil des norwegischen Obst- und Gemüsebedarfs. Die berühmten trøndischen Freilanderdbeeren, die ungewöhnlich gut schmecken, werden jedes Jahr mit Sehnsucht erwartet. Wenn sie auf den Märkten angeboten werden, ist definitiv Sommer. Daneben sind Milchwirtschaft, Schweinezucht und Forstwirtschaft die überwiegenden Produktionszweige. Heute noch arbeiten über zwanzig Prozent der Trønder in der Land- und Forstwirtschaft, während es im Landesdurchschnitt nur etwa acht Prozent sind.

Trøndelag ist außerdem ein Jagdgebiet: Jedes Jahr müssen hier zahlreiche Elche, Hirsche und Rebhühner ihr Leben lassen, manchmal auch ein Bär, Wolf oder Luchse. Nicht genug, daß in jeder Jagdsaison Tausende von Tieren dem einheimischen Volkssport zum Opfer fallen – jährlich werden in Norwegen ca. 180000 Jagdscheine ausgestellt –, auch ausländische Jagdscheininhaber erhalten gegen Gebühr eine norwegische Lizenz zum Töten. Wohl kaum ein Trost für den Elch, daß sein Abschuß etliche tausend Kronen kostet.

Mittelnorwegen ist außerdem berühmt für seine Lachsgewässer. Der Bestand an Süßwasserfischen in den zahlreichen Flüssen sowie an Seefischen vor der Küste ist ein Dorado für alle, die Spaß daran haben, ihr Mittagessen eigenhändig zu schlachten. Weit gerühmt wird der wilde Lachs der Insel **Hitra** in Sør-Trøndelag. Französische Meisterköche haben sogar schon «Studienfahrten» hierher gemacht. Hitra ist mit 700 Quadratkilometern die größte Insel in Mittelnorwegen. Landwirtschaftlich genutzte Flächen wechseln sich ab mit dicht bewaldeten Hügeln, während die Küste überwiegend felsig ist. Auf der Insel leben erstaunlich viele Hirsche, 2000 Tiere sollen es sein. Die weit ins Meer hinausgeschobene Nachbarinsel **Frøya** dagegen ist flach, geprägt von ausgedehnten Moorgebieten, die man auf gekennzeichneten Wegen durchwandern kann. Die beiden Inseln sind von Tausenden von Schären und Holmen umgeben, auf denen seltene Wasservögel nisten, darunter auch die bedrohten Seeadler. Hitra und Frøya sind von zahlreichen Flüssen und Seen durchzogen; beide zusammen bringen es auf weit über 1000 Binnenseen.

Auch der Trøndelag hat seine Naturreservate. Eines der größten ist der **Borgefjell-Nationalpark**, ein 1065 Quadratkilometer großes Naturschutzgebiet an der Grenze vom Nord-Trøndelag zum Regierungsbezirk Nordland. Hoch über dem Borgefjell-Hochplateau thront der Berg Kvigtind mit 1703 Meter Höhe. Zahlreiche Flüsse und Gewässer locken Scharen von Sportfischern in diese Gegend. Allerdings darf in Norwegen nur angeln, wer eine Lizenz besitzt, und die gepfefferte Gebühr dafür macht den erbeuteten Fisch so teuer wie in der Fischhalle von Trondheim. Luchs und Vielfraß leben im Borgefjell-Nationalpark, und auch Bären und Wölfe wurden gesichtet. Eine botanische Besonderheit ist die «fjelltæreblomst» eine Pflanze, die metallhaltigen Boden bevorzugt und deshalb als Indikator für Erzvorkommen gilt.

Erbe der Menschheit: die Erzstadt Røros

Vielleicht hat die Fjelltæreblomst den Gründern von **Røros** 1644 den Weg gewiesen. Die Erzstadt im südlichen Trøndelag mit 3300 Einwohnern, von Hjerkinn erreichbar über die Reichsstraßen 29 und 30, ist eine Sehenswürdigkeit, die zusammen mit den ägyptischen Pyramiden auf der «World's Heritage List» der UNESCO steht. In der Bergmannsgate, der «Hauptstraße» der Bergarbeitersiedlung, reihen sich mehrere über 250 Jahre alte Häuser aneinander. Hier steht auch ein kleines Museum, in dem die Geschichte von Røros dokumentiert ist. Das älteste Haus der Stadt ist der Aasengård (Aasen-Hof), auf dem in der elften Generation die Nachkommen von Hans Aasen wohnen, der die Erzvorkommen um Røros entdeckt haben soll. Von Fotos und Gemälden her bekannt ist die achteckige Kirche der Bergbaustadt, die 1784 als damals einziges Steingebäude errichtet wurde. Sie trägt das Zunftzeichen der Bergarbeiter an den Turmwänden und ist mit ihrem charakteristischen Äußeren heute das Wahrzeichen der Stadt und eines der Großdenkmäler des Reiches.

Aus den Gruben um Røros wurde das begehrte Kupfererz geschlagen. Seinetwegen wurde die Stadt Ende des 17. Jahrhunderts mehrmals von den Schweden er-

Einsame Loipe durch die Winterlandschaft: der Rondane Nationalpark, ein Paradies für Langläufer

obert und niedergebrannt. Die Förderung von Kupfererz begann 1644 unter anderem durch deutsche Bergarbeiter aus Schwaben und Thüringen und wurde, mit Unterbrechungen, fortgesetzt bis 1977. In diesen 333 Jahren förderten die Bergarbeiter von Røros über 100 000 Tonnen reines Kupfer. Literarisch verewigt wurde der Überlebenskampf der Bergleute von Johan Falkberget. Eindrucksvoll und packend schildert er das Schicksal der Bergleute als Leib-

eigene der Grubenherren. Aus seinem Romanzyklus «Nattens brød» ist der Roman «An-Magritt» auch in Deutschland bekannt. «An-Magritt» wurde mit Liv Ullmann in der Titelrolle verfilmt.

Neben Kupfererz lieferte Røros auch Holzkohle, so lange, bis die Wälder drumherum weiträumig abgeholzt waren. Dieser Kahlschlag verschärfte die klimatischen Bedingungen: In Røros werden im Winter extrem niedrige Temperaturen gemessen. Wegen

der Höhenlage und dem sehr trockenen Klima sind minus vierzig Grad keine Seltenheit.

Historische Stätten: Stiklestad und Austråt

Die Trønder gelten als sehr eigen. Nicht nur wegen ihres urigen Dialektes, auch wegen ihrer Bedächtigkeit und ihres sonderbaren Humors werden sie in Norwegen ein wenig belächelt. An Mut und Selbstbewußtsein hat es ihnen allerdings nie gemangelt. Ihre Dickköpfigkeit hat so manchem Herrscher Probleme bereitet, woran die historischen Stätten Austråt und Stiklestad erinnern. In **Stiklestad** bei Verdalsørn am östlichen Ende des Trondheimsfjords wird zu Ehren König Olavs Haraldsson jedes Jahr am letzten Wochenende im Juli das «Spiel um Olav den Heiligen» aufgeführt. Der Großcousin des «Christenkönigs» Olav Tryggvason wollte den neuen Glauben in seinem Land mit dem Schwert durchsetzen. Den Trøndern mißfiel, daß er das Bistum Nidaros (Trondheim) dem Erzbischof von Bremen unterstellte, eine einheitliche Gesetzgebung erließ und die Verwaltung des Reiches an den Landadel delegierte. Als Knut der Große 1028 aus England kommend im Trøndelag an Land ging, wurde er von den unzufriedenen Landesfürsten umgehend zum König bestimmt. Olav versuchte vergeblich, den abtrünnigen Landesteil wieder unter seine Herrschaft zu bringen, und fiel am 29. Juli 1030 in der Schlacht von Stiklestad. Schon ein Jahr später wurde er heiliggesprochen und wacht seitdem als «perpetuus rex Norvegiae», als ewiger König Norwegens, über der Einheit des Reiches. In einem großen Freilichttheater, das mehr als 6000 Besuchern Platz bietet, stellen rund 300 Mitwirkende den dramatischen Tod des großen Königs so engagiert dar, daß auch Zuschauer, die Norwegisch nicht verstehen, auf ihre Kosten kommen.

An einer beherzten Trønderin hätten sich auch die Dänen beinahe einmal die Zähne ausgebissen. Auf Austråtborg am Eingang des Trondheimsfjord, im äußersten Südwesten der Halbinsel Fosen, lebte im 16. Jahrhundert die

Ruine aus der Zeit der Industrialisierung des Landes: die Bergbaustadt Røros

einflußreiche Frau Ingerd Ottesdatter, der Henrik Ibsen mit seinem historischen Schauspiel *Fru Inger på Østråt* (auf deutschen Bühnen meist als *Frau Inger zu Oestrot* beziehungsweise *Die Herrin auf Oestrot* aufgeführt) ein Denkmal gesetzt hat: Als Dänemark begann, Norwegen zu unterwerfen, leistete die Familie auf Austråt zunächst erbitterten Widerstand. Frau Inger fühlte sich berufen, als «Werkzeug Gottes» der «heiligen Sache» zu dienen und Norwegen zurück in die Souveränität zu führen. Intrigenspiel, Verrat und hinterlistige Täuschung verhinderten jedoch, daß sie als norwegische Jeanne d'Arc in die Geschichte eingehen konnte. Sie wurde 1528 von ihrem einstigen Mitstreiter Olav Engelbrektsson, dem mächtigen Erzbischof von Trondheim, von Austråt vertrieben. Die Burg, eigentlich eher ein Herrenhof, wurde nach einem Brand 1916 im alten Stil wieder aufgebaut. Frau Inger selbst soll in der Kirche von Brekstad begraben sein. Brekstad mit seinen rund 2000 Einwohnern ist Zentrum der Ørland-Gemeinde; hier ist die kürzeste Fährverbindung zur anderen Seite des Trondheimsfjords.

Auf **Austråt** befand sich eines der vielen Kriegsgefangenenlager der Deutschen, in dem hauptsächlich Norweger und jugoslawische Partisanen interniert waren. Die jugoslawischen Widerstandskämpfer wurden von den Nazis hierher zum Straßenbau deportiert, wo sie fernab der Heimat und ihrer Genossen unter der Schinderei und dem ungewohnten Klima leiden sollten. Zum Gedenken an ihr Schicksal kommen Norweger, Kroaten und Serben traditionell zum «Partisanenmarsch» auf Ørland zusammen. Ein weiteres Konzentrationslager befand sich auf der anderen Seite des Trondheimsfjords bei Falstad. In einem nahegelegenen Waldstück wurden 50 Norweger und 150 ausländische Gefangene hingerichtet. Eine Gedenktafel mit den Namen der Ermordeten erinnert noch daran.

Die Halbinsel **Fosen** zwischen Nordsee und Trondheimsfjord ist Naherholungsgebiet für die Trondheimer Bevölkerung. Das Gebiet ist relativ flach und wird

wegen seiner Fruchtbarkeit landwirtschaftlich intensiv genutzt. Interessant ist vor allem die zerfurchte Küstenlinie von Brekstad im Süden bis Namsos im Norden. Allerdings gibt es keine durchgängige Straßenverbindung entlang der Westküste, was aus den Straßenkarten leider nicht immer eindeutig hervorgeht. Schon so mancher ortsunkundige Autofahrer, der von Brekstad über Bjugn und Lysøysund nach Tiltrem kam, hat dort am Strand gestanden und sehnsüchtig auf das gegenüberliegende Selnes geblickt, wohin es keine Fährverbindung gibt. Diese Abgeschiedenheit hat dazu beigetragen, daß die kleinen Ortschaften selbst im Hochsommer ruhig

Der Nidaros-Dom zu Trondheim: das größte romanisch-gotische Bauwerk Skandinaviens

und beschaulich – um nicht zu sagen: verschlafen – geblieben sind.

Die heilige Stadt der Mitte: Trondheim

1997 feierte Trondheim sein tausendjähriges Bestehen. In jenem Jahr kamen mit drei Millionen erstmals mehr Besucher in die Stadt, als an ihr achtlos vorbeifuhren auf dem Weg zum Nordkap. Die *FAZ* schrieb anläßlich dieses Jubliäums: «Wer Neapel ohne Vesuv, Frankfurt ohne Hochhäuser, Paris ohne ‹nouvelle cuisine› und Houston ohne Texas will, der ist in Trondheim richtig.» Trondheim liegt tatsächlich zentral wie Frankfurt, zeigt Vornehmheit wie Paris und High-Tech und For-

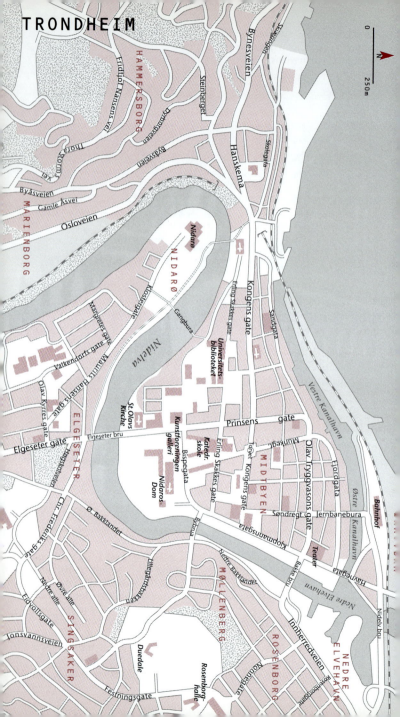

schung wie Houston. Der Bürgermeister prahlt damit, daß Trondheim über «den weltweit höchsten Intelligenzquotienten pro Quadratkilometer» verfüge. Immerhin 25 000 der 145 000 Trondheimer sind Studenten. Mit seiner Technischen Hochschule und dem Forschungs- und Technologiezentrum «Sintef», Skandinaviens größtem Zentrum für wissenschaftliche und industrielle Forschung, gilt Trondheim als unangefochtenes Technologiezentrum des Landes. In der Zeit der Weltwirtschaftskrise der dreißiger und vierziger Jahre hatte Trondheim noch den Ruf als «Nordfriedhof».

Vor der Schauwand an der gotischen Westfassade des **Nidaros-Dom**s, in dem seit seiner Erbauung im 12. Jahrhundert alle norwegischen Könige gekrönt worden sind, hat eine Gruppe Touristen kollektiv die Köpfe in den Nacken gelegt und versucht, unter den 53 Steinfiguren den Gründer der Stadt herauszufinden: Wikingerführer Olav Tryggvason gründete an der Mündung des Nidelselv-Flusses im Jahre 997 einen Handelsplatz. Er machte aus dem «kaupang» die erste Hauptstadt des geeinten Reiches: Nidaros. 33 Jahre später fiel sein Nachfolger Olav Haraldsson in der Schlacht bei Stiklestad durch die Hand von heidnischen Rebellen wider die Christianisierung. Bei Nacht und Nebel wurde er am Flußufer begraben. Als sein Grab wenige Monate später geöffnet wurde, weil Gerüchte besagten, dort trügen sich wunderliche Dinge zu. Olavs Haare und Fingernägel waren gewachsen. Sein Sohn bettete ihn um an die Nidaros-Mündung und ließ ihm zu Ehren eine Kapelle bauen, aus der später Baumeister aus aller Herren Länder das gigantischste romanisch-gotische Bauwerk Skandinaviens machten. Olav wurde heiliggesprochen, und sein erster Grabplatz, an dem plötzlich eine heilversprechende Quelle sprudelte, wurde jahrhundertelang zum Wallfahrtsort für Pilger aus aller Welt. Auch gebrechlichen Portugiesen war der Weg zu «Olav dem Helligen» nicht zu weit.

Im Mittelalter war Trondheim unangefochtenes Zentrum der weltlichen und kirchlichen Macht in Norwegen. Die weltliche Herrschaft wurde durch den Anschluß an Dänemark, die bischöfliche Macht durch die Reformation gebrochen. Dann kam noch der große Stadtbrand von 1681, der Tronthjem zerstörte. Ein luxemburgischer Baumeister namens Casper de Cicignon baute die Stadt nach seinen Plänen wieder auf. Blickt man vom Markt, mit Stadtgründer Olav auf einer Säule als Mittelpunkt, die Munkegate hinauf Richtung Dom, erkennt man den für die Renaissance typischen Stadtgrundriß, mit dem der Fremde dem Zentrum einen für norwegische Städte bis heute einmaligen Stadtplan vermacht hat: großzügig, schachbrettartig angelegt, mit breiten Verbindungsstraßen. Die früheren Bewohner der mittelalterlichen Gassen wurden vertrieben. «Midtbyen» zieht sich zum Ufer des Nidelv hin, der sich durch Trondheim in einer S-Kurve schlängelt. Die langgezogenen, kasernenartigen Holzhäuser, alle sehr alt, gemahnen eher an eine Garnisons- als an eine Residenzstadt. Selbst der Erzbischöfliche Palast aus dem 12. Jahrhundert kann sich «nur» damit rühmen, «Norwegens ältester Profanbau» zu sein, er ist auch aus Holz. Nachdem es mit ihrer Stadt wieder bergauf ging, begannen die

171

Trondheimer Bürger im 18. Jahrhundert, in prachtvollem Rokokostil zu bauen. Besonders aktiv waren die Kammerherrin Cecilie Schøller und ihre Freundinnen, die so manches schmucke Steinhaus erbauen ließen, das heute noch zu bestaunen ist. Darunter auch der **Stiftsgård**, der später Trondheimer Wohnsitz des Königs wurde.

Die alten Speicher auf der anderen Seite des Nidelv beherbergen heute Restaurants und Ingenieur-Kontors. Das ist aber von der Rückseite, vom Wasser oder von der Gamle Bro aus, nicht zu sehen. So ist der Blick von der 300 Jahre alten Ziehbrücke einer der schönsten, die die Stadt zu bieten hat. Die Speicher stehen auf Pfählen im Wasser. Vor einigen sind kleine Boote festgemacht – für den Sonntagsausflug, denn in seinem oberen Lauf soll der Nidelv noch außerordentlich lachsreich sein. Hier unten im Stadtgebiet dürfte das Angeln weniger ertragreich sein, denn bevor er in den Trondheimsfjord tritt, passiert der Nidelv die Werft und Eisenfabrik Rosenborg, nicht nur jahrzehntelang ein Wasserverschmutzer, sondern auch Lohngeber vieler Menschen. Wirtschaftlich spielt Rosenborg keine so wichtige Rolle mehr für Trondheim. Nur sportlich steht dieser Name noch für Erfolg: Seit Anfang der neunziger Jahre steht Rosenborg Trondheim nahezu unangefochten an der Tabellenspitze der norwegischen ersten Fußballiga – gemanagt von dem ehemaligen Bremer Profi Rune Brathset.

Auf der anderen Seite der Gamle Bru beginnt der steil ansteigende Stadtteil **Bakklandet**, der die vertraute alte Holzhausbebauung bietet. «Nei til Atomvåpen» prangt an einem bunt bemalten Tor zu einem wunder-

Die alte Brücke über den Nidelv mit den Speicherhäusern, die heute Ingenieurbüros und Restaurants beherbergen

schönen kleinen Innenhof. Er ist wuchernd grün bepflanzt, zu der oberen Etage des Hauses führt eine enge Wendeltreppe. Auf der Klingel stehen «Marit, Inga Marie, Thorbjørn, Knut, Nick». Bakklandet ist ein altes Arbeiterviertel, das heute von der Studentenszene bewohnt wird. In kleinen Bioläden kann man «vegetarisk» einkaufen, hier haben Naturvernforbundet, amnesty international und Kvinnefronten ihre Büros.

Immer geradeaus und sehr steil nach oben geht es zur Festung **Kristiansten**, ebenfalls von dem fleißigen de Cicignon errichtet und in Resten übriggeblieben. Ein großer Park umschließt die alten Gemäuer, das Gelände der Trondheimer für freie Körperkultur und Hundeauslauf. Hier hat man einen Überblick über die Stadt und ihren Fluß. Weit draußen im Fjord ist **Munkholmen** zu erkennen, eine kleine Insel, die zuerst (um 1000) ein Benediktiner-Kloster beherbergte, später aber als fluchtsicheres Zuchthaus diente. Heute ist es Fluchtziel der Touristen. Halbstündlich gehen dorthin die Ausflugsboote. Man kann dort gut baden, und wenn es zu heiß wird, bietet sich das Café in dem kühlen mittelalterlichen Gemäuer an. Es kann in Trondheim ziemlich warm werden, die Durchschnittstemperatur im Juli liegt mit 16,7 Grad um ein Grad über der von Bergen. Wer es nicht glaubt, sollte auf den Trondheimer Markt gehen und sich die nördlichsten Erdbeeren der Welt schmecken lassen.

JENSEITS DES POLARKREISES
NORDLAND, LOFOTEN, TROMSØ

Jenseits des Polarkreises, im «Land der Mitternachtssonne» und der arktischen Natur, warten auf den Besucher bizarre Inselwelten und das Stadtleben von Tromsø. Auf den Lofoten und Vesteraalen lebt man schon lange nicht mehr vom Fisch allein. Touristen und Künstlerkolonien bevölkern heute die Fischerdörfer entlang der sagenumwobenen Inselkette mit ihren spitzen Zinnen. Tromsø, das «Paris des Nordens», ist dagegen vom Fremdenverkehr noch weitgehend unentdeckt. Dabei ist es in Norwegen kein Geheimnis mehr, daß in der Eismeer-Stadt «das Leben tobt». Im Sommer aber erst nach Mitternacht. Wenn die Sonne nicht mehr so blendet.

Auch für eine Nordlandfahrt eignet sich besonders der Touristendampfer der Hurtiglinie. Hinter Trøndelag enden die hohen Berge erst einmal. Zwischen den Inseln tuckert das Schiff langsam weiter nordwärts. Auch das entlegenste Haus, das an der Küste sichtbar wird, hat eine Wegverbindung zur Außenwelt – eine schmale Unterbrechungslinie in dem kargen Bewuchs deutet darauf hin. Weiße Leuchttürme begleiten die Fahrt. Die See ist rauher, die Passagen durch die Sunde werden bei schlechter Sicht fast unheimlich. Als der großdeutsche Kaiser Wilhelm mit seiner «Hohenzollern» das erste Mal den Stokksund passierte, soll er vor Angst fast durchgedreht sein und versucht haben, dem Lotsen das Steuer aus der Hand zu nehmen. Der Norweger antwortete ruhig: «Hier hilft es nichts, Kaiser zu sein, hier bin ich der Lotse.»

Nördlich des Polarkreises sind die Tage länger und die Regionen dünner besiedelt

Bizarre Felsformationen aus Granit und vulkanischem Gestein: Lofotinsel Moskenesøya

Das Hurtig-Boot dampft mit spielerischer Leichtigkeit durch den Stokksund. Die Volksdichtung wurde von den Höhlen und merkwürdig anzuschauenden Felsformationen kräftig angeregt. Trolle und Riesen erhöhten den Nervenkitzel der passierenden Seeleute und schreckten fremde Siedler ab, sich an diesem Küstenabschnitt niederzulassen.

Vor den roten Häusern ausgebreitete gelbe Rechtecke zeigen an, das die Erde auch hier oben noch gut trägt. Im Bezirk Nordland (38000 Quadratkilometer) arbeitet aber nur noch jeder siebte der 240000 Einwohner in der Landwirtschaft und nur noch jeder vierzehnte im Fischfang. Winterfischerei und Viehzucht taugen heute angesichts der hohen Kosten nur noch für den Nebenerwerb. In der Stadt Mo i Rana wurde nach dem Krieg eine Eisenhütte aus dem Boden gestampft, in Mosjøen schenkte man den Nordlendingern eine Aluminiumfabrik, und Norsk Hydro baute in Glomfjord noch einen Zweigbetrieb. Die Wohltaten der sozialdemokratischen Wirtschaftsplaner in Oslo brachten die ganze Region an den Tropf dieser Schwerindustrie.

Bei der Insel Hestmannøy, einem sagenumwobenen Berg mit

«Hals» und «Hut», werden der Polarkreis überquert und das «Land der Mitternachtssonne» erreicht. Später tauchen die weißen Flanken des Svartisen auf, des zweitgrößten Gletschers des Landes; schneebedeckte Berge rücken wieder näher an die Wasserkante heran. Wenig später erscheint vor dem Hintergrund imposanter Berge die Hauptstadt von Nordland: **Bodø**. Dieser Handelsplatz ist keine 200 Jahre alt, der Flecken lebte mit dem Heringsfang vor sich hin. Bedeutung erwuchs der Stadt aus ihrer verkehrsgünstigen Lage: Von hier gingen und gehen die Schiffe nach Süden und zu den Lofoteninseln. Am 27. Mai 1940 kamen deutsche Bomber und zerstörten drei Viertel der Stadt. Heute landen deutsche Kampfjets als NATO-Freunde auf dem Militärflugplatz bei der Stadt. In Bodø sitzt das NATO-Luftwaffenkommando Nord-Norwegen.

Die Straßen von Bodø vermitteln den Eindruck, die Stadt habe sich von den Kriegszerstörungen bis heute nicht erholt. Die Wirtschaftskrisen der Region, das Auf und Ab im Fischfang, ließen kein Geld für Glitzerpassagen. Immer noch bestimmen die grauen Häuser des Wiederaufbaus das Straßenbild. Es ist eine Stadt der Verwaltungen und Dienstleistungen für die Region: die Krankenkasse, der Baumarkt, der große Hafen, die Distriktsverwaltung.

Bodø liegt nicht sehr geschützt. Sommers wie winters fegt ein scharfer Wind durch die Straßen. Im «Pavilljongen» vor der Fußgängerzone Storgate haben junge Leute bei einem Bier und einem «gryterett» (Eintopf) Schutz gesucht. Hier und da lassen Nickelbrillen vermuten, daß sie von der pädagogischen Hochschule kommen. Das ist Osloer Distriktspolitik: Jede größere Stadt hat eine kleine Fakultät. Aber noch kann man sich in Bodø auch zum Maschinisten oder Funker ausbilden lassen. Zu hören ist der ungeschliffene nordnorwegische Dialekt – kein Singen in der Sprache wie im Süden. Und das, was man sagt, ist viel eher auch das, was man denkt. Die Leute von Bodø oder Tromsø bekommen häufig Probleme im christlichen Südwesten, wo die Menschen zusammenzucken, wenn sie ein kräftiges «fa'n» hören. Die Christliche Volkspartei hat nördlich des Polarkreises fast nichts zu sagen. Auch die Konservativen nicht. Es gibt wohl kaum ein heruntergekommeneres Høyre-Büro als jenes in Bodø, mit den blinden Scheiben und den vergilbten Plakaten in der Auslage.

Auf dem gegenüberliegenden Ufer des Saltfjords, bei dem winzigkleinen Ort Straumsnes, ist ein Naturwunder zu bestaunen: ein Strom, der alle sechs Stunden seine Richtung wechselt. Der Saltstraumen, der stärkste und gefährlichste Ebbe- und Flutstrom, ist nur während einer Stunde innerhalb eines jeden Gezeitenrhythmus für Schiffe passierbar. Der Anblick des ewig wechselnden und rasenden Stromes ist überwältigend.

Der ständige Richtungswechsel wird durch die Lofotinselkette bewirkt, die sich in einem Winkel von 30 Grad vom Land weg 150 Kilometer ins Meer zieht. Sie schließt den Vestfjord ein, in dessen Becken bei Flut riesige Wassermengen strömen und bei Ebbe wieder abfließen. Ein Teil dieser Wassermassen sucht sich dabei seinen Weg durch die engen Sunde zwischen den Inseln, die kleinen Fjorde hinauf ins Landesinnere. In den engen Kanal des Saltstraumen jagen die Wasser hin und her wie durch eine kommunizierende Röhre.

Traurige Lofoten

Die Lofoten sind eine Inselgruppe. Wenn man sich den Lofoten aber von See nähert, erscheinen sie als eine durchgehende Gebirgswand mit spitzen Zinnen. Vulkanisches Gestein und Granit, von den Eismassen in bizarren Formationen hinterlassen, machten die Lofot-Wand jahrhundertelang zum Schrecken der Schiffsnavigatoren. Es gibt nur wenige Durchfahrten durch diese Wand, und man erkennt sie – zumal bei Nebel – erst spät. Der Vestfjord zwischen dem norwegischen Festland und den Lofoten ist außerdem ein zu allen Jahreszeiten unruhiges Meer.

Das Schiff schaukelt kräftig, der Frühstücks-Sild beginnt im Magen wieder zu schwimmen. Zwei norwegische Mitreisende im Blaumann bestellen ungerührt zwei Bier und vier «pølser». Die Fahrt geht vorbei an der Insel Hamerøy, wo Knut Hamsun seine Jugendjahre verbrachte, bevor er sich in Bodø als Schuster und Hafenarbeiter durchschlug. Auf Hamerøy schrieb er den Roman *Segen der Erde*, der ihm 1920 den Literaturnobelpreis einbrachte. Nordöst-

Die große Zeit des Fischfangs ist auf den Lofoten längst zu Ende

lich von Hamerøy passieren wir Norwegens schmalste Stelle: nur 6,3 Kilometer sind es von der Küste bis zur schwedischen Grenze.

Nach viereinhalb Stunden Fahrt von Bodø steuern wir eine Bucht in der Lofot-Wand an. Der Ort heißt **Stamsund**, eine Fischereisiedlung, die Anfang dieses Jahrhunderts von einem einzigen Mann aus den Felsen gesprengt worden ist. Auf dem Kai, an dem das Schiff festmacht, warten bereits ein paar Halbwüchsige mit ihren Fahrrädern auf die willkommene Abwechslung. Einer der Jungs hat schwarz gelocktes Haar.

Vielleicht ist dieses Kind eine lebende Erinnerung an nicht weit zurückliegende Zeiten, da in Stamsund alle drei Wochen ein großer portugiesischer Frachter anlegte und Stockfisch lud. Heute kommen die Portugiesen nur noch selten.

Vom Kai und seinen dunklen Lagerhallen führt eine Straße ins Inselinnere. An dieser Straße haben sich die Holzhäuser von Stamsund aufgereiht, einen Dorfkern gibt es nicht. Die Auslagen in den Geschäften sind ohne Zierde: Wo es Gummistiefel zu kaufen gibt, stehen die Gummistiefel mit

Auf mehrere kleine Inseln verteilt: Henningsvaer auf der Lofotinsel Anstvagøy

Preisschild im Fenster, ohne Sprüche, Farben und Design. Die kleinen Familienhäuser haben die Felswand im Garten. Ein Mann mit Schlägermütze verschwindet durch eine knarrende Schwingtür in einem zweistöckigen, hell erleuchteten Bau «Havly Fiskerheim» steht verblichen über dem Eingang. Vier windgegerbte Gesichter sitzen in einem riesigen Aufenthaltsraum, trinken pechschwarzen Kaffee und gucken abwechselnd zum plärrenden Fernseher oder wechseln mürrisch ein paar Worte. «Wir haben in der Dorschsaison von Mitte Januar bis Mitte April geöffnet», sagt die Frau hinter dem Tresen. «Den Fischern, die nicht hier wohnen, aber zwischen den Fangfahrten hier übernachten müssen, bieten wir ein billiges Zimmer, eine warme Mahlzeit, Dusche oder Wannenbad und» – sie blickt in die aufmerksam lauschende Runde – «gemütliches Beisammensein. Daß wir auch für Touristen genügend Platz haben, sehen Sie ja selber.»

Seit gut tausend Jahren ist zwischen Februar und April im Meer zwischen Lofoten und dem norwegischen Festland Saison. In die-

181

sen Monaten wimmelte es früher in den Häfen von Fischerbooten, und im Meer wimmelte es von Kabeljau, der diese Küstengewässer zur Fortpflanzung aufsucht. Früher «kochte» die See regelrecht von Fischen, schwärmen alte Fischer, so dichtgedrängt tummelten sich die Fischlaiber. Das hat die Lofotfischerei weltberühmt gemacht. 1951 kamen 22000 Fischer aus dem ganzen Norden mit ihren Booten zusammen und holten 116000 Tonnen Dorsch aus dem Wasser. Das reichte für alle für das ganze Jahr. Es war eine Festzeit für alle Beteiligten – und es war aufregend. Manch einer kam von den Ausfahrten in die stürmische See nicht wieder zurück. «Die sind draußen geblieben», hieß es dann knapp. Das alte Schicksal der Lofotfischer.

1988, in der bislang schlechtesten Nachkriegssaison, fischten 2300 Fischer gerade 6000 Tonnen. Eine Nachricht, bei der viele alte Lofotværinger weinen mußten. Die Einkünfte reichten gerade für den Diesel. Die Fischgestelle blieben leer. Die Ursache für die ökonomische und ökologische Katastrophe der nordnorwegischen Küstenfischerei ist die hemmungslose Überfischung durch die Hochseefischerei. Die riesigen Industrietrawler fangen den Fisch schon weg, ehe er groß genug ist, um zum Laichen die Küste aufzusuchen. In den siebziger Jahren machten die norwegischen und sowjetischen Trawler erst dem Nordseehering den Garaus, dann machten sie Jagd auf die Lodde, einen kleinen Lachsfisch, den sie zu Fischmehl verarbeiteten. Das fast vollständige Verschwinden der Lodde hatte schlimme Folgen für die Seevögel, vor allem für die Papageientaucher, die jetzt vom Aussterben bedroht sind. Die

meerumtoste Insel Røst im äußersten Westen der Lofoten war einmal eine der größten Vogelkolonien der Welt. Zählungen des Bestandes haben ergeben, daß neunzig Prozent «verschwunden» sind. Die Überfischung provozierte zudem Seehundinvasionen: Zu Hunderttausenden kamen sie auf der Suche nach Nahrung an die Küste und fraßen den Lofotfischern das wenige weg, was ihnen noch geblieben war. Eine Zeitlang vergaßen die Küstenfischer ihren Ärger über die Reeder der großen Fabrikschiffe, die in Bergen und Ålesund sitzen, und richteten ihre ganze Wut auf Greenpeace und deren Kampagnen gegen die Robbenjagd.

In den neunziger Jahren konnte wieder die 30000-Tonnen-Grenze erreicht werden. An der Zahl von 5000 hauptberuflichen Fischern hat sich nichts geändert; auch ist die Lofotfischerei kein großes Fest mehr. Nur größere Städte wie Svolvær und Narvik können von der Verarbeitung des Fisches leben. Für die kleinen Orte wie Stamsund bleibt nur der Tourismus. Die Stamsunder vermieten die ehemaligen Fischerhütten («robuer»), die früher den Fängern in der Saison als Unterkunft dienten, an erlebnishungrige Deutsche.

Folgt man der engen Straße in Stamsund hinter dem Fiskerheim weiter, kommt man nach 200 Metern zu einer kleinen Bucht, in der eine der alten Fischerhütten liegt. Groß und langgestreckt steht sie auf Holzpfählen, halb auf einem grasbewachsenen Holm, halb im Wasser. Es ist die Jugendherberge von Stamsund, vielleicht die schönste der Welt.

Der Fischreichtum des Meeres brachte die Fischer in Norwegens Norden im letzten Jahrhundert in ähnliche Lohnabhängigkeit wie

Ein Hoch im Norden:
Nachtleben in Tromsø

die Fabrikarbeiter in Christiania. Von den Lofoten bis Kirkenes regierten ein paar hundert «Nessekonger» das gesamte Geschäft mit dem Fisch. Die «Fischkönige» herrschten jeweils über eine Kette von Handelshäusern und über ganze Küstendörfer. Nachdem bestimmt worden war, öffentlichen Grund und Boden an private Interessenten zu verkaufen, ging 1828 der halbe Ort Svolvær für 3000 norwegische «Spezialtaler» an einen Fischspekulanten. Der hatte fortan allein das Recht, in diesem Ort Handel zu treiben, Schnaps zu verkaufen oder Zimmer zu vermieten. Die einfachen Leute mußten ihm für ihr Häuschen Miete zahlen. In einem Mietvertrag wurde festgelegt, daß «öffentliche Verlustigungen, Tanz und Kartenspiel» im Haus verboten waren. Die meisten Einwohner waren beim örtlichen Nessekonge verschuldet und damit zur Abhängigkeit verdammt.

Manche Patrizierhäuser haben überdauert, wie die Firma L. Berg Sønner A/S auf den Lofoten, das heute von Fischaufzucht und Fischverarbeitung lebt. Aber auch für die Reichen des Nordens sind die Zeiten nicht mehr so rosig wie früher, als es bei Berg alles zu kaufen gab, von der Damenunterwäsche bis zum Vorschlaghammer. Dafür nahm auch Knut Hamsun mit Frau Marie die Fahrt von Hamarøy über den Vestfjord gerne auf sich.

Tromsø – Nightlife im Nordmeer

Gelegen auf einer kleinen Insel im Nordmeer dreihundert Kilometer nördlich des Polarkreises, mit großzügiger Eingemeindung der umliegenden Fischerdörfer so gerade 50 000 Einwohner – und das bißchen Golfstrom, den das Lexikon verspricht, ist vermutlich auch nur ein schwacher Trost für die Tatsache, daß es ununterbrochen schneien wird und die bittere Kälte die Laune der Leute auf Kühlschrankniveau hält. Wer das glaubt, muß von Tromsø enttäuscht werden.

Tromsø schmückt sich mit Beinamen wie «Die Pforte zum Eismeer» und «Paris des Nordens». Touristenattraktionen sind die auf dem Festland gelegene Eismeerkathedrale als Symbol von Licht und Finsternis, die Bergstation (Fløya) mit Seilbahn und zahlreiche Museen, die über das Nordlicht und die heimische Kunst informieren. Auffallend ist auch eine für diese Breitengrade außergewöhnlich üppige Vegetation, die besonders in den Mittsommertagen in Form der überall wuchernden «Tromsøpalmen» (Heradeum) zu bestaunen ist.

Der Stadtkern lag ursprünglich um den Fischereihafen und die mittlerweile stillgelegten Schiffswerften herum und hat sich im Laufe der letzten Jahrzehnte immer weiter über die Insel ausgebreitet. Die von der Gicht etwas windschiefen Fischer, die auch nach ihrer Pensionierung weiter auf Holzkisten am Kai sitzen, beäugen diese nimmer endende Expansion mit Argwohn. Einer meint, die vielen Menschen und Häuser würden irgendwann zu schwer für so eine kleine Insel, deshalb würde Tromsø bald vom Meer geholt.

Im Zentrum stehen Alt- und Neubauten unvermittelt nebeneinander, so beliebig, daß man meinen könnte, sich auf einer Ausstellung über architektonische Geschmacklosigkeit zu befinden. Doch selbst die aufgemotzten Bankgebäude, die vielen Hotels in allen Preisklassen und die schicken Einkaufszentren haben der Ausstrahlung der verwitterten Bretterbuden und bescheidenen Tante-Emma-Läden bisher nichts anhaben können. Tromsø war schon immer durch scharfe Unterschiede wie die sozialen und ökonomischen Gegensätze zwischen Fischern und Bürgertum geprägt, was sich bis heute nicht grundlegend geändert hat.

Den Zweiten Weltkrieg und die deutsche Besetzung hat Tromsø als einzige Stadt Nordnorwegens zumindest äußerlich unbeschadet überstanden. Eine Reihe der charakteristischen Holzhausviertel blieb bis heute intakt. Für einige Unternehmer und Hotelplaner war es so gesehen eine glückliche Fügung, daß Ende der sechziger Jahre eine Serie von rätselhaften Bränden die Innenstadt heimsuchte und viele der denkmalgeschützten Häuser aus der Zeit der Jahrhundertwende vernichtete. Der frei werdende Platz wurde rasch mit kantigen Geschäftsneubauten ausgefüllt. Die Brandursache sei nie richtig untersucht und geklärt worden, und man munkelt, danach oder davor habe es nie so treffsicher gebrannt.

Im Zentrum von Tromsø wimmelt es von Cafés, Kneipen, Discotheken und Nachtclubs, mal peppig, mal bieder rustikal. Ein großer Teil der Lokale hat bis morgens um vier Uhr geöffnet. Das Tromsøer Nightlife, das im Sommer frühestens um Mitternacht beginnt, ist die Attraktion der Stadt. «Tromsø ist die Schulstadt Nordnorwegens. Hier gibt es fünf Hoch- und Fachschulen», erklärt ein Student. «Die meisten Leute kommen zur Ausbildung hierher. Sie sind jung, einsam und neugierig.»

Ob nun im «Paletten», einem Galerie-Café in der Storgata, oder in der Kneipe mit dem französischen Namen «Le Mirage» – voll ist es abends fast überall. Besondere Attraktion des Paletten ist seine Veranda mit Blick über Hinterhöfe und Dächer Richtung Fjord und Berge. Traditionsgemäß genießen die ganz Verwegenen hier schon Anfang März in den ersten Sonnenstrahlen «årets første utepils», das erste «Draußen-Bier» des Jahres. Hier trifft man auch auf erstaunlich viele Ausländer, marokkanische Rastafaris oder Fischereifachstudenten aus Ghana. Im «Mirage» an der Ecke Storgata und Strandskillet residieren dagegen die Obercoolen und schlürfen den wohl besten Cappuccino Nordnorwegens, wahlweise mit Schokostreuseln oder Zimt.

Von dort zur Kneipe «Skarven» mit dem eher rustikalen Ambiente, im Erdgeschoß eines der besten Fischrestaurants gelegen. «Prelaten» ist eine der ältesten Kneipen Tromsøs. Auch im Keller der Mack-Brauerei, die angeblich das beste Bier Norwegens braut, gibt es eine Art Lokal, «Ølhallen» genannt, dem aber die Bezeichnung «Abfüllhalle mit Charme» sehr viel näher kommt. Ølhallen ist nur tagsüber geöffnet. Zum Verdruß des nebenan gelegenen noblen Altenzentrums «Heradium» zieht es dessen männliche Bewohner immer wieder dorthin. Samstags vormittags trifft man hier alle: Rentner, Yuppies, einkaufstütentragende Ehepaare, zerknitterte Studenten, die vom Freitagabendfest noch übriggeblieben sind, und all die braungebrannten Discofrauen, die den reichlich vorhandenen Sonnenstudios ein Auskommen sichern. Die Rituale rund ums Mack-Øl haben übrigens auch viel mit Tromsø-Stolz zu tun. Denn abgesehen von seinen Geschmacksvariationen –

Pils, Leichtbier, Dunkelbier und zu Weihnachten auch noch das kräftigere «jule-øl» –, gibt es auch noch delikate Kombinationen, die man sich nicht entgehen lassen sollte, im Sommer zum Beispiel die von Mack-Bier mit Möweneiern (Mack-øl og måsegg).

In der Innenstadt von Tromsø ist die Nacht auch um vier Uhr morgens noch jung. Mit beinahe mediterraner Gelassenheit – was sich auch bei zehn Grad minus und Schneesturm nicht groß ändert – flanieren die Leute durch die Storgata. Menschentrauben stauen sich an den zentralen Ecken, oder man steht mal wieder Schlange an den Taxihalteplätzen oder vor dem «Nachtschwärmerbus». Dieses kommunale Verkehrsmittel tuckert auf einer äußerst langwierigen Außer-Linien-Tour bis in die frühen Morgenstunden um die halbe Insel, um auch die letzten Gäste zumindest in die Nähe ihrer Wohnquartiere zu befördern. Auf diesen Busfahrten hat man dann Gelegenheit, letzte Bekanntschaften zu besiegeln, Verabredungen zu treffen oder Fremde und Freunde gleich noch zum üblichen «Nachspielen» einzuladen. Tromsø ist näm-

Ruder- und Fischerboote werden mit dem Trecker aus dem Wasser gezogen

lich auch eine Stadt der Anmache. Auch der gleichgeschlechtlichen: Tromsø gilt als Hochburg der norwegischen Schwulenbewegung.

Avantgardistisch ist das Tromsøer Nachtleben nicht nur in bezug auf seine zahlreichen Kneipen, Cafés und Kontaktmöglichkeiten. Besonders in den seltenen, warmen, schönen Sommernächten, wenn die Mitternachtssonne scheint, dann ist es eigentlich unmöglich, hier oben im Norden müde zu werden. Wer dann nicht auf die umliegenden Inseln Kvaløya, Hakøya oder Sommerøya (mit Sandstrand!) fährt, um Natur zu genießen, auf den übt diese Stadt in solchen Stunden einen Sog aus. Schlafen kann man ja, wenn es regnet, heißt es dann in Tromsø. Er kann nach durchtanzter Nacht am Hafen die Ankunft der ersten Fischer erwarten und sich vor dem Schlafengehen ein Kilo frischer Krabben gönnen. Auf einem Holzsteg sitzen, die Beine im Fjord baumeln lassen, während man genüßlich und ganz langsam kleine Berge der hellrosa Schalen um sich herum stapelt – das sind Tromsøer Augenblicke, in denen es einen vor Behagen schüttelt.

AUSSENPOSTEN
DIE FINNMARK

Der nördlichste Landesteil Norwegens wurde einst wegen seiner strategischen Lage an der Grenze zur ehemaligen Sowjetunion von Oslo großzügig unterstützt. Heute droht der Finnmark angesichts sinkender Fischereierträge eine schleichende Entvölkerung. Nur die Samen werden ihr angestammtes Land nicht verlassen. Im Gegenteil: Die Indigenen fordern mehr Autonomie für die Weidegebiete ihrer Rentiere in der inneren Finnmark. Diese Tundra ist ein unvergeßliches Erlebnis, das Nordkap ist dagegen vor allem unvergeßlich teuer. Wer den «Ich war am Nordkap»-Stempel nicht braucht, kann bei guter Sicht auf den Felsen nebenan die Mitternachtssonne über dem Nordmeer genießen.

Das Postschiff nähert sich **Hammerfest** in der Provinz Finnmark, die «nördlichste Stadt der Welt», wie sie sich stolz nennt. Es sind kaum noch Norweger an Bord, die deutschen Touristen sind in der Überzahl. Am 27. Juli 1940 fuhren die ersten Schiffe der Kriegsmarine in Hammerfest ein. Fünf Jahre später hinterließen sie die Stadt als brennendes Inferno. Der Stadt sieht man den mühsamen Wiederaufbau heute noch an. Entlang der «Hauptstraße» Strandgate reihen sich geduckte Ladenhäuser mit grünlich-grauen Fassaden aneinander, in den fünfziger Jahren schnell gebaut, ein trister Anblick. Malermeister, Drogerie, Autobedarf, Friseur. Hier oben, das sieht man an den Firmenschildern, heißen die Leute schlicht Nilsen, Olsen oder Petersen. Feine Namen wie Willoch, Fagerholm oder Sjursen gibt es nur in Oslo oder Bergen. Der Optiker erinnert in seinem Schaufenster mit einer Tafel neben seinen billigen Gestellen immer noch an das 200-Jahr-Jubiläum der Stadt 1989. Auf dem Friedhof am Ende der Kirkegate liest man die Geschichte der Menschen dieser Region auf den Grabsteinen: Lotse, Maschinist, Kapitän, Fischer.

Die Hammerfester sind stolz auf das Prädikat «nördlichste Stadt», hier gibt es die nördlichste katholische Kirchengemeinde und den nördlichsten Rasen-Fußballplatz der Welt. Diese Titel sind so ziemlich die einzige Attraktion des nordnorwegischen Städtchens, bringen aber jedes Jahr 10 Millionen Mark Einnahmen durch die Touristen. Die meisten sind Deutsche. Einige moderne Hotelanlagen haben die Fischfabriken abgelöst.

Als das Schiff Richtung Nordkap ablegt, sagte der Schiffsmaat: «Finnmark ist noch längst nicht verloren. Wir sind hart hier, mit

Kurs: Nord. Das Postschiff nähert sich der Finnmark, die mit dem Ende des Kalten Krieges ihre strategische Bedeutung verloren hat

beiden Beinen auf der Erde, wir geben nicht so leicht auf.» Heute leben in der Finnmark nur noch 75 000 Menschen, vor zwanzig Jahren waren es noch doppelt so viele. Wie auf den Lofoten, so auch hier: Niedergang der Fischerei durch hemmungslosen Fang und falsche Politik.

Niedrige Steuern, kräftige Lohnzuschläge im öffentlichen Dienst, höheres Kindergeld als im Süden, Tourismuszuschüsse – dies alles hat die Völkerwanderung nach Süden etwas bremsen können. Zwar hat sich die Fischerei in den neunziger Jahren nach der schweren Krise ein wenig erholt. Dennoch meinen viele Norweger: «Wieso kann man sich in diesem Land auf ein Recht berufen, wohnen zu können, wo man möchte, und diesen Wohnplatz im hintersten Winkel der Finnmark auch noch bezahlt zu bekommen? Wo mehr als fünf Häuser stehen, muß ein Bus verkehren, müssen Arzt und Schule in erreichbarer Nähe sein und, und, und. Jeder Einwohner der Finnmark kostet im Jahr eine Viertelmillion Kronen extra.» Und die ist man in Oslo immer weniger geneigt auszugeben, zumal das militärstrategische Argument – die NATO wollte an der einzigen Grenze zur UdSSR auch

Hammerfest, die «nördlichste Stadt der Welt». Um ein Haar hätten die Hammerfester diesen publikumswirksamen Titel verloren

eine Bevölkerung haben, die man verteidigen könnte – durch das Ende des Kalten Krieges nicht mehr zwingend ist. Es fehlt in der Finnmark vor allem an Krankenschwestern, Ärzten und Lehrern. Nicht einmal Pfarrer gibt es genug. An Heiligabend predigen in abgelegenen Orten Laien, wenn die Kirche überhaupt geöffnet ist. Sogar Beerdigungen ohne Geistliche sind vorgekommen. Viele fürchten, daß dieser schöne Landesteil bald wieder als ein Ultima Thule angesehen wird, wie im 17. Jahrhundert, als die Finnmark höchstens als Verbannungsort für verurteilte Verbrecher diente.

Hohe Breitengrade: Am Kap

Die Menschen hier oben setzen stärker denn je auf den Tourismus. Um jeden einzelnen Besucher wird neuerdings hart gekämpft. Nächste Station auf der Hurtigrute ist **Honningsvåg**, das sich von Lage und Stadtbild nicht von Hammerfest unterscheidet: Eine Bucht, um die eine Hauptstraße führt. Dennoch zettelten die Honningsvåger Ende 1996 einen handfesten Streit an, der die ganze Finnmark erschütterte.

Der Rat der 3000-Seelen-Gemeinde Honningsvåg am Nordkap hatte sich zur Stadt erklärt, nachdem die norwegische Regie-

Eine 300 Meter hohe Klippe im Meer: das Nordkap

rung die Kriterien für die Erteilung der Stadtrechte geändert hatte. Künftig sollten die Einwohner selbst bestimmen dürfen, ob sie eine Stadt sein wollen oder nicht. Eine solche Chance wollten sich die Honningsvåger nicht entgehen lassen. Die Hammerfester ahnten Böses. Die Emotionen unter den sonst eher bedächtigen Nordnorwegern schlugen hoch: Der Bürgermeister von Honningsvåg erhielt sogar eine anonyme Morddrohung per Postkarte. Die Hammerfester haben ausgerechnet, daß ohne ihren Titel und ohne Touristen 100 Arbeitsplätze verlorengingen – das ist viel in dieser Gegend. Oslo hilft so gut es kann. Allein Honningsvåg bekommt jedes Jahr 15 Millionen Mark aus einem Regionalfonds, 250 Millionen Mark läßt sich der Staat einen sieben Kilometer langen Tunnel vom Nordkap ans Festland kosten. Dennoch haben im vergangenen Jahr 78 Menschen Honningsvåg den Rücken gekehrt. Da hat die Honningsvåger empört, daß die Regierung nachträglich eine «Lex Honningsvåg» beschlossen hat: Nur Ortschaften mit mehr als 5000 Einwohnern dürfen sich zur Stadt erklären. Das würde Honningsvåg nie schaffen.

Honningsvåg darf sich aber mit dem Titel «Kommune am Nordkap» trösten. Hier heißt alles Nordkap: «Nordkapp Autovermietung», «Nordkapp Radio», «Nordkapp Uhren und Schmuck». Schade nur, wenn die größte Touristenattraktion, der 30 Kilometer entfernte nördlichste Punkt des europäischen Festlandes (71° 10' 21"), meistens in dichtem Nebel steht. Zigtausende von Touristen pilgern jedes Jahr zu diesem Felsvorsprung, um von hier die Mitternachtssonne zu sehen, die man auch an anderen Stellen nördlich

des Polarkreises bewundern kann. Daß es aber unbedingt dieser Felsen sein muß, wissen die Betreiber auszunutzen. 40 Mark kostet es allein, auf das Plateau zu gelangen. Der Staat hat das Areal langfristig an einen Hotelmagnaten verpachtet. In der «Nordkapphalle» gibt es Restaurant, Bar, Souvenirshop, Kapelle und eine Multi-Visions-Show über die Schönheiten des Nordens und die Mitternachtssonne – für den Fall, daß mal wieder dichter Nebel herrscht.

Kalter Krieg und Tauwetter
Das Eis des Tana-Flusses, Grenzfluß und einer der lachsreichsten des Landes, weist erste Risse auf. Ein schlichter Pfeil mit der Aufschrift «Rußland» weist den Weg durch ein schmiedeeisernes Tor gen Osten.

Der Kalte Krieg war hier oben, auf dem 71. Breitengrad, immer etwas wärmer als weiter unten in Europa. Der über achtzig Jahre alte Harald Stenby aus Kirkenes kann sich nicht erinnern, daß er vor den Russen, deren Grenze zwanzig Kilometer weit entfernt liegt, irgendwann in seinem langen Leben einmal Angst gehabt hätte.

Noch wie heute haben Harald und seine Frau Sigrun diese Szene vor Augen: Ein junger Soldat der Roten Armee wird auf den Schultern zweier Norweger den Tunnel hinuntergetragen, während unter den Wartenden ein unglaublicher Jubel ausbricht. «Alle weinten», erzählt Harald Stenby. «Und dann sangen wir alle erst die Internationale und danach unsere Nationalhymne ‹Ja, wir lieben dieses Land›.» Die deutschen Okkupanten waren fort, die Stenbys und ihre drei Kinder waren frei. Gemeinsam mit 2000 anderen Finnmarkingern hatten sie über zwei Wochen in den Stollen einer ver-

193

**Industrialisierung gescheitert:
Kupfermine in Kirkenes**

lassenen Nickelgrube auf das Ende des Widerstands der Wehrmacht gegen die vorrückende Sowjet-Armee gewartet. Zwölf Kinder waren in der Dunkelheit geboren worden, die größeren Kinder bekamen täglich einen Löffel Branntwein gegen die Kälte, die Kühe und Schafe wärmten auch ein bißchen. Als sich die Stenbys wieder an das Tageslicht gewöhnt hatten, fanden sie ihr Haus nicht wieder. Die Deutschen hatten nicht nur Kirkenes, sie hatten die ganze Finnmark auf ihrem Rückzug in Schutt und Asche gelegt. Ihrem letzten Befehl «Verbrannte Erde» entging keine Hütte und kein Rind. Hoch über der 10000-Einwohner-Stadt steht heute noch ein Denkmal zu Ehren des heldenhaften Sowjetsoldaten, das die Kirkeneser ihren Befreiern setzten.

Weil die Finnmarkinger partout nichts gegen die Russen hatten – die Rote Armee zog sich schließlich nach der Befreiung Nordnorwegens wieder hinter die Grenze zurück – und noch 1965 7,1 Prozent für die Kommunisten stimmten, waren sie den NATO-Strategen in Brüssel als Bewohner des nördlichsten Vorpostens der Freiheit äußerst suspekt. Die sozialdemokratische Regierung in Oslo ließ zeitweilig die halbe Bevölkerung der Region durch ihren Geheimdienst überwachen, so lange, bis die Finnmarkinger wieder brav mehrheitlich für die Sozis stimmten. Die Grenze zum Nachbarn, über die einst im 18. Jahrhundert der florierende Pomor-Handel getrieben wurde, war nach dem NATO-Beitritt Norwegens dicht. Moskau stationierte in Murmansk eine mit Atomraketen bewaffnete U-Boot-Armada. Antikommunisten wurden die Finnmarkinger trotzdem nicht. Bis heute. Nur durch die Ende 1990 aufgenommenen Atomtests auf der nahe gelegenen Eismeerinsel Nowaja Semlja droht die Stimmung in der Finnmark umzuschlagen.

Der Handel mit dem nahen russischen Nachbarn, auf den hier oben viele gehofft hatten, verlief bisher eher enttäuschend. Fast alle Joint-Ventures zwischen russi-

194

schen und norwegischen Unternehmen verliefen im Sande. Das einzige, was blüht, ist das grenzüberschreitende Geschäft mit Wodka und Frauen. Die mit einem Tagesvisum ausgestatteten Prostituierten warten in Campinghütten auf ihre Kunden. Im 18. und 19. Jahrhundert trieben die Norweger, oft gegen das Verbot der Obrigkeit, einen blühenden Tauschhandel mit der anderen Seite – Tran und Fisch gegen Mehl. Das rettete die Versorgung der Bevölkerung gegen die Benachteiligung des Kopenhagener Monopolhandels. Erst mit der Oktoberrevolution 1917 hörte der Pomor-Handel endgültig auf.

Kupfer in Kirkenes

Krieg und das Auf und Ab der Nachkriegszeit sind für die Bewohner die prägenden Ereignisse in der Geschichte der nördlichsten Region Norwegens, der Finnmark, die sich von Kirkenes an der russischen Grenze im Nordosten bis Tromsø im Südwesten erstreckt. 300 000 Quadratkilometer Wildnis. Kein größerer Berg stellt sich dem Blick in die Weite entgegen. Das Land ist aber nicht so unwirtlich, wie es an der Küste vom Deck des Hurtigruten-Dampfers aus erschienen ist, nur die Hochebene im Inneren der Finnmark ist karg. Aber auch die bietet immerhin 100 000 Rentieren eine satte Winterweide. Entlang der mächtigen fischreichen Flüsse, die das Land durchziehen, liegen grüne Wiesen und waldreiche Täler. In anderen Gegenden der Erde auf demselben nördlichen Breitengrad herrscht ewiges Eis, etwa in Grönland.

Zurück in die Grenzstadt **Kirkenes**, die künstlich zum Industriestandort gemacht wurde. Mit seinen Schloten begrenzt das Kupferwerk A/S Sydvaranger den Blick nach Westen vom Marktplatz aus. Alle hier stehen irgendwie in Diensten dieses staatlichen Subventionsbetriebes. Seit die Produktion immer unrentabler wurde, wurden viele entlassen. 1906 hatte man die Fabrik gegründet und Arbeiter wie Harald Stenbys Vater aus dem Süden hierher gelockt. Auch Harald arbeitete

195

einst für Sydvaranger, und wer es wissen will, dem erzählt er von den unzähligen Arbeitskämpfen, die hier oben ausgetragen wurden. Harald war in den zwanziger Jahren acht Jahre «im Streik» gewesen. Jedenfalls ist es für ihn im Rückblick so. Genaugenommen wurde erst gestreikt und dann sperrte die Firmenleitung alle Streikenden aus. Erst acht Jahre später wurden Harald und seine Genossen wieder eingestellt – zu ihren Bedingungen selbstverständlich. Damals, vor dem Krieg, arbeiteten 1800 Menschen für die Sydvaranger, heute sind es nur noch 800.

Mit dem Bus soll es über Land zurückgehen nach Tromsø. Vorher noch etwas essen im einzigen geöffneten Lokal, «Grill», einer in der Provinz häufig anzutreffenden Art von gastronomischem Betrieb, in dem man Erinnerungen an DDR-«Mitropa» auffrischen kann. «Probier unseren Hamburger!» empfiehlt das Plakat. Aus dem Lautsprecher dröhnt für die anwesende Jugend «Clearence Clearwater Revival». In der Lokalzeitung *Sør-Varanger Avis* versucht Kolumnist «Erling» Trost zu spenden. Von «neuen Herausforderungen» in der Finnmark ist die Rede, und daß man es mit Hilfe des Staates schaffen wird, «bestehende Arbeitsplätze ab- und gleichzeitig neue Arbeitsplätze aufzubauen». Der Generaldirektor der örtlichen Werft Kimek kündigt eine Seite weiter 28 Entlassungen an – die erhofften Aufträge vom russischen Nachbarn bleiben aus. Auf der letzten Seite der Zeitung schließlich schreibt der Pfarrer in der Andacht für den Tag (nach Petrus 2,3–9). «Der Herr kommt nie zu spät mit der Erfüllung seiner Versprechungen, auch wenn es manch-

mal so scheint. Für Ihn sind 1000 Jahre wie ein Tag und ein Tag wie 1000 Jahre. Er allein kennt die Zeit.»

Durch das Land der Samen

Mit dem Bus Richtung Alta. Die fast völlig eingeschneiten Häuser, die rechts und links an den Busfenstern vorbeiziehen, scheinen trotzig zu rufen: Wir bleiben hier! Viele Zufahrten sind nicht geräumt, weil die Besitzer fort sind. Die Landschaft ist hier im Osten der Finnmark noch flach und nur leicht gefaltet. Der Bus hält, wo er herangewinkt wird. Es steigen viele Samen ein, wie an der Sprache zu erkennen ist. Die Frauen tragen ein dreieckiges Halstuch samischer Handarbeit über dem Kragen ihrer norwegischen Daunenjacke. Nur ein älterer Mann, mit seinem verletzten Arm auf dem Weg zur nächsten Krankenstation in Karasjok, trägt eine traditionelle Tracht. Als die Norweger im Bus wieder die Oberhand gewinnen, werden die samischen Stimmen wieder leiser oder verstummen ganz.

Für die Hiergebliebenen gibt es in dieser Gegend nur die Tankstellen an den Wegkreuzungen als Ort der Begegnung. Ein paar Autos samt Insassen stehen dort geparkt, auch ein paar Schneescooter. Der «Tundra-Shop» wartet auf die Touristen, von denen keiner weiß, wann sie kommen. Diese Plätze haben etwas von einsamen Wüsten-Tankstellen aus amerikanischen Spielfilmen. Man meint förmlich, die Tür im Winde knarren zu hören. Im Sommer, wenn die Mitternachtssonne abends knallgelb die Kulisse beleuchtet, ist es noch ärger.

Zwischenstopp in **Tana** (3200 Einwohner), einem dieser Orte in der Finnmark, die man an eine

Das Selbstbewußtsein der Samen wächst. Doch je mehr Mitspracherecht die Ureinwohner fordern, desto größer ist das Mißtrauen der Norweger

Wegkreuzung gelegt hat, in der Hoffnung, daß möglichst viele vorbeikommen mögen. Für Tana spricht die längste Hängebrücke Norwegens, Tana bru, die sich 195 Meter über den lachsreichen, wilden Tana-Fluß spannt. Tana ist eine große Tankstelle, nur mit mehr Service: Post, Bank, Supermarkt, Rathaus, Bibliothek, Werkstatt, Hotel und ein modernes «Miljøhaus» für kulturelle Veranstaltungen. Dort wird eine «Kissen-Ausstellung» angekündigt, am Schwarzen Brett sind die Öffnungszeiten des «Juniorclubs» ausgehängt. Als es weitergeht, steigen noch zwei alte Männer zu: Schlägermütze, braunes Jackett und lila-gelber Schlips auf blaugrün kariertem Holzfällerhemd. Ein kleiner Festtag, heute geht es in «die Stadt», nach Alta, vielleicht Sohn oder Tochter besuchen.

Tana hat noch zwei andere Namen: samisch «Deatnu» und finnisch «Teno». Ende des vorigen Jahrhunderts wanderten viele Finnen auf der Suche nach Arbeit in die Finnmark, der Bergbau versprach damals Beschäftigung. Immer noch leben in dieser Gegend viele finnischsprachige Norweger, «Kvener» genannt.

In **Karasjok** ist Fahrerwechsel, eine Samin übernimmt den Bus. Karasjok hat statistisch 2900 Einwohner und 30 000 Rentiere. Die Rentierzucht ist der Haupterwerbszweig der sogenannten «inneren» Finnmark. Karasjok ist neben Kautokeino eine der beiden Städte im Stammland der Samen (sie nennen sich selbst «Samii», die Bezeichnung «Lappe» ist für sie ein Schimpfwort). Samisch ist folglich hier die Hauptsprache. In Karasjok gibt es einige samische Silberschmuck-Galerien und die «Samische Sammlung», nur eines

von vielen großen und kleinen samischen Museen, die von einem gewachsenen Selbstbewußtsein der indigenen Bevölkerungsgruppe zeugt. Auch eine samische Folkehøgskole gibt es. Sie steht auch samischen Schülern aus den Nachbarländern Schweden, Finnland und Rußland offen.

Bis zu diesem anerkannten Platz in der norwegischen Gesellschaft war es für die Samen ein langer und schmerzensreicher Weg. Mit ihren Vettern und Cousinen in Nordamerika teilten «Nordeuropas Indianer» das Schicksal, auf einem Land zu leben, das reich an Bodenschätzen war. Die Gier der norwegischen Siedler nach diesem Reichtum war im vorigen Jahrhundert noch schlimmer als der missionarische Eifer der Kirche. 1886 liefen in den für Samen heiligen Bergen von Sulithjelma die ersten Aufzüge in den Eisenerzschacht. Zehn Jahre zuvor hatten einige Samen in Kautokeino einen Aufstand gegen die weißen Herren versucht. Die Anführer wurden zum Tode verurteilt.

Nach zwei Jahrhunderten Kolonialisierung und Assimilierungszwang setzte das Storting 1956 ein «Samekomité» ein, das sich mit der Situation der Ureinwohner beschäftigen sollte. Das Gremium schlug eine radikale Kurskorrektur in der Samenpolitik vor: Schutz der samischen Sprache, Dezentralisierung der Schulen, mehr Samen in entscheidende Positionen der örtlichen Administrationen, absolute Gleichstellung der Kulturarbeit. Doch bis in die sechziger Jahre blieb es in Finnmarks Schulen den Kindern verboten, im Unterricht samisch zu sprechen.

Die Samen folgten der Aufforderung aus Oslo, sich an dem gesellschaftlichen Aufbau des Landes zu beteiligen, und gründeten zahlreiche Interessenorganisationen. Die erste landesweite Organisation war die 1949 gegründete «Norgga Boazodoallo-Sámelazzaid Rii'kasær'vi», Norwegens Landesverband der Rentiertreiber, zwanzig Jahre später kam die wichtige «Norgga Sámiid Rii'kasær'vi», der Samische Reichsverband Norwegens (NSR), dazu.

1989 wurde eine alte Forderung der Samen endlich erfüllt: Sie bekamen ihr eigenes Parlament. Parallel zu den allgemeinen Parlamentswahlen fanden Abstimmungen zum «Sametinget» statt. Doch das Sameting hat nur eine beratende Funktion in allen die Samen betreffenden Entscheidungen der Regierung, ein Einspruchsrecht bedeutet das nicht. Wie fragil die Beziehungen zwischen den Norwegern und der indigenen Bevölkerung sind, wurde Anfang 1997 deutlich: Einige Samen-Organisationen forderten ein Vetorecht für die Nutzung der inneren Finnmark, vor allem bei der Ausbeutung der Bodenschätze dort. Dies wurde von allen Parteien abgelehnt, es gründete sich sogar eine Bürgerinitiative gegen «Sameland». In Tana tauchte ein anonymes Flugblatt auf: «Nur ein toter Same ist ein guter Same.»

Alta in der Vidda

Wir fahren weiter, die Fahrerin dreht am Radio, bis der samischsprachige Sender zu hören ist. Die Krüppelkiefern werden in der Landschaft immer häufiger abgelöst von Nadelbäumen. Aber nie sind es genug, um das Bild von der weißen Unendlichkeit zu brechen. Sie sind nur die Bartstoppeln auf der spiegelweißen Fläche, auf die die Mittagssonne knallt. Die Berge, die am Horizont auftauchen, gehen nahtlos in den blaßblauen Himmel über. Gelegentlich hält der Bus und lädt an irgendwelchen Privathäusern fast leere Postsäcke ab. Erst beim zweiten Hinsehen entdeckt man neben dem Familiennamen an der Haustür das Posthorn. Eine Hausfrau mit umgebundener Schürze kommt heraus und nimmt die Ladung entgegen. Dann sehen wir wieder Wasser. Eine ganze Stunde geht die Fahrt um die Bucht des **Porsangerfjordes** herum. Eine besonders schöne Strecke im warmen Nachmittagslicht, wenn sich ein samtener Schimmer um die Umrisse legt.

Dann noch einmal richtige Vidda, und die schöne Natur zeigt plötzlich ihre Zähne. Mit dem Einbruch der Dunkelheit kommt Schneesturm auf. Dicht peitscht der Wind die Schneeflocken im Scheinwerferlicht über die Fahrbahn, auf dem Asphalt häufen sich Schneeverwehungen zu Inseln auf, die Freizeithütten entlang des Weges sind binnen kurzem fast völlig unterm Schnee begraben. Der – inzwischen dritte – Fahrer drosselt das Tempo auf vierzig Stundenkilometer und bleibt ansonsten völlig gelassen. Seine Sicht beträgt, großzügig geschätzt, fünf Meter. Im Bus herrscht Stille, keiner kommentiert das Wetter. Ab und zu kommt uns ein Auto aus dem weißen Nebel entgegen, immer wieder droht der Bus steckenzubleiben. Wir haben Funk, doch wer hier mit seinem PKW liegenbleibt, ohne auf sich aufmerksam machen zu können, kann schnell erfrieren.

Nach einer Stunde lichtet sich die Sturmfront ein wenig, es geht in Serpentinen von 400 Metern über dem Meeresspiegel hinunter den Lichtern von Alta entgegen. **Alta**, der Hauptstadt der Finn-

199

mark, geht es als einzigem Ort der Region wirtschaftlich ausgeglichen. Es macht einen städtischen, abwechslungsreichen Eindruck. Menschen sind auf der Straße, vielleicht auf dem Weg zu einer Disco oder Kneipe. Viele junge Finnmarkinger machen auf ihrer Flucht aus der Provinz erst einmal Station in Alta. Außerdem gibt es hier eine große Fachhochschule, was nach Überzeugung einiger Neueingebürgerter aus dem Süden zu einem «echten Studentenmiljø» beigetragen habe.

Weiter Richtung Tromsø, auf einer Berg-, Tal- und Fjordfahrt. Die Europastraße 6 ist immer noch so schmal, daß der Busfahrer zu Millimeterarbeit gezwungen ist. An vielen Baustellen rammen Bauarbeiter ihre Preßlufthämmer in

Bollwerk lutherischen Glaubens: die Kapelle König Oskars II., dicht an der norwegisch-russischen Grenze

den gefrorenen Stein. Der Sprengschutt der Baustellen fällt in der Landschaft nicht sonderlich auf, sie ist ohnehin geröllig. Wir überfahren die Grenze nach Troms, das «fylke», das wieder typisch norwegische Landschaftszüge trägt. Am **Kåfjord** lohnt eine Unterbrechung. Hier bei Birtaverre geht es ab zum schönsten und größten «Canyon» Norwegens, dem Goikegorsa, etwa zehn Kilometer von der E 6 entfernt. Es geht wieder hoch und runter vor der zerklüfteten Kulisse, die Fjorde sind wieder Fjorde, tief und dunkel. Nur die dünne Besiedlung bleibt. Und die mageren wirtschaftlichen Aussichten für die Menschen.

WELT AUS LICHT UND EIS
SVALBARD

Von hier aus sind es «nur» noch 1300 Kilometer bis zum Nordpol. Die Inselgruppe mit der Hauptinsel Spitzbergen gilt unter Wanderern und Nordmeer-Kreuzfahrern längst nicht mehr als exotischer Geheimtip. Die vielen Besucher, die die reine, fast keimfreie Luft auf dem Archipel genießen wollen, werden für die norwegische Administration zunehmend zu einem Problem. Denn die Hälfte der eisbedeckten Fläche Svalbards steht unter Naturschutz und darf nur unter strengen Auflagen betreten werden. In der norwegischen Siedlung Longyearbyen und im russischen Barentsburg lebt man von der Kohleförderung. Das ist zwar nach wie vor unrentabel, aber beide Staaten möchten strategische Präsenz zeigen.

Schon im Flugzeug von Tromsø nach Longyearbyen auf Spitzbergen ahnt man, daß man zu keinem gewöhnlichen Landesteil Norwegens fliegt. Forscherbärte sitzen neben geschniegelten Business-Gesichtern, Angetrunkene neben pausbäckigen Anorak-Mädchen. Dialekte aus allen Gegenden des Landes schwirren gedämpft durch die Kabine. Dann kommt die Stewardeß und verkauft steuerfreien Kognac, das Glas für fünfzehn Kronen, also für die Hälfte dessen, was sonst ein Glas Pils kostet. Und dann die Wässerchen von Dior und Hugo Boss. Braucht man das da oben, kurz vor dem Nordpol?

Anflug auf Longyearbyen, unter uns rast die brüchige Eisoberfläche vorüber, ein phantastisches Scherben-Patchwork. Auf

Ein glitzerndes Patchwork aus
Treibeis: Einfahrt zum Smeeren-
burgfjord auf Spitzbergen

dem Flugplatz steht schon eine Maschine der Aeroflot, in der Halle viersprachige Hinweisschilder, eine Sprache ist Russisch. Ein Polizist befragt die ankommenden Ausländer freundlich nach dem Grund ihres Kommens und erinnert sie daran, daß sie sich beim Gouverneur, dem «sysselmann», abmelden müssen, bevor sie die Stadt Richtung Wildnis verlassen.

Aber was heißt hier Stadt? Longyearbyen hat 1300 Einwohner, zwei Straßen, beides Sackgassen, eine Kirche, ein Krankenhaus, eine Sparkasse, eine Post, eine Schule und sieben Kohlegruben, davon fünf verlassene. Die Häuser stehen auf Stelzen, eine Maßnahme gegen den Permafrostboden. Die Straßen und Auffahrten zu den Häusern tragen nur Nummern, als sei diese Siedlung nur ein Provisorium und die hier wohnenden Norweger jederzeit bereit, wieder ihre Sachen zu packen. Sie werden es sicher irgendwann einmal machen, vorerst aber noch nicht, denn sie können es nicht – aus außenpolitischen Gründen.

Norwegen bekam die Verwaltung der 63 000 Quadratkilometer großen Inselgruppe Svalbard mit Spitzbergen, Noraustlandet und Edgeøya als Hauptinseln 1920 auf einer Internationalen Völkerbund-Konferenz übertragen. Aber nur unter einer Bedingung: Alle Vertragsunterzeichner, es waren 41, behielten sich das Recht vor, das Land jederzeit wissenschaftlich und wirtschaftlich nutzen zu dürfen. Ihr Interesse galt vor allem den Steinkohlevorkommen auf Spitzbergen, dem größten Eiland, wo sich zuvor schon englische, holländische und amerikanische Grubengesellschaften breit gemacht und die Walfänger auf die Randinseln verdrängt hatten. Einer der Pioniere hieß John M. Longyear. Er und seine Mannen waren die Vorfahren der staatlichnorwegischen Grubengesellschaft «Store Norske Spitsbergen Kulkompani».

Die Steinkohlevorkommen waren dann aber doch nicht so üppig. Deshalb zogen sich die meisten Kohlengräber bald wieder zurück, und die Vertragsstaaten verloren das Interesse. Zurück blieben Norwegen, weil es mußte, und die Sowjetunion aus eher strategischen Überlegungen. Obwohl Svalbard bis heute eine demilitarisierte Zone ist, gehört es formal zum NATO-Gebiet. Die deutsche Wehrmacht hat sich um den waffenfreien Status nie geschert. Im September 1942 schoß sie die Barackensiedlung Longyearbyen in Flammen, zwanzig Norweger kamen dabei ums Leben.

Aus Prestige graben Norweger und Russen seit siebzig Jahren nach Kohle, ohne jemals schwarze Zahlen geschrieben zu haben. Die Russen sind sogar in der Überzahl: 2500 russische und ukrainische Staatsangehörige leben in den beiden Siedlungen Barentsburg und Pyramiden. Oslo zahlt jedes Jahr rund hundert Millionen Mark an Subventionen an die Store Norske und damit an seine Landsleute in Longyearbyen und Ny-Ålesund (300 Einwohner).

Longyearbyen ist genau betrachtet ein riesiges Werksgelände. Der Store Norske gehören die Kantine, das Café, die Straßen, die Häuser. Das ist nicht das einzige, was diesen Ort vom norwegischen Festland unterscheidet. Für Alkohol gelten die erwähnten Tax-free-Preise, die Einkommensteuer ist von sonst sechzig auf vier Prozent reduziert. Das ist für

Bei dem Wetter trauen sich nur Polarhunde vor die Haustür

**Im Tempelfjord:
Hütte zum Überwintern**

viele Anreiz genug, sich hier zu bewerben. Die fünf Monate Dunkelheit, in denen es nicht nur dunkel, sondern regelrecht schwarz ist, und die grimmige Kälte während der meisten Zeit des Jahres schrecken offenbar nicht. Es gibt regelrechte Veteranen in Longyearbyen, Leute, die hier schon zwanzig oder mehr Jahre wohnen, für die dieses unwirtliche Land Heimat ist, obwohl sie hier noch nicht einmal gemeldet sind – jeder Norweger bleibt in seiner Festlandsgemeinde gemeldet. Doch spätestens nach Erreichen der Pensionsgrenze muß der Veteran Svalbard verlassen, Rentner werden nicht geduldet. Deshalb ist die Inselgruppe auch ein «Ausnahmezustand», wie es ein früherer Gouverneur formulierte. Die Regierung sieht es nicht so gern, wenn die Leute hier zu lange leben, «man verliert den Kontakt zur Festlandsrealität».

Man bezahlt kaum Miete, essen kann man in der Kantine, hat immer 300 000 Kronen auf der Bank ...

Viele sagen aber auch, daß sie es wegen der drei Monate von März bis Mai hier oben, 1200 Kilometer vom Nordpol entfernt, gut aushalten. Mitte März, wenn die Sonne nach endloser Dunkelheit wieder hervorkommt, und sich die Helligkeit fast stündlich spürbar verlängert, dann ist die schönste Zeit. Im «Hochsommer» ist es zwar wärmer (bis 15 Grad), aber dafür ohne Schnee und matschig. Schnee jedoch gehört zu Svalbard, dieses Weiß, das die karge Landschaft mit einem weichen Schleier überzieht und die Landschaft im Sonnenschein funkeln läßt. In der fast keimfreien Luft leuchtet jede Gletscherkante, jeder Riß im Eis. Ein faszinierendes Stück Erde, das jeder Besucher achten und schützen sollte. Tut er

es nicht, gibt es schnell Ärger mit dem Sysselmann und seinen zwei Polizisten, die mit dem Helikopter und Schneescooter immer auf Streife sind. Die hocharktische Vegetation ist äußerst empfindlich. Es dauert Jahrzehnte, bis in einer Fußspur wieder Leben wächst. Deshalb: Den Verhaltensregeln des Sysselmannes folgen und zum Beispiel nicht in die streng geschützten Natur- und Vogelreservate gehen oder mit dem Schneescooter in einen der drei Nationalparks fahren. Überhaupt sollte ein Anfänger nie alleine mit dem Scooter ausfahren, zu zweit auch nur nach vorheriger Abmeldung und mit Gewehr. Das ist Vorschrift. Die von Eisbären skalpierten Touristen lassen sich nicht mehr an einer Hand abzählen.

Wenn die ersten Sonnenstrahlen auftauchen, holen die Svalbardianer ihren Thermoanzug aus dem Schrank und ihren Schneescooter aus der Garage. Diese Fahrzeuge sind zwar für bestimmte Zwecke unentbehrlich, doch sie machen einen Höllenlärm. Für die Norweger, vor allem die jüngeren, beginnt mit Erscheinen der Sonne die Fun-Saison. Mit achtzig Sachen rasen sie über die Straßen, fahren Berghänge hoch oder treffen sich lässig zu einem Schwätzchen auf dem Platz vor der Sparkasse.

Kohle machen in Klein-Moskau

Die Russen haben keine Schneescooter. Jedenfalls nicht so moderne Maschinen wie die Norweger, nur ein paar ältere Ostmodelle, die aussehen wie ein Moped auf Kufen. Deshalb ist es in **Barentsburg**, der «Hauptstadt» der russischen Svalbardianer, auch viel ruhiger als in Longyearbyen. Barentsburg ist auch schöner gelegen: am Ufer des breiten Grønlandfjordes im Westen der Insel

207

Spitzbergen, etwa zwei Scooter-Stunden von Longyearbyen entfernt. Den Hang hinauf verteilen sich Wohnheime, mit einem Zimmer für jeden, auch für Paare. Abgesehen von ein paar Wissenschaftlern sind die meisten aus dem gleichen Grund hier wie die Norweger: Kohle machen. Hier verdient ein Kumpel glatt das Doppelte wie in Sibirien. Auch sonst ist vieles besser als in der Heimat, vor allem die Versorgung, denn Barentsburg hat einen eigenen Bauernhof mit 1500 Hühnern, 300 Schweinen und 500 Kühen. Es muß der nördlichste Bauernhof der Welt sein. Daneben steht ein Gewächshaus mit Tomaten und Gurken. Wie in Longyearbyen gibt es ein großzügiges Freizeitzentrum mit Schwimm- und Sporthalle, eine dreiklassige Schule, einen Kindergarten, ein Café, eine Bibliothek mit 33 000 Bänden, eine Kantine und ein kleines Museum. Dort liegt das Fünf-Kilo-Herz eines Eisbären neben Fossilien, Patronen aus dem Zweiten Weltkrieg neben alten Holzkreuzen von Walfängergräbern und den Porträts der Aktivisten, die sich in den vergangenen siebzig Jahren in der Grubengesellschaft «Trust Arktigukol» verdient gemacht haben.

Auch das kleine **Svalbard-Museum** in Longyearbyen in einer ehemaligen Scheune ist zu empfehlen. Auch dort stehen viele ausgestopfte Tiere, die man nicht in jedem Fall in der freien Wildbahn zu sehen bekäme. Andere Ausstellungsgegenstände erinnern an das harte Leben der Walfänger und Forscher noch zu Zeiten ohne

Die Kohleförderung auf Svalbard war noch nie rentabel. Aber wer in Longyearbyen arbeitet, wird fürstlich entlohnt

Helikopter und Schneescooter. Die zweite Etage ist dem Krieg gewidmet, dem brutalen Überfall der Schlachtschiffe «Tirpitz» und «Scharnhorst» im September 1943 und den alliierten und norwegischen Soldaten, die hier mit technischer Ausrüstung überwinterten, um den eigenen Funkverkehr im Nordatlantik aufrechtzuerhalten und den des Gegners zu stören.

Die Sowjets sind in der Vergangenheit immer wieder geheimer militärischer Aktivitäten beschuldigt worden. Beweisen konnte das niemand. Ein Zusammenleben fand kaum statt. Bis vor ein paar Jahren gab es nur die notwendigsten Kontakte zwischen beiden Bevölkerungsgruppen, vor allem der Sysselmann besuchte Barentsburg und Pyramiden regelmäßig, um die Einhaltung der norwegischen Vorschriften zu überwachen. Denn Barentsburg ist ja norwegisches Territorium – sollte jemand dort gegen die norwegische Straßenverkehrsordnung verstoßen, müßte er das Strafmandat in norwegischen Kronen blechen.

Mit ihrer Kohle beliefern die Russen die Region Murmansk. Anfang der neunziger Jahre hieß es in Barentsburg noch, daß die Spitzbergen-Kohle – es sind auf russischer Seite nicht mehr als 550 000 Tonnen jährlich – trotz der enormen Subventionen für die Industrie dort immer noch billiger sei, als die Energie aus Sibirien heranzuschaffen. Ende August 1996 prallte eine russische Tupolew mit 143 russischen und ukrainischen Bergleuten an Bord beim Landeanflug auf den Flugplatz Longyearbyen gegen einen Berg.

209

Das Fahren mit Motorscootern gehört zu den wenigen Abwechslungen. Wegen der Eisbären muß man bei einer Ausfahrt bewaffnet sein

Harald der Harte

Wie lange die Norweger noch in so großer Menge auf Svalbard bleiben ist ungewiß. Man schaut sich mittlerweile nach anderen Gründen um, dableiben zu müssen. In einer leeren Grube hat man eine Pflanzen-Genbank tiefgefroren. Einer, der bestimmt nicht gehen wird, ist Harald Soleim, einer der letzten Pelztierjäger auf Svalbard. Harald wohnt mutterseelenallein in seiner Hütte mit seinen sieben Huskies auf Kap Wijk, einer Landnase auf der anderen Seite des Isfjordes. Harald freut sich immer über Besuch, nur nicht von «Greenpeacern». Die nämlich wollen ihm das Geschäft kaputtmachen. Sein Geschäft ist die vom Staat festgelegte Fangquote von zwanzig Polarfüchsen pro Jahr und einigen Schneehühnern. Für die bekommt er 20 000 Kronen, das reicht ihm fürs Überleben. Daneben darf er noch Seehunde schießen, als Futter für seine Hunde. Die garstig aussehenden Kadaver hängen, unerreichbar für Eisbären, an einem Holzgerüst vor seiner Hütte.

Der Mann ist ein Aussteiger, war bis zu seinem 37. Lebensjahr Biologe, bis er von der Zivilisation die Nase voll hatte und auf Svalbard an alte «Fangstmann»-Traditionen anknüpfte. Auf den ersten Blick sieht er aus wie ein Zivilisationsflüchtiger: langer, zottliger Bart, geflickter Pullover, die Selbstgedrehte im Mundwinkel. Und erzählen kann er auch, wie man es von einem Einsiedler erwartet: von den verdammt gefährlichen Eisbären, von denen er schon so manche in Notwehr erschießen mußte, von den «verfluchten Bürokraten» in Oslo, die hier alles schützen müßten anstatt eine wirkliche Demokratie auf der Insel durchzusetzen, und von noch vielem mehr.

Der Isfjord, an dem sowohl Longyearbyen als auch Haralds Hütte liegt, ist der größte Fjord des Archipels. Besonders im Westen und im Norden der größten Insel Spitzbergen sind breite, tief einschneidende Fjorde typisch. Typisch für den Westen sind auch die Reihen spitzer Bergkuppen, die aus dem Eis der Gletscher hoch hervorstechen. Sechzig Prozent des Areals auf Svalbard sind von Eis bedeckt. Auf der Insel Nordaustlandet zeigen sich keine Bergspitzen, dort bedecken die Gletscher alle anderen Landformen vollständig. Wo aber etwas herausragt, können beträchtliche Höhen erreicht werden. Die Newton-Spitze im Norden von Spitzbergen erreicht immerhin 1717 Meter. Auf der Ostseite von Spitzbergen und auch auf der Edge-Insel und der Bäreninsel sind die beeindruckendsten Ansichten Svalbards zu bewundern: die zum Wasser hin steil abfallenden Gletscherwände, kantig geschliffene Eiskristalle, die im Sonnenlicht tausendfach blau funkeln. Sie sind am besten vom Wasser her zu betrachten, was Dutzende von Kreuzfahrern von ihren Schiffen aus jedes Jahr tun – ein Zwischenstopp auf Svalbard ist äußerst beliebt. Denn näher kommt man an den Nordpol nicht heran.

INFOTEIL

INFOTEIL
NORWEGEN
VON A – Z

Auskunft	215	Jugendherbergen	219
Auto	215	Kino	219
Bahn	215	Länger bleiben	219
Behinderte	216	Lesen	219
Busse	216	Musik und Theater	220
Camping	216	Nationalparks	220
Diplomatische Vertretungen	216	Notruf	222
Fahrrad	217	Post	222
Festivals	217	Reisezeit	222
Flugzeug	217	Schiffe und Fähren	223
Frauen	218	Sport	223
Geldwechseln	218	Sprache	223
Gesundheit	218	Telefon	224
Hotels	218	Wandern	224
Hütten	218	Wörterbuch	224
Internet-Adressen	218		

Auskunft

Alles, was das Herz begehrt an Prospekten, Broschüren und allgemeinen Informationen, bekommt man beim Norwegischen Fremdenverkehrsamt. Das gibt auch jedes Jahr ein «Offizielles Reisehandbuch» heraus, das abzüglich der dicken Norwegenwerbung nützliche Adressen, Veranstaltungstips und Berichte bietet:

Norwegisches Fremdenverkehrsamt, Mundsburger Damm 27, 22087 Hamburg, Tel. 040/2271 0810, Fax 040/ 2271 0815, http://www.skandinavien .de
Informationen gibt es natürlich auch über die Botschaften oder die Konsulate, im Land selbst bei der «turistinformasjon» der Städte (siehe «Regionale Tips»).

Auto

In Norwegen gibt es keine Autobahnen, abgesehen von einigen Teilstücken um Oslo, Stavanger und Bergen, auf denen man 90 km/h fahren darf. Sonst gelten außerhalb geschlossener Ortschaften 80 km/h, innerhalb 50 km/h. Daran sollte man sich angesichts der teilweise engen und unübersichtlichen Straßenverhältnisse unbedingt halten, zur eigenen Sicherheit und auch, weil es sonst sehr teuer werden kann. Wer die Höchstgeschwindigkeit um 10 km/h überschreitet und erwischt wird, muß mindestens 600 Kronen, rund 120 Mark, bezahlen. Falschparken kann ein 300-Kronen-Ticket einbringen. Es empfiehlt sich übrigens zu bezahlen, denn es wurden schon Reisende an der Grenze abgewiesen, weil sie dem Innenministerium noch Bußgelder aus dem letzten Norwegen-Urlaub schuldeten.
Überhaupt keinen Spaß versteht die Polizei bei Alkohol am Steuer. Wer mit über 0,9 Promille erwischt wird, muß mit mindestens 5000 Mark Bußgeld rechnen. Norwegern wird überdies noch der Führerschein für ein Jahr entzogen.
Vor manchen Städten (Bergen, Oslo und Kristiansand) und vor einigen Gebirgspässen, Brücken und Tunnels stellen sich dem anrollenden Auto kleine braune Holzhäuschen mit dem Schild «bompenger» entgegen. Hier müssen Mautgebühren bezahlt werden, zwischen 5 und 15 Kronen. Damit wird der enorm teure Straßenbau mit-finanziert; Instandsetzung und Bau von Straßen fressen jedes Jahr rund vier Prozent des Staatshaushalts, fast soviel wie das Militär.
Im Fjordland muß man außerdem noch für Fähren bezahlen. Mögen auch die Fortschrittspolitiker von einem völlig untertunnelten oder überbrückten Vestland träumen – immer noch handen viele Straßen unvermittelt am Wasser. Motor abstellen, warten, bis die Fähre vom anderen Ufer zurückkommt, und dann an Bord die Aussicht vom Wasser aus genießen, die viel schöner ist als aus dem Autofenster.

Bahn

Mit der Bahn zu fahren ist in Norwegen nach der Schiffahrt am zweitschönsten. Und auch recht billig. So kostet die Strecke Oslo – Bergen um die 80 Mark. Noch billiger wird das Bahnfahren, wenn man sich zu Hause das «ScanRail»-Ticket kauft: 21 Tage unbegrenzte Fahrt durch Schweden, Dänemark, Norwegen und Finnland kosten rund 500 DM (2. Klasse), wenn man unter 26 ist sogar nur knappe 400 DM. Diese Karte lohnt sich auch für Norwegen allein. Dann gibt es noch eigene Angebote des Norges Statsbaner NSB, zum Beispiel das «midtukebillett»: Für rund 120 DM kann man wochentags ohne Freitag so weit fahren, wie man möchte. Auch «Minigruppen» bekommen 25 Prozent Abschlag. Die Angebote wechseln aber ständig, deshalb die aktuellen Angebote vor Ort erfragen!
Ein Handikap hat das Bahnfahren in Norwegen: Das Streckennetz ist sehr dünn. Es gibt drei Hauptstrecken von Oslo, mehr läßt die Geographie nicht zu: nach Bergen, nach Stavanger (über Kristiansand) und nach Bodø (über Trondheim). Wer von dort weiter nach Norden will, muß den Bus nehmen. Aber Bahnfahren in Norwegen ist gemütlich, denn große Geschwindigkeiten lassen die Streckenführungen nicht zu; und es ist schön, denn man bekommt auf den drei Strecken den ganzen landschaftlichen Kontrast des Landes zu sehen. Ein besonderes Erlebnis ist die Bergen-Bahn von Oslo nach Bergen: von den Tälern des Ostens hinauf auf die Hochebenen der Hardanger Vidda und zum Schluß wieder hinunter in die Welt der Fjorde – wunderbar.

AUSKUNFT – BAHN

215

Norges Statsbaner (NSB), Jernbane-torget 1, N-0154 Oslo, Tel. 22 36 81 11, http://www.nsb.no

Behinderte

Norwegen ist, verglichen mit der Bundesrepublik, ein relativ behinderten-freundliches Land. Die Bürgersteig-kanten sind zwar genauso hoch, aber fast alle öffentlichen Gebäude und die Banken haben Rampen. Es gibt eine große Auswahl behindertengerechter Hotels und Campingplätze. Die Staats-bahnen verfügen über speziell aus-gerüstete Waggons. Informationen sind erhältlich über:

Norges Handikappforbund, Schwei-gaardsgt. 2, N-0134 Oslo, Tel. 22 17 02 55, Fax 22 17 61 77

Busse

Die Busse fahren einen höchst be-quem und fast genauso schnell wie die Bahn von Nord nach Süd oder Ost nach West. Der NOR-WAY Busseks-press betreibt 200 hochmoderne, voll-klimatisierte Reisebusse mit Video, Imbiß und Telefon. Der «Bergen-Trondheim-Express» bringt einen täg-lich in 15 Stunden 30 Minuten für rund 180 Mark ans Ziel. NOR-WAY be-fährt insgesamt 20 Langstrecken. In-formationen beim Fremdenverkehrs-amt oder bei

NOR-WAY Bussekspress A/S, Jern-banetorget 2, N-0154 Oslo 1, Tel. 23 00 24 40, Fax 22 42 50 33, http://www.nbe.no

Daneben gibt es die unzähligen loka-len und regionalen Verkehrsgemein-schaften, deren Busse in die entlegen-sten Winkel fahren. Das Streckennetz ist recht gut ausgebaut, nur darf man nicht erwarten, daß die Busse im Zehn-Minuten-Takt vorbeikommen. Es empfiehlt sich, sich vorher für die Region, in der man sich bewegen will, eine «rutetabell», einen Fahrplan, zu besorgen.

Camping

Wer möchte, kann sein Zelt auf einem der 1400 Campingplätze aufschlagen. Eine Auflistung bekommt man beim

Norges Automobilforbund NAF, Stor-gaten 2, N-0155 Oslo, Tel. 22 34 14 00, Fax 22 33 13 72

Die Klassifizierungen reichen von ei-nem bis drei Sternen, je nach Ausstat-tung mit fließend warmem Wasser, Kochplatten, Stromanschlüssen, Le-bensmittelladen. Zwei Personen mit einem Zelt und Auto müssen auf ei-nem Ein-Sterne-Platz mit 10 DM rech-nen, bei zwei Sternen mehr sind es 20 DM.

Hat man auf Zelten keine Lust oder ist das Nylon noch von der letzten Nacht triefnaß, kann man eine der Camping-hütten an gleicher Stelle nehmen. Die sind etwas teurer, haben aber dafür meistens Kühlschrank, Kochplatte und – zur Not – auch Heizung. Das Bett-zeug sollte man selbst dabeihaben.

Und wer gar keine Lust auf Camping-platz hat – bitte, dem steht der Rest des Landes frei zur Verfügung. In Norwe-gen gilt nämlich das «Jedermanns-recht» (allemannsrett), das zwar nir-gendwo geschrieben steht, das aber alle kennen und beherzigen. Danach darf man sich überall frei bewegen und sein Zelt aufschlagen. Tiere, Pflan-zen und Menschen dürfen dadurch aber nicht beeinträchtigt werden, Zelte und Wohnmobile müssen we-nigstens 150 Meter vom nächsten Haus entfernt aufgestellt werden.

Diplomatische Vertretungen

In Norwegen
Botschaft der Bundesrepublik Deutschland, Oscarsgate 45, N-0258 Oslo 2, Tel. 22 55 20 10, Fax 22 44 76 72

Botschaft der Republik Österreich, Thomas Heftyes gate 19, N-0264 Oslo, Tel. 22 55 23 48, Fax 22 55 43 61

Botschaft der Schweiz, Bygdøy Allé 78, N-0268 Oslo 2, Tel. 22 43 05 90, Fax 22 44 63 50

In Deutschland
Königlich Norwegische Botschaft, Mittelstraße 43, 53121 Bonn, Tel. 02 28/81 99 70, Fax 02 28/37 34 98, http://www.norwegen.org

Außenstelle Berlin: Rauchstr. 11, 10787 Berlin, Tel. 0 30/2 64 17 22, Fax 0 30/2 64 09 33

In Österreich
Königlich Norwegische Botschaft, Bayerngasse 3, A-1037 Wien, Tel. 02 22/7 15 66 92, Fax 7 12 65 52

In der Schweiz
Königlich Norwegische Botschaft, Dufourstraße 29, CH-3005 Bern, Tel. 0 31 / 44 46 76, Fax 0 31 / 43 53 81

Fahrrad
Das Pedaletreten ist mühsam in Norwegen. Sehr große Steigungen lassen sich vermeiden, wenn man sich an den Süden und Südosten des Landes hält. Østfold beispielsweise oder das Sørland um Kristiansand sind ideale Radfahrlandschaften. Entlang der Küsten gibt es schöne Wege mit wenig Verkehr. Der norwegische Fahrradfahrerverband hat ein Buch mit vielen Tourenvorschlägen herausgegeben (zum Beispiel «Rund um die Lofoten»), das auch auf deutsch erschienen ist (siehe Lesen). Weitere Informationen:

Syklistenes Landsforening, Storgate 23 C, N-0184 Oslo, Tel. 22 41 50 80, Fax 22 41 65 65, E-Mail: slf@online.no, Internet: home.sol.no/~slf-bike/index.html

Mit mutraubendem Gegenwind und Regen im Rücken muß man rechnen, deshalb wetterfeste Kleidung mitnehmen. Zwischendurch kann man in den Zug, den Bus oder auf die Schiffe der Hurtigrute umsteigen. Das Fahrrad kostet auf allen Strecken der Staatsbahn nur 5 Mark. Fahrradverleih gibt es nur an wenigen Badeorten der Südküste.

Festivals

Film
Haugesund, August: Norwegisches Filmfestival

Kristiansand, Mitte März: Nordisches Filmfestival

Musik
Bærum, Ende Juni: Kalvøya-Festival (Rock und Pop international)

Bergen, Ende Mai / Anfang Juni: Internationales Musikfestival (14 Tage Theater, Musik und Ballett) und Natt-Jazz

Kongsberg, Anfang Juli: Kongsberg Jazzfestival

Molde, Mitte Juli: Internationales Jazzfestival (das renommierteste und bestbesetzte)

Oslo, Anfang August: Oslo Jazz-Festival (in der ganzen Stadt)

Voss, Anfang April: Vossa Jazz (Internationales Jazz-Festival)

Theater
Bergen, Ende Mai / Anfang Juni: Internationales Theater- und Musikfestival

Oslo, August: Oslo Festival

Das sind nur die größten und ständigen Festivals. Daneben gibt es noch eine unüberschaubare Menge kleinerer und einmaliger Festivals, nach denen man sich entweder vor Ort oder beim Fremdenverkehrsamt in Hamburg erkundigt. Einen besonderen Höhepunkt wird man im Jahr 2000 in Bergen erwarten können. Die Hansestadt wurde für das Jahr zur Kulturhauptstadt Europas gewählt.

Flugzeug
Fliegen kann man fast in jedes Kaff. Die Norweger leisten sich sage und schreibe 56 zivile Flugplätze. Im Inland konkurrieren die beiden großen Gesellschaften Braathens SAFE und SAS miteinander um die Kunden und locken mit fast gleichen Vergünstigungen – besonders in den Sommermonaten: Die bis zu 50% billigeren *Billy*- oder *Jackpot-Tickets* kriegt man allerdings nur, wenn ein Wochenende zwischen Hin- und Rückflug liegt. Andere Angebote sind Familienrabatte und Jugendermäßigung für Leute unter 25. Wer Norwegen nur von der Luft aus erobern will, sollte sich überlegen, ob sich ein «Visit Norway Pass» von Braathens SAFE oder «Visit Scandinavia Pass» von SAS lohnt. Preisbeispiel: Langstrecke Oslo – Tromsø 240 DM, Kurzstrecke Kristiansand – Trondheim 120 DM. Tickets können auch über Internet bestellt werden.

Braathens S. A. F. E., Postboks 55, N-1330 Oslo Airport, Tel. 6 75 86 00, Fax 67 12 01 39, Internet: http://nettvik.no/terminalen/braathens

SAS, Saonestr. 3, 60528 Frankfurt, Tel. 0 69 / 66 55 81 11, Fax 66 55 81 23. Reservierung in Norwegen: Tel. 81 00 33 00, Internet: www.sas.no

BEHINDERTE – FLUGZEUG

217

Frauen

Kvinnefronten, Heldesensgt 12 – 14, N-0553 Oslo, Tel. 22 37 60 54. Radikale Speerspitze der norwegischen Frauenbewegung. Hier gibt es Kontakte und Informationen, zum Beispiel zur Anti-Porno-Kampagne von Kvinnefronten.

Senter for kvinneforskning, Blindern, Postboks 1040, Sognsveien 70, N-0315 Oslo, Tel. 22 85 89 30, Fax 22 85 89 50, Frauenforschungszentrum

Geldwechseln

Banken und Sparkassen haben in der Regel montags bis freitags von 8.15 bis 15.30 Uhr geöffnet, im Sommer (15. Mai bis 1. September) bis 15 Uhr, donnerstags auch bis 17 Uhr. Eine Bank gibt es in allen Ortschaften, und alle wechseln Geld, nur variieren die Gebührensätze in der Branche von 20 bis 40 Kronen.
Außerhalb der Öffnungszeiten und am Wochenende haben an vielen Flughäfen und Bahnhöfen Wechselstuben geöffnet. Auch in größeren Hotels kann man meistens Geld wechseln und Schecks einlösen, allerdings zu gepfefferten Gebühren.

Gesundheit

Besucher aus dem Ausland sollten das Formular E-111 in der Tasche haben, das man bei der Krankenkasse bekommt. Dann muß beim Arzt nach der Behandlung nur die Gebühr (150 – 250 Kr.) bezahlt werden, der Rest wird über internationale Abkommen geregelt.
Unter «legevakt» stehen im Telefonbuch die ambulanten Dienste, die rund um die Uhr Bereitschaft haben. Norwegen hat ein äußerst strenges Arzneimittelgesetz: Ohne Rezept bekommt man außer Kondomen, Seifen und Kopfschmerztabletten so gut wie gar nichts. Also mitnehmen, was man benötigt!

Hotels

Norwegische Hotels sind teuer. Ihr Standard ist dafür hoch. Billige Absteigen gibt es in Norwegen nicht. Besonders schön sind die «høyfjellshoteller» im Hochgebirge. Viele Hotels sind zu einer Kette verbunden und bieten für diese Ermäßigungen an. Mit dem «Fjord-Pass» für rund 30 Mark bekommt man in 222 Hotels Ermäßigungen. Dann kostet eine Übernachtung mit Frühstück pro Person zwischen 30

und 80 Mark. Der normale Tarif ist ab 80 Mark aufwärts. Eines ist an norwegischen Hotels besonders zu empfehlen: die üppigen kalten Buffets, an denen man sich manchmal schon für 25 Mark satt essen darf. Dafür braucht man nicht dort zu übernachten.

Hütten

Wie die Norweger in einem Blockhaus am Fjord oder auf dem Fjell zu urlauben ist eine Alternative zum Herumreisen. Der größte Ferienhausvermittler ist.

Den Norske Hytteformidling, Postboks 3404 Bjølsen, N-0406 Oslo, Tel. 22 35 67 10, Fax 22 71 94 13. Preisbeispiel: In der Hochsaison (23. Juni bis 4. August) kostet eine gute Hütte mit vier Betten, Strom, Wasser und Toilette rund 600 Mark in der Woche. In der Zwischensaison (9. bis 23. Juni und 4. – 18. August) ist sie 100 und in den verbleibenden Monaten 200 Mark billiger. Besonders schön sind die «rorbuer» auf den Lofoten, die auf Pfählen halb im Wasser stehenden Fischerhütten. Früher, als der Dorschfang noch florierte, übernachteten hier die Fischer in der Zeit zwischen den Ausfahrten.

Internet-Adressen

Es gibt nur wenige Länder, in denen man sich so gut über das Internet auf eine Reise vorbereiten kann wie auf Norwegen. Ob es sich um einen Übernachtungsplatz am Nordkap oder die billigste Pizza in Oslo handelt – alles läßt sich vor der Abfahrt und unterwegs über das Netz abrufen – oft auch in Englisch.
Der wichtigste Navigator durch Norges «Nett» ist der Suchdienst **Kvasir** (www.search.kvasir.sol.no). Mit einem Stichwort, einem Ortsnamen erhält man eine große Auswahl an Sites und Verweisen.
Allgemeine Informationen über Land und Leute findet man in den Seiten der **norwegischen Regierung** (www .odin.dep.no). Die Norwegische Botschaft in Deutschland bietet die deutschen Übersetzungen der Artikel sowie zahlreiche nützliche Adressen für Interessierte (www.norwegen.org). Die Version für die USA ist gleichwohl ausführlicher und hat auch die aktuellen Informationen aus «Norway daily» (www.norway.org).

Viele norwegische Städte haben eine offizielle Web-Site, die jeweils unter dem Stichwort Informationen angegeben sind. Das gleiche gilt für große Reiseveranstalter, Fährbetreiber, die norwegischen Staatsbahnen oder die Airlines.

Wer Norwegisch versteht, kann sich auch bei den großen **Tageszeitungen** einlesen (www.aftenposten.no oder www.dagbladet.no).

Weitere Internet-Adressen sind unter «Regionale Tips» bei den jeweiligen Städten zu finden.

Jugendherbergen

Wo «vandrerhjem» (Jugendherberge) dran steht, braucht man keine Schlafsäle mit Schnarchchorälen befürchten. Mit Einzel-, Doppel- und Familienzimmern weisen die 80 norwegischen Jugendherbergen die Alternative zum Hotel. Auch hier weisen ein bis drei Sterne den Weg zum Standard. Zwischen 15 und 30 Mark kostet eine Übernachtung, Mitglieder von Jugendherbergsverbänden erhalten einen Abschlag von 4 Mark. Informationen:

Norske Vandrerhjem, Dronningensgate 26, N-0154 Oslo, Tel. 22 42 14 10, Fax 22 42 44 76

Kino

In Norwegen kann man auch ins Kino gehen, ohne Norwegisch zu können. Denn die englischen (selten deutschen) Filme werden nicht synchronisiert. Ein Kino gibt es in jedem Ort, eine größere Auswahl an Filmen aber nur in den großen Kinozentren der Städte. Bessere Filme laufen in den Filmclubs, die privat organisiert sind, aber auch Nicht-Mitgliedern offenstehen.

Länger bleiben

Wer noch nicht zu alt ist, kann sich wenden an das:

Norwegian Youth Council (LNU), Rolf Hofsmogate 18, N-0655 Oslo 6. LNU vermittelt für ausländische Jugendliche zwischen 18 und 30 Jahren während der Sommerferien Jobs auf einem Bauernhof. Dafür gibt es Kost und Logis und ein kleines Taschengeld.

Lesen

Reiseführer

Für Norwegischkundige empfiehlt sich unbedingt das Autoreisebuch des **Norwegischen Automobilverbandes NAF**. In den Beschreibungen werden auch kuriose Dinge entlang der Straßen nicht links liegen gelassen.

Radwandern in Norwegen zeigt: Die deutsche Übersetzung der hervorragenden Routenbeschreibungen des Norwegischen Radfahrerverbandes (immer auch mit abseitigen Wegen) ist im Rutsker Verlag erschienen.

Das Reisehandbuch **Spitzbergen** von Andreas Umbreit (Conrad Stein Verlag) ist eine praktische Hilfe für jeden, der sich auf Svalbard vorbereiten möchte.

Norwegen. Ein Reisebuch heißt eine Sammlung von Berichten und Essays, herausgegeben von Anja Schroth (Ellert & Richter Verlag). Schön zu lesen der Bericht des Emigranten Max Tau über sein Zufluchtsland und die beiden Texte von Alfred Andersch.

Reiseberichte

Alfred Andersch ist auch in dem hübschen «Bibliophilen Taschenbuch» *Norwegen. Paradies im Norden* (Harenberg, mit Fotos von Peter Mertz) vertreten. Außerdem enthält der Band literarische Betrachtungen von Ernst Jünger, Walter Benjamin und Hans Magnus Enzensberger. Anderschs gesamte *Wanderungen im Norden* sind im Diogenes Verlag erschienen.

Hans Magnus Enzensbergers *Norwegische Anachronismen* finden sich in *Ach Europa* (Suhrkamp-Taschenbuch). Es ist eine gelungene Zustandsbeschreibung des modernen Norwegen: kritisch, mit Witz und dennoch nicht ohne Zuneigung zu dem Land, in dem er selbst einige Jahre verbracht hat.

Wer nachvollziehen möchte, wie wenig sich auch im modernen Norden an manchen Stellen geändert hat, der sollte dem Botaniker Carl von Linné auf seiner *Lappländischen Reise* (Insel Taschenbuch) folgen.

Landeskunde

Dem Norwegen-Band in der Beckschen Reihe *Aktuelle Länderkunde* von

FRAUEN – LESEN

Austrup und Quack ist zugute zu halten, daß er auf 150 Seiten gepreßt eine Menge an Informationen bietet.

Anregende und informative Aufsätze über die *Leidenschaft für Gleichheit und Gerechtigkeit* versammelt der von dem Berliner Landeskundler Bernd Henningsen herausgegebene und im Nomos-Verlag erschienene Band.

Literatur

Ingvar Ambjørnsen: *Weiße Nigger* (Nautilus Verlag). Ein angeblich stark autobiographischer Roman aus der Osloer Freak-Szene Ende der siebziger Jahre, in der sich alles um Haschisch und Sozialhilfe drehte.

Dalen Portland von Kjartan Fløgstad (Wolfgang Butt Verlag). Schildert lebendig und spannend die Geschichte der norwegischen Familie Høysand.

Wenn es in Bergen zuviel regnen sollte, ist es gut, einen spannenden Krimi aus dieser Stadt in der Tasche zu haben: *Im Dunkeln sind alle Wölfe grau* von Gunnar Staalesen (Wolfgang Butt Verlag).

Herbjørn Wassmo erzählt in der Trilogie *Das Haus mit der blinden Glasveranda*, *Der stumme Raum* und *Gefühlloser Himmel* (alle Droemer Knaur) die Lebensgeschichte des Mädchens Tora in einem Dorf auf den Vesteraalen, das wegen ihres deutschen Soldatenvaters geschnitten und von ihrem Stiefvater mißbraucht wird.

Øyvin Hånes: *Amerikanische Landmaschinen*. Eine Liebesgeschichte. (Luchterhand 1995)

Karin Fossum: *Evas Auge* (Piper 1996). Psycho-Krimi «um eine junge Frau, die durch bloße Neugier in ein Verbrechen verwickelt wird».

Lyrik

Ich bin des windigen Berges Kind, Lieder und Texte aus Lappland von Nils Aslak Valkeapää (Verlag im Waldgut).

Paal Helge Haugen: *Das überwinterte Licht / Det overvintra lyset* und Einar Økland: *Blaue Rosen / Blå roser* (beide Verlag Kleinheinrich).

Musik und Theater

In der lokalen Zeitung sind unter der Rubrik «Underholdning» alle Veranstaltungen des Abends zu finden. In Oslo gibt es das Stadtmagazin *Natt & Dag*, in anderen großen Städten liegen in den Touristeninformationen *This week*-Kalender aus. Die größeren Clubs geben auch ihre eigenen Musikinformationen heraus, mit Vorankündigungen, Kritiken und Trends.

Nationalparks

Anfang 1997 gab es im Königreich Norwegen achtzehn Nationalparks. Alle Schutzgebiete sind für jedermann zugänglich – was der Nationalparkidee entspricht. Der Mensch, so wollen es die Dekrete, soll in ihnen ein verantwortungsbewußtes Verhältnis zur Natur entwickeln können. Wer in einem der Nationalparks wandern oder mit dem Kanu paddeln möchte, sollte sich zunächst in Verbindung setzen mit:

Den Norske Turistforening, siehe «Wandern»

Norges Naturvernforbund, Boks 6891 St. Olavs Plass, N-0130 Oslo, Tel. 22 04 46 00, Fax 22 04 46 20. Norwegischer Naturschutzverband. Auch mit englischsprachigen Informationen. www.ngo.grida.no/naturvern

Hier erfährt man alles über die besonderen Bestimmungen, die in Nationalparks gelten, über Übernachtungsmöglichkeiten, Wanderwege und anderes mehr. Wer mit dem Zelt in einem der Parks unterwegs ist, sollte wissen: Bäume oder Pflanzen dürfen nicht beschädigt und Brutplätze müssen umgangen werden.

Zu den Perlen Nordnorwegens gehört der **Rago Nationalpark** in der Provinz Nordland. Auf seiner Ostseite liegt der schwedische Park Padjelanta. Zusammen bilden diese beiden Parks ein landschaftliches Eldorado, wie es niemand so weit nördlich des Polarkreises erwartet. Etwa 25 Kilometer nördlich der kleinen Stadt Fauske an der E 6 führt eine Seitenstraße bis nach Lakshola an den Westrand des Nationalparks. Von dort geht ein gut markierter Wanderweg ins Herz einer ebenso wilden wie wechselhaften Landschaft. Das Meer liegt nicht weit entfernt, das heißt, auch im Sommer muß mit beträchtlichen Niederschlägen gerechnet werden. Was bekommt man als Entschädigung? Ein riesiges Tal, durch das sich ein Fluß mit mehreren Wasserfällen seinen Weg bahnt. Kiefer- und Mischwald im Nordosten, im Süden Gletscher und auch im Sommer Schneewehen, die wie Hüte in der Landschaft liegen. Hier trifft man Vielfraße oder Elche häufiger als auf andere Menschen.

Ebenfalls noch nördlich des Polarkreises liegt der **Saltfjell-Nationalpark**, der sich von Mo i Rana und Fauske von der E 6 im Osten bis zum Nordmeer im Westen erstreckt. Wer den faszinierenden Svartisen-Gletscher erleben oder gar bewandern will, sollte von Storforshei Richtung Nordwesten starten. Auf dem Weg dorthin liegt die bekannteste der Saltfjell-Grotten (Grøtli). Die schönsten Höhlen liegen jedoch im Norden des Parks, Interessierte sind unbedingt auf die hilfsbereiten Einwohner angewiesen. Auf dem Campingplatz Nordnes südlich von Rognan kann man nach dem Weg zum Kvitbergsee und dem Rusågafluß fragen: Von dort führt eine etwa 15 Kilometer lange Wanderung in einen Ur-Wald, in dem die menschlichen Eingriffe auf die wichtigen Hinweisschilder beschränkt sind. Auf halbem Wege liegen die großen Ruså-Grotten, in die man nur durch ein kleines Loch in einer leuchtendgelben Marmorwand gelangt. Am Ende der Wanderung, am glasklaren Kvitberg-See, öffnet sich der Nationalpark in seiner ganzen Schönheit. Schon kurze Wanderungen auf einem Achthunderter bieten einen atemraubenden Überblick, der jeden zum Schweigen bringt: Im Nordwesten die dunkle Wand der Lofoten-Inseln, im Südwesten das Weißblau des Svartisen. Nach Osten öffnet sich die Landschaft und geht in eine scheinbar unendliche, mit kleinen Seen geschmückte Hochebene über. Der Saltfjell-Park ist 2250 Quadratkilometer groß. Nie wird man das Gefühl los, mehr als nur einen Zipfel kennengelernt zu haben.

Wesentlich bekannter und daher auch stärker besucht sind die Nationalparks in Südnorwegen. Zwischen Dombås und Trondheim liegt das **Dovrefjell**, dessen Moschusherde (1996: 70 Tiere), die 1950 hier in ihrer ursprünglichen Heimat ausgesetzt wurde, seit Jahrzehnten Schaulustige anlockt. (Vorsicht, keine Streicheltiere!) Der Nationalpark verfügt mit der Forschungsstation Kongsvold fjellstue an der E 6 über ein hervorragendes Informationszentrum, in dem vor allem Kontinentaleuropäer eine gute Einführung in die Geschichte, Tier- und Pflanzenwelt dieses Nationalparks erhalten. Wer nicht mit dem Rucksack unterwegs ist, sollte hier seinen Wagen abstellen oder aus dem Zug aussteigen und eine Zwei-Tage-Wanderung Richtung Westen beginnen. Wer in der Selbstbedienungshütte Reinheim (5 Stunden von Kongsvold entfernt) angekommen ist, kann sich auf eine Gipfelbesteigung der Extraklasse vorbereiten. Im Rücken der Hütte liegt der 2286 Meter hohe Snøhetta, dessen schneebedeckte Ostseite auch für unerfahrene Bergsteiger gut zu bewältigen ist. Der Blick vom Gipfel ist unbeschreiblich. Im Westen die Fjorde, im Süden das «Dach Norwegens», Jotunheimen, und im Osten die Zweitausender der Rondane.

Rondane ist der älteste der norwegischen Nationalparks – karg, aber nicht langweilig, dominiert vom See Rondavatn und den ihn umgebenden steingrauen Gipfeln. Gelegentlich hört man die Frage, was an dieser Einöde schützenswert sei. Das kalte, trockene Klima macht Pflanzen und Tieren das Leben schwer. Für die Regierung Grund genug, diese empfindliche Landschaft zum Schutzgebiet zu erklären. Im Park herrscht reger Wanderverkehr, hier können auch Familien mit Kleinkindern die Gipfel erstürmen, an der Rondvassbu-Hütte (mit Voll-Service) erinnert der Holzschilderwald ein bißchen an eine Großstadtkreuzung – doch sonst sind die Eingriffe des Menschen auf ein Minimum beschränkt. Von der Stadt Otta im Gudbrandsdal führen zwei Straßen an den Rand des Parks. Parkplätze und ein paar Hinweisschilder signalisieren die Grenzen des immerhin 570 Quadratkilometer großen Gebiets.

Die drei auch in Europa bekanntesten Nationalparks in Norwegen sind das Gletschermassiv Jostedalsbreen, **Jotunheimen** und die **Hardangervidda**. Obwohl sie topographisch sehr unterschiedlich sind, haben sie eines gemeinsam: Sie sind die Klimagrenze Südnorwegens. Wer in die Heimat der Riesen, das Jotunheimen, möchte, sollte Norwegens schönsten Gebirgspaß, die Straße 51 von Fagernes nach

Vågåmo wählen. Wie ein undurch-dringliches Massiv wirkt dieses Hoch-gebirge, doch zahlreiche markierte Wege, unter anderem zu den beiden «Spitzenreitern» Galdhøppingen und Glittertind, werden Jahr für Jahr von Tausenden bewandert. Im Westen sind die scharfen Kanten der unbezwingba-ren Gipfel und die Hochplateaus des Jostedalsbreen, im Osten die weiten Ebenen und einige der schönsten Bin-nenseen Norwegens. Ein Leckerbissen als «Einstieg» ins Jotunheimen ist die Fährfahrt auf dem grünlich schim-mernden Gjende-See von Gjendes-heim an der Straße 51 nach Gjendebu. Ein idealer Ausgangspunkt für eine Wanderung über mehrere Tage.

Im Winter ebenso erlebnisreich wie im Sommer ist die **Hardangervidda**, Europas größte Hochebene. Die durchschnittliche Höhe liegt bei etwa 900 Metern, doch nichts gibt Wande-rern das Gefühl, in einem Gebirge zu sein: spärlicher Bewuchs, von har-ten Wintern gelöstes Gestein und Schmelzwasser, das sich seinen Weg zu den unzähligen Flüssen und Seen bahnt. Im Norden verläuft die Straße 7, eine der beiden Straßen zwischen Oslo und Bergen, ebenso wie einige Stationen der Bergensbahn (Ustaoset, Haugastøl und vor allem Finse) Aus-gangspunkt für Tages- oder längere Wanderungen. Die scheinbar gleich-förmige Landschaft blüht im Früh-herbst in den schönsten Farben. Wer ein bißchen von den Hauptwander-wegen abkommt, kann die Rentierher-den auf ihrem Weg nach Westen be-obachten. Das Netz der Wanderwege wird durch 16 Hütten komplettiert. Auch bei einem plötzlichen Wetter-umschwung – was vorkommen kann – findet man in norwegischen Natio-nalparks Schutz.

Damit jeder wieder heil zurückkommt, sollten unbedingt die «fjellvettregler», die Sicherheitstips der Turistforening, beachtet werden. Vor allem bei Win-tertouren sollte gelten:

1. Untrainierte sollten schwierige und lange Etappen meiden.
2. Hinterlassen Sie am letzten Aufent-haltsort Ihr nächstes Ziel.
3. Beachten und beherzigen Sie die Wettermeldungen. Haben Sie jeder-zeit Respekt vor dem Wetter.
4. Hören Sie auf erfahrene Leute.
5. Achten Sie auf eine gute und zweck-mäßige Kleidung und Ausrüstung.

Man sollte für alle (Not-)Fälle gerü-stet sein.
6. Nie ohne Karte und Kompaß gehen.
7. Gehen Sie nicht alleine.
8. Haben Sie Geduld und warten Sie lieber noch einen Tag auf besseres Wetter. Und schließlich ist es auch keine Schande, wieder umzukehren!

Notruf
Im Telefonbuch findet man unter «Nødtelefon»/SOS die Rufnummer der **Polizei** (112), **Feuerwehr** (110) und **Rettungswagen** (113).

Post
Die Farbe der norwegischen Post ist rot. Öffnungszeiten der Postämter: montags bis freitags von 8.30 bis 17 Uhr, samstags von 8 bis 13 Uhr. Hier kann man neben Briefmarken (5 Kro-nen für einfachen Brief und Postkarte nach D) immer auch Geld wechseln und/oder vom deutschen Postspar-buch abheben.

Reisezeit
Das Klima in Norwegen ist dank des Golfstroms eigentlich nicht so weit vom mitteleuropäischen entfernt. Ge-rade die Küstenregionen weisen milde Temperaturen auf. Bergen kann zum Beispiel eine Jahresmitteltemperatur von 7,8 Grad Celsius vorweisen. Dafür läßt es der Golfstrom sorgen dort auch viel regnen – 2000 Millimeter Nieder-schlag im Jahresdurchschnitt, in Oslo sind es nur 740 Millimeter.
Die wärmsten Monate sind Juli und August, dann beläuft sich die Durch-schnittstemperatur selbst in Karasjok noch auf 15,1 Grad. Die Nordpolar-stadt Tromsø in dieser Zeit bei 25 Grad warmem Wetter erleben zu wollen, keine zu hoch geschraubte Erwartung. Wer zur Überraschung der Daheimge-bliebenen gerne braungebrannt zu-rückkommen möchte, sollte im Au-gust an die Schärenküste im Süden fahren. An manchen Stellen kann es in dieser Zeit allerdings sehr voll werden. Auch der September ist noch ein guter Reisemonat, vor allem im Landesin-nern läßt sich dann noch gut wandern und radfahren.
Die schönste Winterzeit ist um Ostern herum, wenn die Sonne schon wieder kräftig scheint und alles in schönstem Weiß erstrahlt. Dann ist auch Ski- und Hüttensaison, besonders in den Tälern des Ostens.

Schiffe und Fähren

Zu Wasser ist die allerschönste und «echteste» Art, Norwegen zu bereisen. Schließlich heißt «Nor-weg» nichts anderes als der Wasserweg entlang der Küste. Die Anreise empfiehlt sich mit der Fähre von Kiel nach Oslo oder von Hanstholm (Dänemark) nach Egersund oder Bergen. Die langsame Fahrt durch den Oslofjord zur Hauptstadt stimmt am besten ein aufs Reiseland. Im Westen kann man sich mit schnellen Tragflügelbooten oder Katamaranen von Ort zu Ort bringen lassen. Wer die Hochgeschwindigkeiten dieser Boote nicht mag, sollte mit der «Hurtigrute», der Perle der Schiffspassagen, fahren. Elf sogenannte Postschiffe verkehren täglich zwischen Bergen und Kirkenes, an 36 Häfen wird unterwegs angelegt, die Reise dauert hin und zurück elf Tage. Die Hurtigrute ist heute vor allem eine Touristenattraktion und wird auch als solche im Ausland verkauft. In den Sommermonaten ist es deshalb selbst für eine kurze Mitfahrt schwer, einen Platz zu bekommen. Und wenn man einen bekommt, teilt man sich das Schiff fast ausschließlich mit Deutschen und Amerikanern. Außerhalb der Saison ist es ruhiger. Die Hurtigrute befördert neben den Touristen tatsächlich auch noch Post und andere Fracht.

Die Fahrt kann beliebig unterbrochen werden. Jugendliche unter 26 können einen «Coastal Pass» für 360 DM kaufen. Der ist drei Wochen gültig: hoch und runter mit der Hurtigrute, so oft man will. In der Sommersaison kostet die Karte (inklusive einfache Kabine, ohne Essen) rund 2400 DM, während des Rests des Jahres nur gut die Hälfte. Empfehlung: Eines der älteren Schiffe nehmen, die haben mehr Flair, schaukeln aber auch mehr als die Großraumkähne. Eine Übersicht über alle Schiffsverbindungen gibt es beim Norwegischen Fremdenverkehrsamt.

Larvik Line (Dänemark – Norwegen): http://users.aol.com/kursnord/larvik.htm, Ferjeterminalen, 3256 Larvik, Tel: 33 18 70 00, Fax 33 18 72 70

Color-Line (Kiel – Oslo), Norwegenkai, 24143 Kiel, Tel. 04 31/7 3 00-3 00, Fax 73 00-4 00, in Norwegen: Tel. 22 94 44 70

NSA Schiffsagentur (Dänemark – Bergen/Stavanger, Hurtigrute), Kleine Johannisstr. 10, 20457 Hamburg, Tel. 0 40/3 76 9 30, Fax 0 40/36 41 77

Sport

Skilanglauf und Ski Alpin
Norges Ski-Forening, Sognsveien 75 E, N-0855 Oslo, Tel. 22 95 00 84, Fax 22 95 03 03, E-Mail: skif@online.no, Internet: www.sn.no/skif/

Drachenfliegen
Vom Norsk Aeroklubb erhalten Sie Informationen, in welchen Gebieten Sie Drachen- und Segelfliegen oder Fallschirmspringen können.

Norsk Aeroklubb, Møllesvingen 2, N-0854 Oslo, Tel. 22 93 03 00, Fax 22 69 59 42

Segeln
Kongelig Norsk Seilerforening (KNS), Huk Aveny 3, N-0287 Oslo, Tel. 22 43 74 10, Fax 22 55 88 30, Internet: www.kns.no

Angeln
Norges Jeger- og Fiskerforbund, Hvalstadåsen 5, N-1364 Hvalstad, Tel. 66 79 22 00, Fax 66 90 15 87

Direktoratet for Naturforvaltning, Tungasletta 2, N-7004 Trondheim, Tel. 73 58 05 00, Fax 73 91 54 33. Hier erfährt man alles über Möglichkeiten und Einschränkungen im Anglerparadies Norwegen. Jeder braucht für die Süßwasserfischarten einen Angelschein (fiskekort)!

Sprache

Seit gut hundert Jahren führen die Norweger einen Sprachenstreit. Denn Norwegisch existiert in zwei Varianten: dem dominierenden, aus dem Dänischen entwickelten «bokmål» (Buchsprache) und dem von dem Lehrer Ivar Asen 1848 aus älteren Sprachstufen und Dialekten zusammengesetzten «nynorsk» (Neunorwegisch), das hauptsächlich im Westen des Landes gesprochen wird (von etwa zwanzig Prozent der Bevölkerung). Beide Formen sind – gesprochen – höchstens soweit voneinander entfernt wie Sächsisch und Niederbayerisch. Versuche, aus beiden Formen ein Norwegisch zu machen, scheiterten bislang am Widerstand in den beiden Sprachgruppen. Deshalb müssen in den Schulen weiter beide Sprachen gelehrt werden, und im Fernsehen gilt eine Quotenregelung von 25 Prozent für Nynorsk. Wer vorher die Sprache lernen will: Norwegisch wird mittlerweile in manchen Großstädten an den Volkshochschulen angeboten. Die Internationale Sommerschule in Oslo bietet jedes Jahr sechswöchige Kurse zu den Themen Sprache, Kultur, Geschichte, Gesellschaft an. Die Kurse sind kostenlos, Unterkunft im Studentenwohnheim und Verpflegung muß man aber selbst bezahlen (rund 2300 DM). Unterrichtssprache ist Englisch oder Norwegisch. Anmeldeschluß ist der 1. März.

International Summer School, University of Oslo, Postboks 1028 Blindern, N-0317 Oslo, Tel. 22 85 63 85, Fax 22 85 41 99

Auch die Universität Bergen bietet einen vierwöchigen Sommer-Sprachkurs an. Erste Sprachkenntnisse werden aber vorausgesetzt, da die Unterrichtssprache Norwegisch ist. Kosten inklusive Unterbringung: rund 450 DM. Anmeldeschluß: 10. April.

Sommerkurs for utenlandske norskstuderende, Nordisk institutt, Sydnesplassen 9, N-5007 Bergen, Tel. 55 58 24 14, Fax 55 58 96 60

Telefon
Für Telefon- und Telegrafendienste ist in Norwegen nicht die Post, sondern **Telenor** zuständig. Alle Fernsprecher haben eine eigene Rufnummer, die am Apparat vermerkt ist. Man kann also zurückgerufen werden! Nach Deutschland muß man wenigstens ein Fünfkronenstück einlegen. Telefonkarten sind an «Narvesen»-Kiosken erhältlich. Vorwahl ins Ausland ist immer 00, dann folgt die Landeskennzahl (Deutschland 49, Österreich 43 und die Schweiz 41), dann die Vorwahl ohne Null und schließlich die Rufnummer. In umgekehrter Richtung, von Deutschland nach Norwegen, lautet die Landesvorwahl 00 47, dann folgt direkt die achtstellige Nummer des Teilnehmers.

Wandern
Am besten, man erläuft sich das Land entlang der Routen des norwegischen Touristenvereins. Dann kann man sichergehen, daß man auch wieder zurück findet.

Den Norske Turistforening (DNT), Postboks, 1963 Vika, N-0125 Oslo, Tel. 22 83 25 50, Fax 22 83 24 78, Internet: www.sn.no/dnt/
DNT hat 16 000 Kilometer Wanderweg mit einem gut sichtbaren roten «T» auf Steinen markiert. Am Ende einer Tagesstrecke findet man immer eine der 340 Hütten des DNT, in der man ausruhen, essen, sich aufwärmen oder übernachten kann. Dazu braucht man kein Mitglied zu sein, es kostet dann nur etwas mehr. Wenn die Hütte unbewirtschaftet ist – das sind die meisten –, legt man das Geld für die Übernachtung oder den Proviant, den man verbraucht hat, in einen Kasten. Bedauerlicherweise halten sich manche ausländische Touristen nicht an diese Selbstverständlichkeit oder nehmen sogar Geld aus der Kasse. Der Jahresbeitrag für den DNT beträgt knapp 80 Mark (Ermäßigungen für Senioren, Jugendliche und Familien). Die beste Zeit zum Wandern ist von Anfang Juli bis Anfang September. Von Anfang März bis Ende April ist die Saison für Skitouren. Die schönsten Ziele: siehe unter «Naturparks».

Wörterbuch
Vier Aussprachregeln sollte jede und jeder vor seiner Abreise beherzigen:
å (auch aa) wird gesprochen wie ein geschlossenes o in Motor
ø ist ö
æ ist ein sehr offenes ä
o wird meist wie ein geschlossenes u gesprochen
u wiederum ist im Norwegischen ein ü
v wie in «avgang» wird weich wie w gesprochen
In Norwegen muß heute nur noch der König gesiezt werden. Obwohl es das «De» noch gibt, heißt es unter alt und jung: «du». Ein paar nützliche Wörter und Wendungen fürs Überleben:

Allgemeines
ja/nein – ja/nei
danke – takk
hallo, guten Tag – hei
auf Wiedersehen – ha det godt
Beim Wiedersehen: **«Danke fürs letzte Mal!»** – takk for sist
Entschuldigung – unnskyld
Ich heiße ... – jeg heter ...

Sprechen Sie deutsch / englisch? –
Snakker du tysk / engelsk?
Wo ist …? – Hvor er …
wann? – når?
wieviel? – hvor mye?
Wieviel kostet das? – Hvor mye koster det?
Wieviel Uhr ist es? – Hvor mye er klokken?
hier – her
dort – der
rechts – høyre
links – venstre
geradeaus – rett fram
zurück – tilbake
Postamt – postkontor
Briefmarke – frimerke
Bank – bank
Wo kann ich Geld wechseln? – Hvor kan jeg veksle penger?
Ich suche … – Jeg leter etter …
Ich möchte gerne… – Jeg vil gjerne …
ein Zimmer – et rom
teuer – dyr
billig – billig
geöffnet – åpnet
geschlossen – stengt
Polizei – politi
Tankstelle – bensinstasjon

Essen und Trinken
essen – spise
trinken – drikke
Prost! – skål!
Danke fürs Essen! – Takk for maten!
(«Guten Appetit» gibt es nicht im Norwegischen)
Bier – øl
Wein – vin
eine Tasse Kaffee – en kopp kaffe
Frühstück – frokost
Mittagessen (meist kalt) – lunsj
warme Hauptmahlzeit (abends) – middag
Brot – brød
Butter – smør
Gemüse – grønnsaker
Obst – frukt
Fleisch – kjøtt
Käse – ost
Kuchen – kake

Gesundheit
Arzt – lege
Ich brauche einen Arzt. – Jeg trenger en lege.
Krankenhaus – sykehus
Apotheke – apotek
Pflaster – plaster
Ich habe Fieber. – Jeg har feber.
Es tut mir weh. – Jeg har vondt.

Zahnschmerzen / Kopfschmerzen – tannpine / hodepine
Zahnarzt – tannlege
Kondom – kondom
Tampon / Binden – tampong / bind
Aspirin – aspirin

Für die Reise
Gebühr – avgift
Mautgebühr – bombenger
Autowerkstatt – bilverksted
Benzin – bensin
Weg, Straße – vei, veg
Straße (Ortschaften) – gate
Pfad – sti
Fähre – ferje
Bauarbeiten – anleggsarbeid
Umleitung – omkjøring
Führerschein – førerkort
Ausweis – legitimasjon
Zoll – toll
Brücke – bro
Flugzeug – fly
Flughafen – flyplass
Zug – tog
Bahnhof – jernbanestasjon
Bus – bus
Fahrkarte – billett
Fahrplan – rutetabell
Schiff, Boot – båt
Berg, Gebirge – fjell
Tal – dal
Wasserfall – foss
Gletscher – bre
Fluß – elv
Hof, Gehöft – gård
Bucht – vik
Aussicht – utsikt
Wald – skog
Hügel – bakke
See – vatn
Insel – øy

REGIONALE TIPS

Oslo		**Die Mitte**		
Der Osten		Trondheim		*238*
Frederikstad	*229*	Røros		*239*
Tønsberg	*230*	**Der Norden**		
Hallingdal	*230*	Bodø		*239*
Valdres	*230*	Narvik		*240*
Gudbrandsdalen	*231*	Lofoten		*240*
Lillehammer	*231*	Vesterålen		*241*
Østerdal	*232*	Tromsø		*241*
Der Süden		Hammerfest		*241*
Kristiansand	*232*	Nordkap		*242*
Stavanger	*233*	Alta		*242*
Setesdal	*234*	Karasjok		*242*
Der Westen		Kirkenes		*242*
Bergen	*234*	**Spitzbergen (Svalbard)**		*243*
Ålesund	*236*			
Hardangerfjord	*237*			
Sognefjord	*237*			

Oslo

Die norwegische Hauptstadt liegt am Ende des 100 Kilometer langen Oslofjordes, umgeben von einer 241 Quadratkilometer großen Waldlandschaft (Oslomarka), das die Hälfte des gesamten Stadtgebiets ausmacht. Damit ist Oslo der kleinste Regierungsdistrikt (fylke) des Landes, mit 650000 Einwohnern aber gleichzeitig der bevölkerungsreichste. Das Klima, mit nur 740 Millimeter Regen im Jahr, ist für Norwegen sehr mild, an vielen Sommertagen der letzten Jahre hat Oslo mit über 30 Grad vor anderen europäischen Städten gelegen. Durchschnittliche Monatstemperatur im Juli: 16,2 Grad.

Information

Oslo Promotion A/S, Norges Informasjonssenter, Vestbaneplassen 1, N-0250 Oslo, Tel. 22830050, Fax 22837860,
http://www.online.no/oslopro, E-mail: oslopro@online.no, geöffnet: täglich 8–20 oder:

Oslo Sentralstasjon (Hauptbahnhof), Jernbanetorget 1, Tel. 22171124. Dort sollten die aktuellen Verbilligungen erfragt werden. Die «Oslo Kortet» zum Beispiel ist ein bis drei Tage gültig, kostet zwischen 16 und 30 Mark und berechtigt zum freien Eintritt in Museen, zu freier Fahrt mit Bus und Bahn, zu Rabatten bei Restaurants und Hotels und anderes mehr.
Für junge Besucher hat die Stadt noch einen besonderen Service eingerichtet, wo Hilfen und Tips erhältlich sind:
USE IT-youth information, Møllergata 3, Tel. 22415132, http://www.unginfo.oslo.no, geöffnet: Mo–Fr 11–17 Uhr. Sa/So geschlossen.

Zeitschriften

Der Veranstaltungskalender *What's on?* ist in der Touristeninformation und in Hotels erhältlich. Außerdem gibt es die alternative Programmzeitschrift *Natt & Dag* am Kiosk. Die großen Osloer Tageszeitungen *Aftenposten*, *Dagbladet* und *Arbeiderbladet* bringen ebenfalls täglich eine Programmübersicht.

Fahrradverleih

Den rustne eike, Vestbaneplassen 2, Tel. 22837231, Fax 22836359. Direkt neben der zentralen Touristeninformation gelegen. Bietet auch Fahrradtouren an.

Bootsausflüge

Båtservice, Rådhusbrygge 3, Tel. 22200715, Fax 22416401. Die Anlegestellen befinden sich gegenüber vom Rathaus. Es werden acht verschiedene Varianten eines Oslofjord-Ausfluges angeboten. Von einer Stunde bis zur halben Nacht.

Übernachten

Privatquartiere vermittelt die Touristeninformation. Mit Glück bekommt man ein Zimmer für 40 Mark.

Die **Zimmervermittlung** im Hauptbahnhof ist vom 16. Mai bis 30. September alle Tage von 8 bis 23 Uhr geöffnet, vom 1. Oktober bis 15. Mai freitags bis sonntags von 15 bis 16.30 Uhr geschlossen.

Haraldsheim Vandrerhjem, Haraldsheimveien 4, Tel. 22155043, Fax 22713497. Jugendherberge mit Komfort für alle. Voranmeldung empfiehlt sich. Straßenbahn 1 und 7 von Storgata bis Sinsenkrysset. Ganzjährig geöffnet.

Appartementhuset, Løvenskioldsgate 12, Tel. 22465166, Straßenbahn 2 vom Nationalteatret. Für längere Aufenthalte gibt es hier Wohnungen zu mieten.

Bed & Breakfast, Kirkeveien 68, 1344 Haslum, Tel. 67535107/67539592. Vermittlung von Privatquartieren. Außerhalb der Stadt.

Bogstad Camp og Turistsenter, Tel. 22507680, Fax 22500162. Im Westen der Stadt. Bus 41 bis Bogstad. Auch Hütten.

Norrøna Hotell, Grensen 19, Tel. 22426400, Fax 22332565. Mitten im Zentrum, hinter der Karl Johansgate. DZ ab 90 Mark.

Soria Moria, Voksenkollenveien 60, Holmenkollen, Tel. 22146080, Fax 22921814. Hoch über der Stadt auf dem Holmenkollen gelegenes Tagungshotel mit allen Annehmlichkeiten wie Schwimmbad, Sauna etc. DZ ab 150 Mark.

Internasjonale Sjømannshjem, Tollbudgate 4, Tel. 22 41 20 05. Billiges Seemannsheim, allerdings nur noch mit wenigen Seemännern. Mitten im Zentrum.

Smestadt Feriegård, 2022 Gjerdum, Tel. 63 99 03 69, Fax 63 99 10 90. Ferien auf dem Bauernhof. 30 Kilometer nördlich von Oslo.

Essen und Trinken

Beachclub, Bryggetorget 14, Tel. 22 83 83 82. Das Terrassencafé auf Aker Brygge, auf das im Sommer am längsten die Sonne scheint. Bekannt für seine mächtigen Hamburger-Portionen. 11 – 1, So 13 – 1 Uhr.

Café Amsterdam, Universitetsgaten 11, Tel. 22 20 26 55. Akademikerkneipe. Lesetisch mit internationalen Zeitungen. Kleinere Gerichte. 11.30 bis 2.30, So 12 – 3.30 Uhr.

Fru Hagen, Thorvald Meyersgaten 40, Tel. 22 38 24 26. Szene-Kneipe im Stadtteil Grünerløkka. 16 – 1 Uhr. Im gleichen Haus bietet das kleine Restaurant «Kjøkkenhagen» vegetarische Gerichte, Salate und Quiche an. 10 – 21, Sa 10 – 17, So 12 – 19. Tel. 22 35 68 71.

Engebret Café, Bankplassen 1, Tel. 22 33 66 94. Das älteste Restaurant der Stadt. Norwegische Spezialitäten und in der ersten Etage Jazz und Kleinkunst.

Markveiens Mat- og Vinhus, Torvbakkgate 12, Tel. 22 37 22 97. Erstklassiges Restaurant in Oslos Osten. Hier wird mit Idealismus serviert. Nicht abschreckend teuer.

Gate of India, Bogstadveien 66, Tel. 22 69 09 33. Preiswertes indisches Lokal: fünf Gänge ab 110 Kronen. Täglich 15 – 0.30 Uhr.

Nachtleben

Blitz, Pilestredet 30. Kulturzentrum der autonomen Szene. Café, Musik, politische Veranstaltungen.

Blue Monk, St. Olavs gate 23, Tel. 22 20 22 90. Disco mit mehreren Tanzflächen für Funk, Rock, Acid usw. Das Publikum erfüllt überwiegend nur knapp die erforderliche Altersgrenze von 20 Jahren. Tägl. 12 – 3.30 Uhr.

Jazid, Møllergata 16, Tel. 22 42 82 88. Eine der kleinsten Musikkneipen (Jazz, Ska) der Stadt. Mit Glück trifft man in der dunklen Enge ausländische Stars wie Björk. Geöffnet 21 – 4 Uhr.

Rockefeller Music Hall, Torggate 16, Tel. 22 20 32 32. Alternativer Club mit Rock 'n' Roll, Show und Musikfilmen. Junges Publikum. Wechselnde Öffnungszeiten.

Smuget, Rosenkrantz gate 22, Tel. 22 42 52 02. Restaurant, Diskothek und Jazz-Club. Frühes Erscheinen wird empfohlen, da es am Wochenende brechend voll wird. Tägl. 20 – 4.30 Uhr.

Cosmopolite, Industrigate 36, Tel. 22 69 16 63. Das Zentrum für Ethno-Rock. Ein Glas Bier kostet hier nur 25 Kronen. Tägl. geöffnet bis 3 Uhr.

Sentrum Scene, Arbeidersamfunnets plass 1, Tel. 22 20 60 40. Neuer Rockclub mit Live-Musik. Geöffnet bis 3.30 Uhr.

Theater

Nationaltheatret, Stortingsgaten 15, Tel. 22 41 16 40. Das von Bjørnstjerne Bjørnson gegründete Theater spielt im Sommer meistens auch Ibsen-Klassiker.

Black Box Teater, Stranden 3, Aker Brygge, Tel. 22 83 39 90. Größte unter den freien Spielstätten.

Det Åpne Teater, Tøyenbekken 34, Tel. 22 17 04 25. In alten Werkstatthallen werden neuere norwegische Autoren gelesen und gespielt.

Scenehuset, Bogstadveien 49, Tel. 22 46 84 77. 1990 von drei freien Tanzgruppen gegründet. Kunst zwischen Musik, Theater und Tanz.

Slurpen, Lakkegata 79 B, Tel. 22 67 19 67. Stadtteilhaus, einst eine Suppenküche. Hier gibt es Kurzfilmabende, Katzenausstellungen, Ballett, Rock und vieles mehr.

Sehenswertes

Akershus-Festung, eine der wichtigsten Hinterlassenschaften des mittelalterlichen Norwegen. Begonnen von Håkon V., später königliche Residenz und heute zu Repräsentationszwecken gebraucht.

Hjemmefrontmuseum, Festung Akershus. Ausstellung über den Widerstandskampf gegen die deutschen Besatzer 1940–45. (Geöffnet vom 15. 6.–31. 8. täglich 10–17 Uhr [So bis 16 Uhr]. Sonst 10–15 Uhr [So 11–16 Uhr].)

Internasjonalt Barnekunst Museum, Lille Frøensveien 4. Kinderkunst aus über 130 Ländern: Bilder, Zeichnungen, Skulpturen, Textilarbeiten. Kleine Besucher können an Ort und Stelle ebenfalls in den Maltopf langen und das Bild nachher dazuhängen. Stadtbahn von Stortinget Richtung Frøen. (Geöffnet vom 25. 6.–25. 8. täglich außer freitags, samstags u. montags 11–16 Uhr. Sonst von 9.30–14 Uhr.)

Holmenkollen/Skimuseum, Kongeveien 5. Faszinierende Aussicht über Stadt und Fjord neben der legendären Sprungschanze. Dahinter die Wälder und Seen der Nordmarka. Im Museum: Alles rund um die Geschichte der zwei Bretter, zum Beispiel die von Fridtjof Nansen oder die des Königs. Von Stortinget mit der Stadtbahn 15 Richtung Holmenkollen. (Öffnungszeiten Skimuseum: Mai u. Sept. täglich von 10–17 Uhr, Juni–Aug. 9–20 Uhr, Juli 9–22 Uhr.)

Kon-Tiki-Museum, Museumsinsel Bygdøy. Tor Heyerdahls Ozeanquerung mit Papyros- oder Balsafloßboot nachzuvollziehen, ist immer wieder faszinierend. Auch auf der Halbinsel Bygdøy: das Vikingskiphuset mit dem reichverzierten Oseberg-Schiff, Grabmal einer Häuptlingsfrau. Bus 30 von Nationaltheatret oder Fähre vom Rathaus. (Öffnungszeiten der Bygdøy-Museen: Im Sommer von 10–18 Uhr, sonst von 10.30–17 Uhr.)

Munch-Museum, Tøyengate 53. Edvard Munch, einer der größten Maler der Moderne und Osloer Bürgerschreck, vermachte seiner Stadt 1200 Gemälde, 4500 Zeichnungen, 18000 Grafiken. Bus 29 vom Bahnhof oder Stadtbahn Richtung Tøyen. (Geöffnet: 1. 6.–15. 9. täglich von 10–18 Uhr, sonntags 12–18 Uhr. Sonst montags geschlossen und Di–Sa von 10–16 Uhr, Do 10–18 Uhr.)

Vigelands-Anlage, im Frognerparken. 192 Skulpturengruppen des Bildhauers Gustav Vigeland. Der Park ist immer geöffnet, am Abend beleuchtet.

Der Osten

Ostnorwegen erstreckt sich von den Provinzen zu beiden Seiten des Oslofjordes, Østfold und Vestfold, in einem weiten Bogen um die Hauptstadt herum durch Buskerud und Oppland an der Gebirgsscheide zum Fjordland bis zur schwedischen Grenze. Um den Oslofjord herum ist die nur mäßig modellierte Landschaft von der Landwirtschaft und vom Küstenleben geprägt. Im Zentralland – Oppland und Buskerud – bestimmen dann Mittelgebirge und breite Täler (Hallingdal, Østerdal, Gudbrandsdal) das Bild. Diese beiden Bezirke sind als Ski- und Wandergebiete sehr beliebt und deshalb touristisch sehr gut erschlossen (Zentren: Oppdal, Geilo, Gol). Hedmark an der schwedischen Grenze ist das waldreichste Gebiet des Landes, Akershus das bevölkerungsreichste (406000 Einwohner verteilt auf 5000 Quadratkilometer). Die Ballungsgebiete Asker und Bærum sind Wohn- und Industrievororte von Oslo. Ansonsten sind die Hauptwirtschaftszweige im Osten die Land- und Forstwirtschaft, letztere auch als Arbeitgeber für die hier weitverbreitete Möbel-, Freizeit- und Fertigbauindustrie.

Frederikstad

Information
Turistkontor, auf der Ostseite der Frederikstad-Brücke, 1632 Frederikstad, Tel. 69320330, Fax 69323985

Übernachten
Frederikstad Motel & Camping, beim Kongsten fort, Tel. 69320315, Fax 69323666

Sehenswertes
Gamlebyen, die einzige gut erhaltene Festungsstadt im Norden, mit Kopfsteinpflaster, Festungswällen und detailgetreu restaurierten Häuschen. Das älteste Gebäude ist von 1687. Im Sommer finden Führungen durch die Gassen statt. Gamlebyen ist am besten mit der Fähre über die Glomma zu erreichen.

Kongsten Fort, kleine Festungsanlage außerhalb von Gamlebyen, erbaut 1685 als Vorposten und «Schwedenschreck». Gute Aussicht und schönes Restaurant im 300 Jahre alten Kommandeursgebäude.

Tønsberg

Information
Tønsberg og omland turistkontor, Nedre Langgate 75 E, 3100 Tønsberg, Tel. 33 31 02 20, Fax 33 31 95 90

Übernachten
Tønsberg Vandrerhjem, Dronning Blancas gate 22, Tel. 33 31 28 48. Jugendherberge, geöffnet vom 15. Juni bis 1. September.

Furustrand Camping, bei Ringshaug, etwa 5 Kilometer östlich, Tel. 33 32 44 03, Campingplatz mit Hütten, Badestrand.

Borge Hotell, 3132 Husøysund, Tel. 33 36 74 25. Hotel mittlerer Preisklasse. Schön gelegen auf der Insel Nøtterøy.

Sehenswertes
Slottsfjellet (Schloßberg), die Ruinen des Tunsberghus, erbaut von Håkon Håkonsson 1150, und der ebenso alten Mikaelskirche. Hier residierte auch Magnus Lagabøter (1263 bis 1280) und verfaßte Norwegens erstes Landesgesetzbuch. Vom Aussichtsturm hat man eine gute Sicht auf die Stadt und den Stadtfjord.

Vestfold Fylkesmuseum, Farmannsveien. Freilichtmuseum mit Abteilungen zu Archäologie, Schiffahrt, mittelalterlichem Stadtleben und nicht zuletzt Walfang: Skelette, Fanggeräte und die letzte schwimmende «Walküche» Tønsbergs. (Geöffnet: Im Sommer von 10–17 Uhr, sonntags von 12–17 Uhr. Sonst von 10–14 Uhr, sonntags geschlossen.)

Umgebung
Südlich von Tønsberg liegen die vegetationsreichen Inseln **Nøtterøy** und **Tjøme**, beliebte Badegegenden mit unzähligen vorgelagerten Inselchen und Schären. An der Südspitze von Tjøme liegt «Verdens Ende», das Ende der Welt.

Hallingdal
Eines der großen Wald- und Gebirgstäler des Landes im Regierungsbezirk Buskerud. Das Hallingdal zieht sich vom See Krøderen entlang des Halling-Flusses zunächst in nordwestlicher Richtung und dann beim Skiort Gol nach Südwesten bis zur Hochgebirgslandschaft der Hardanger Vidda. Von Gol zweigt das kleinere Hemsedal ab.

Information
Buskerud Opplevelser, Dronningsgt. 15, 3019 Drammen, Tel. 32 89 00 90, Fax 32 83 47 51, E-mail: opplevel@online.no

Übernachten
Hemsedal Vandrerhjem, Fossheim, Tel. 32 06 03 15. Jugendherberge, geöffnet vom 1. Juni bis 15. September.

Sjong Campingsenter, nördlich von Nesbyen, Tel. 32 06 81 85. Campingplatz mit Hütten, Badeplatz.

Gol Campingsenter / Appartement, zwei Kilometer östlich von Gol, Tel. 32 07 41 44. Hütten, Wohnungen und Badeplatz.

Rjukandefoss Camping, Tel. 32 06 21 74. Sieben Kilometer nördlich von Hemsedal. Direkt am 18 Meter hohen Rjukande-Wasserfall; mit Hütten.

Sehenswertes
Kraftstasjonen Heimsil II, das Wasserkraftwerk in den Bergen bei Gol, das die Energieversorgung von Oslo sichert. Besichtigung nach Absprache mit dem Gol Turistkontor (Tel. 32 07 51 15).

Hallingdal Folkemuseum, Nesbyen, reiche Sammlung von alten Gebäuden, Textilien und Kunstgegenständen aus der Gegend. (Geöffnet vom 15. 6.–14. 8. zwischen 10 und 17 Uhr.)

Skinnefellgården, Hemsedal. Das kleine Museum zeigt die Kunst der Hemsedal-Bewohner, ihre Schaffelldecken mit Zeichnungen zu verzieren. Gemütliche Kaffeestube.

Valdres
Wasser-, wald- und touristenreiches Tal in der Provinz Oppland, bis heute eine wichtige Verbindung zwischen Ost- und Westnorwegen. Es erstreckt

sich vom Süden des Jotunheim-Gebirges südostwärts bis zum See Sperillen. Valdres ist sommers wie winters ein beliebtes Ferienziel, weil es auch in seinen vielen Nebentälern ganz unterschiedliche Landschaftsformen bietet. Der größte Ort von Valdres ist Fagernes (2500 Einwohner); hier endet auch die Valdres-Bahn aus Oslo.

Information
Valdres Turistkontor, 2900 Fagernes, Tel. 61 36 04 00, Fax 61 36 16 95

Übernachten
Valdresflya Vandrerhjem, 2953 Beitostølen, Tel. 61 34 12 15. Die höchst gelegene Jugendherberge Skandinaviens zu Füßen des Jotunheim-Gebirges: 1420 Meter über dem Meer. Geöffnet vom 15. 6. – 1. 9.

Veigårdstranda Camping, Begnadalen, Tel. 94 10 70 21. Camping am Begna-Fluß, in dem die Forellen gut beißen sollen.

Fagernes Camping, Am Strandfjord, Tel. 61 36 05 10, Fax 61 36 07 51. Sehr schön gelegener Campingplatz.

Aurdal Pensjonat, Aurdal, Tel. 61 36 23 61. Ein umgebauter Bauernhof. Sieben Kilometer südlich von Fagernes. Bier- und Weinausschank.

Bygdin Høyfjellshotell, Bygdin, Tel. 61 34 14 00. Eines der Hochgebirgshotels auf Beitostølen. Gelegen in 1030 Meter Höhe.

Sehenswertes
Breidablikk, Aussichtspunkt auf einer Nebenstraße östlich von Bagn. In der Nähe weist ein Pfeil auf die «Olavs-Kilde», die Olavs-Quelle. Wo das Wasser sprudelt, soll der heilige Olav auf der Durchreise sein Schwert hineingesteckt haben. Kurz vor Breidablikk führt ein Weg zu einer Gedenkstätte für gefallene norwegische Soldaten. Hier bei Bagn haben sich norwegische Einheiten am 18. und 19. April 1940 einen der heftigsten Kämpfe mit den deutschen Besatzern geliefert. Aus dem Wald heraus griffen sie eine deutsche Wagenkolonne an und zerstörten sie.

Einangsteinen, der älteste Runenstein in Skandinavien. Er steht auf einem Gräberfeld in der Nähe von Slidre. Inmitten von 600 Bautasteinen, einer Art Runenstein, aber unbeschriftet, steht der Einangstein aus dem 4. Jahrhundert – als einziger in ganz Norwegen noch an seinem ursprünglichen Platz. Die schlichte Inschrift: «Ich, Godset, machte die Runen.»

Stabkirchen gibt es in Valdres zuhauf: in Reinli, Hegge, Høre, Borgund, Hedalen und Lomen.

Ulnes besteht aus einer kleinen Post und der Ulnes kirke, einer Steinkirche aus dem Mittelalter, die zu Anfang des vorigen Jahrhunderts von örtlichen Rosenmalern ausgeschmückt worden ist. Von hieraus führt ein wunderschöner «Panoramavei» über einen Hochlandrücken hinüber ins Hemsedal. Die 48 Kilometer lange Strecke ist gebührenpflichtig.

Gudbrandsdalen
Das «Tal der Täler» zwischen dem Rondane-Gebirge im Osten und dem Jotunheimen-Nationalpark im Westen, dem Knut Hamsun in *Segen der Erde* ein literarisches Denkmal gesetzt hat. Hauptverkehrsader nach Trondheim seit dem Mittelalter, heute führt hier die Europastraße 6 hindurch. Größte Stadt des Gudbrandsdals ist Lillehammer (22 000 Einwohner).

Information
Oppland Reiseliv, Kirkegate 76, 2600 Lillehammer, Tel. 61 28 91 86, Fax 61 28 94 98

Übernachten
Aasletten Pensjonat og Hytter, Øyer, Tel. 61 27 76 12

Krekke Camping, Krekke, Tel. 61 28 45 71. Hütten, Bootsverleih und Badestrand.

Melvold Camping, Ringebu, Tel. 61 28 02 01

Rustberg Camping og hytter, Rustberg, Tel. 61 27 81 84

Lillehammer

Information
Lillehammer Turistkontor, Elvegata 19, 2600 Lillehammer, Tel. 61 25 92 99

DER OSTEN

231

Übernachten

Lillehammer Vandrerhjem, Smestad Sommerhotell, Tel. 6126 25 66. Jugendherberge, geöffnet 10. 6. – 20. 8.

Breiseth Hottel, Jernbanegt. 1, Tel. 6126 95 00. Diese alte Herberge hat ihren ganz eigenen Reiz: König Olav als Kind an der Wand und zusammengesuchtes Mahagoni-Inventar. Billig.

Sehenswertes

Olympia-Anlagen: In der Olympiastadt von 1994 wird man keine Betonruinen finden. Die zahlreichen Anlagen – z. B. das Skistadion – und das olympische Dorf, das teilweise als Fachhochschule genutzt wird, sind einen Besuch wert.

Mjøsa-See, der größte Binnensee Norwegens, den man von Lillehammer im Norden am schönsten mit dem «Skibladner», einem alten Raddampfer, nach Mississippi-Art Richtung Süden durchquert.

Østerdal

Das Østerdal liegt östlich parallel zum Gudbrandsdal in der Provinz Hedmark, ist aber dünner besiedelt und weniger vom Tourismus berührt. Durch das dichtbewaldete Tal fließt der 611 Kilometer lange Glomma, auf dem die Holzstämme stromabwärts zu den Verarbeitungsplätzen treiben – während sich Freunde des Wildwassersports stromaufwärts kämpfen. Am südlichen Ende des Østerdals liegt Flverum, die «Hauptstadt» von Hedmark. Der schönste und kürzeste Weg durch das Østerdal ist der Riksvei 215.

Information

Hedmark Reiselivsråd, Grønnegate 11, 2300 Hamar, Tel. 6252 90 06, Fax 6252 21 49

Übernachten

Gjelten Bru og Camping, 2560 Alvdal, Tel. 6248 74 44, Campingplatz mit Pension gleich nebenan

Rena Camping, Rena, Tel. 62 44 03 30

Koppang Camping og Hytter, Koppang, Tel. 62 46 02 34

Elgstua, Trondheimsveien 1, 2400 Eleverum, Tel. 6241 01 22, billiges Hotel

Sehenswertes

Norsk Skogbruksmuseum, auf der Flußinsel Prestøy, Elverum, einziges Museum des Landes für Wald, Jagd und Fischfang (Öffnungszeiten: 1. 6. – 30. 9. von 10 – 18 Uhr, sonst 10 – 16 Uhr).

Stor-Elvdalstunet, Trønnes. Ein kleines Heimatmuseum samt einer historischen Sammlung von Hilfsmitteln für Alte und Gebrechliche. Hier wurde das erste kommunale Altersheim gegründet. Stor-Elvdal war auch die erste Gemeinde, die eine Alterspension und Witwenrente einführte. (Nur im Sommer geöffnet.)

Essen und Trinken

Jernbanerestaurant, Rena. Bahnhofsrestaurant von Rena. Ob es dort etwas Besonderes zu essen gibt, ist nicht bekannt. Aber der Raum ist voll von ausgestopften Tieren.

Der Süden

Die Provinzen Vest- und Aust-Agder, Telemark und Rogaland gelten als «Norwegens Riviera». Die schärengeschmückte Küste zwischen Risør und Egersund bietet im Sommer viele Sonnentage und durch Kattegat und Golfstrom eine milde Wassertemperatur. Dazu gibt es breite Sandstrände in Jæren, dem Landstrich vor Stavanger. Die kleinen «weißen» Küstenstädte wie Mandal oder Lillesand werden so genannt, weil sie sich in immer frisch gestrichenen weißen Holzhäusern präsentieren.

Berühmt ist auch das Hinterland, allen voran das Setesdal und die Telemark-Täler, die mit Wasserkraftwerken dicht besetzt sind. Telemark ist auch sonst nicht nur das Land mit den alten Traditionen in Holzbaukunst, Rosenmalerei und Silberschmiedearbeiten. In Notodden hat sich der Chemie- und Ölkonzern Norsk Hydro wegen der nahen Stromquellen gleich mit fünf Fabriken breitgemacht. Die Luft ist hier nicht die allerbeste. Auch Porsgrunn ist eine reine Industriestadt.

Kristiansand

Information allgemein

Syd Norge A/S, Postboks 91, 4601 Kristiansand, Tel. 3807 10 08, Fax

38 07 11 01, Web: http://www.online.no/aurora/sydnorge, E-mail: sydnorge@online.no

Kristiansand Turistkontor, Dronningensgate 2, 4600 Kristiansand, Tel. 38 12 13 14, Fax 38 02 52 55

Übernachten
Kristiansand Vandrerhjem, Skansen 8, Tel. 38 02 83 10. Jugendherberge, geöffnet vom 1. 5. – 1. 9. Zwischen 2. 9. – 30. 4. nur bei vorheriger Anmeldung.

Hamresanden, Riksvei 39, etwa 11 Kilometer östlich des Zentrums, Tel. 38 04 72 22, Camping mit Hütten und Apartments. Direkt am Badestrand.

Bondeheimen Hotell, Kirkegate 15, Tel. 38 02 44 40

Sehenswertes
Festung Christiansholm, erbaut um 1680, dient das Fort heute im Sommer als Ausstellungsort für Kunst und Kunsthandwerk.

Setesdalbahn: Fünf Kilometer der 1962 stillgelegten Schmalspurbahn von Kristiansand ins Setesdal sind im Sommer wieder in Betrieb. Eine Dampflokomotive und alte Personenwaggons verkehren zwischen Juni und August auf diesem schönen Teilstück mit Brücken und Tunnels. Originell, nicht kitschig!

Umgebung
Brekkestø, eine der Perlen des Sørlands, auf der Insel Justøya nördlich von Kristiansand. Schmucke alte «skipperhus» und eine alte Zollstation, die heute ein Ferienheim für Zöllner ist. Das Brekkekjær Pensjonat lädt zur Übernachtung ein.

Stavanger

Information
Rogaland Reiseliv, Postboks 798, 4001 Stavanger, Tel. 51 51 66 00, Fax 51 51 68 85
vor Ort:
Turistkontoret Stavanger, Rosenkildetårnet 1, Tel. 51 85 92 00, Fax 51 85 92 02

Übernachten
Mosvangen Vandrerhjem, H. Ibsengate 21, Tel. 51 87 29 00. Jugendherberge, ganzjährig geöffnet.

Camping Mosvangen, Tjensvoll, Tel. 51 53 29 71

Stavanger Bed & Breakfast, Vikedalsgate 1 A, Tel. 51 56 25 00, Fax 51 56 25 01. Zentral gelegene, gemütliche Pension – Doppelzimmer m. Frühstück für erträgliche 140 Mark.

Kronen Gaard Hotell, Vatne, 4300 Sandnes, Tel. 51 62 14 00. Ein alter Gutshof als Hotel außerhalb der Nachbarstadt Sandnes. Ein Übernachtungsplatz, für den man gerne etwas mehr bezahlt.

Essen und Trinken
Dickens, Skagekaien, Tel. 51 89 59 70. Englische Pub-Imitation, aber in einem Hafenspeicher aus dem 18. Jahrhundert untergebracht.

N. B. Sørensens Dampskibsexpedition, Skagen 26, Tel. 51 89 12 70. Kneipe mit Atmosphäre, kühlem Bier und variierter Speisekarte.

Straen Fiskerestaurant, Strandkaien, Tel. 51 52 62 30. Das einzige Nur-Fisch-Restaurant, bei fünf chinesischen in der Hafenstadt.

Harry Pepper, Øvre Holmegt. 15, Tel. 51 89 39 59. Mexikanische Gerichte. Das Restaurant ist immer gut besucht.

Sehenswertes
Det Norske Utvandrersenteret, Bergjelandsgate 30, hier ist die Völkerwanderung von Norwegen nach Amerika Anfang dieses Jahrhunderts dokumentiert. (Geöffnet Mo – Fr von 9 – 15 Uhr.)

Gamle Stavanger, auf der Südseite des Hafenbeckens Vågen. Vorzeige-Holzhausquartier: über 150 Häuser, die meisten aus dem 18. Jahrhundert.

Hermetikkmuséet, Øvre Strandgate 88 A, ein ungewöhnliches Museum: die Produktgeschichte der Sardinenbüchse, ausgestellt in einer alten Fabrik (geöffnet: 15. 6. – 15. 8. dienstags u. donnerstags von 11 – 15 Uhr. Sonst nur an jedem ersten Sonntag im Monat von 11 – 15 Uhr).

Stavanger Domkirke, die einzige mittelalterliche Kirche in Norwegen (erbaut 1125), die ihre ursprüngliche Gestalt fast vollständig erhalten hat. Ne-

DER SÜDEN

ben dem Nidaros-Dom in Trondheim das Prunkstück norwegischer Gotteshäuser. Donnerstags von 11.15 bis 11.30 Uhr Orgelmusik mit anschließendem Kaffee im Kirchenkeller!

Umgebung

Lifjell, Berg bei Hommersåk, von dem man eine ungetrübte Aussicht auf das gegenüberliegende Stavanger hat. Der Aufstieg lohnt sich!

Prekestolen, die «Kanzel», ein dramatischer Felsvorsprung hoch über dem Lysefjord. Man kann von Stavanger ein Ausflugsboot in den Lysefjord nehmen und den Vorsprung von tief unten betrachten. Besser aber ist, von der Prekestolhytta am Riksvei 13 zwei Stunden hinaufzugehen und das fabelhafte Panorama zu genießen. Nur Schwindelfreie robben sich an die (ungesicherte) Kante heran.

Sola Strand: Sandstrand wie auf Sylt bei Sola in Jæren.

Setesdal

Information

Syd Norge A/S, siehe Seite 232

Übernachten

Neset Camping, Byglandsfjord, Tel. 37 93 42 55

Flateland Camping og Hytteseter, Valle, Tel. 37 93 68 37

Hoslemo Camping, Bykle, Tel. 37 93 91 45

Bergtun Hotell, Valle, Tel. 37 93 72 70, Doppelzimmer mit Frühstück ab 130 Mark.

Grenaderen Motell, Evje, Tel. 37 93 04 00, Doppelzimmer mit Frühstück für 110 Mark.

Sehenswertes

Byglandsfjord: Dieser Teil des Setesdals war ein beliebter Treffpunkt von Künstlern. Aber auch von flüchtigen Dieben und Räubern: Sie versteckten sich in einer Höhle (Tjovehederen – Diebeshöhle) in der östlichen steilen Fjellseite des Byglandsfjordes. Die Öffnung ist 15 Meter breit und 12 Meter hoch und liegt mehrere hundert Meter hoch.

Huldreheimen Museum, Bykle. Eines der Setesdaler Heimatmuseen. (Im Sommer geöffnet von 10–18 Uhr.)

Silberschmiedekunst: An verschiedenen Orten des Setesdals gibt es den Hinweis: «sølvsmedkunst». Dort werden Silberschmiedearbeiten entweder verkauft oder nur ausgestellt. Die Silberschmiedekunst ist die größte Sehenswürdigkeit des Tals; nach alten Techniken werden hier Ketten, Broschen und Nadeln gefertigt.

Westen

Das «Land der Fjorde» überhaupt, der tief eingeschnittenen, dunklen Wasserschneisen und des grob gestalteten Hinterlandes. Aber das ist nicht alles: Hier wird Öl gefördert, Kunstlachs gezüchtet und Aluminium in riesigen Mengen produziert. Die Menschen sind rauh, aber herzlich, das Klima ebenso.

Zwei der bekanntesten Fjorde sind der Sognefjord («König der Fjorde») und der Hardangerfjord. Der Hardangerfjord, 170 Kilometer lang, ist einer der größten Obstbezirke des Landes. Im Mai blühen an seinem Ufer die Apfel- und Kirschbäume. An den Ufern des 200 Kilometer nördlich gelegenen, mächtigen Sognefjords ist für eine Obstblüte in den dünnen Talzonen dank des Golfstroms noch Platz. Der Sognefjord wird von einer starken Gebirgswelt gesäumt. Über ihm liegt der Jostedals-Gletscher, der größte Norwegens.

Informationen

Fjord Norge AS, Postboks, 4108 Dreggen, 5023 Bergen, Tel. 55 31 93 00, Fax 55 32 60 20

Bergen

Information

Turistinformasjonen, Bryggen 9, 5023 Bergen, Tel. 55 32 14 80, Fax 55 32 14 64, im Sommer 8.30–21.00 Uhr, So geschlossen

Hauptbahnhof, Ende Mai–Ende August 7.15–23.00 Uhr

Internet Adressen: www.uib.no/Bergen/reiseliv/index.html

Das offizielle *What's on?* und die Gratiszeitung *Filter*. *Bergens Tidende* liegt freitags ebenfalls eine Veranstaltungs-übersicht bei.

Übernachten
Privatquartiere kann man bei der Touristeninformation erfragen: Zimmer ab 40 Mark aufwärts, allerdings oft außerhalb der Stadt. Außerdem öffnet ein christlicher Jugendverein im Sommer Schlafsäle für Rucksacktouristen (15 Mark).

Montana Vandrerhjem, Johan Blydtsvei 30, Tel. 55 29 29 00, Jugendherberge, geöffnet vom 10. 5. – 30. 9., danach nur bei vorheriger Anmeldung. Beim Berg Ullriken, Bus 4.

Fagerheim Pensjonat, Kalvedalsvei 49 a, Tel. 55 31 01 72, 20 Zimmer in einer alten Villa mit tollem Blick über die Stadt. 20 Minuten zu Fuß ins Zentrum. Preisgünstig.

Fantoft Sommerhotel, Fantoft, Tel. 55 27 60 00, Fax 55 27 60 30. Während der Semesterferien kann man im Waschbeton-Studentendorf wohnen. An der E 35 im Süden der Stadt, mittlere Preisklasse. Alle Busse von Bahnsteig 18, 19, 20 im Busbahnhof.

Kloster Pension, Strangehagen 2, Tel. 55 90 21 58, Fax 55 23 30 22, DZ 110 Mark. Im Holzhausviertel am Puddefjord gelegen.

Grand Hotel Terminus, Kaaesgate 6, Tel. 55 31 16 55, Fax 55 31 85 76. Historisches Hotel gegenüber dem Bahnhof. 200 Mark für DZ.

Skansen Pensjonat, Vetrlidsalmenning 29, Tel. 55 31 90 80, sehr zentral. Da es nur 7 Zimmer gibt, ist vorherige Buchung empfohlen. Doppelzimmer ab 110 Mark.

Bergenshallens Camping, Vilhl. Bjerknesvei 24, Tel. 55 27 01 80. Campingplatz nur 10 Minuten vom Zentrum, Bus Nr. 3. Nur im Sommer.

Midttun Camping, Nestun, Tel. 55 10 39 00, zehn Kilometer vom Zentrum. Busse Richtung Fana, Bahnsteig 18, 19 im Busbahnhof.

Essen und Trinken
Bryggen Tracteursted, Bryggen, Tel. 55 31 40 46. Mitten im alten Hanse-Quartier, angeblich schon 300 Jahre alt.

Café Opera, Engen 24, Tel. 55 23 03 15, gegenüber vom Theater. Der Treffpunkt in Bergen. Immer voll. Annehmbare Gerichte ab 10 Mark.

Henrik Øl & Vinstove, Engen 10, Tel. 55 90 03 84, Studenten treffen sich zu Schach und billigem, aber sehr gutem Bier.

Studentsenteret, Parkveien. Die billigste Art, zu einer sättigenden Mahlzeit zu kommen: In der Mensa für ein Hauptgericht rund 7 Mark. Im gleichen Haus befindet sich **Grillen,** wo man ebenfalls preislich auf studentisches Publikum eingestellt ist.

Munkestuen Café, Klostergaten 12, Tel. 55 90 21 49. Nur fünf Tische auf engstem Raum, eine Perle in Bergen. Ohne Vorbestellung geht es allerdings nicht. Gutes Essen für gutes Geld.

Wesselstuen, Engen 14, Tel. 55 90 08 21. Hier geht man zum Trinken hin. Ein sympathisch ungeschminktes Bierhallen-Ambiente. Auch eine große Sommerterrasse vorhanden.

Verftet, Verfstgate, Kulturzentrum auf einem früheren Werftgelände. Große Caféterrasse am Puddefjord. Ausstellungen und Jazz-Konzerte. Täglich geöffnet.

Nachtleben
Garage, Christiesgate 14, Tel. 55 32 02 10, Rock- und Jazzclub.

Hulen Rockclub, Olaf Ryes vei 48, Tel. 55 32 32 87. In einer Grotte, die früher als Luftschutzbunker diente. Billiges Øl und Musik. Studententreffpunkt.

Maxime, Ole Bulls Plass, Tel. 55 30 71 20. Jeden Abend Disco oder Programm, aber überwiegend Mainstream. Im Keller darunter liegt **Den Stundesløse,** wo man täglich auch nach 2 Uhr noch etwas zu trinken bekommt.

Kultur

Filmklubb, Georgernes Verft, Det Akademiske Kvarter in der Nygårdsgate oder im Studentzentrum, Parkveien. Zweimal in der Woche werden hier unzensiert und unsynchronisiert Klassiker der Cinematographie gezeigt.

Grieghalle, Lars Hilles gate. In der Konzerthalle lädt das Philharmonische Orchester von September bis Juni jeweils Donnerstag zum Konzert. Sehr gute Akustik. Im Mai finden hier die Festspiele statt.

Sehenswertes

Akvariet, Nordnesparken 2. Alles, was das Meer zu bieten hat: die größte Sammlung von Salzwasserfischen in Europa (geöffnet: 1. 5.–30. 9. von 9–20 Uhr, 1. 10.–30. 4. von 10–18 Uhr).

Bergenhus Festning, ehemalige Festung am Hafeneingang (erbaut 1261) mit der frühgotischen Håkonshalle und dem Rosenkrantztårn (Öffnungszeiten Håkonshalle und Rosenkrantztårn: Mitte Mai–Mitte September täglich 10–16 Uhr. Außerhalb der Saison sonntags 12–15 Uhr).

Bergen Billedgalleri, Rasmus Meyers Allé 3, ein Querschnitt durch die norwegische Malerei des 19. und 20. Jahrhunderts. Zwei Häuser weiter in der Nr. 7 befinden sich die **Rasmus Meyers Samlinger,** in der auch Werke von Munch ausgestellt sind (geöffnet 15. 5.–15. 9. Wochentags 11–16 Uhr, sonntags 12–15 Uhr; außerhalb der Saison täglich außer montags 12–15 Uhr).

Bryggen: Hanseviertel, nach mehreren Bränden wieder aufgebaut. Die ältesten Gebäude von 1702. Beherbergt das Hanseatische Museum (**Det Hanseatiske Museum,** geöffnet Juni–August täglich 9–17 Uhr, sonst täglich 11–14 Uhr) und **Bryggens Museum,** das die Ausgrabungen an diesem Ort dokumentiert (Öffnungszeiten: 1. 5.–30. 8. montags bis freitags 10–17 Uhr. Sonst montags bis freitags 11–15 Uhr, samstags 12–15 Uhr und sonntags 12–16 Uhr).

Lepramuseet, Kong Oscarsgate 59, ein uriges Museum: In einem muffigen ehemaligen Barackenhospiz für «Aussätzige» wird in einer Ausstellung an den Entdecker des Lepra-Bazillus, den Bergener Arzt Armauer Hansen, erinnert (geöffnet Mitte Mai bis Ende August 11–15 Uhr).

Ulriken, höchster der «sieben Berge» (642 m). Seilbahn oder gelbe Busse 2, 4 und 7 vom Hauptpostamt fahren hinauf. Von dort zahlreiche Wanderungen möglich. Das Ulriken-Restaurant ist das ganze Jahr geöffnet. Die Seilbahn fährt von 9–21 Uhr.

Troldhaugen, am Nordvåsvannet, 10 Kilometer außerhalb des Zentrums Edvard und Nina Griegs schöner Alterssitz, aglich viktorianisch, innen Bauernmöbel. Direkt am Wasser die «Komponistenhütte», in die sich Grieg zum Arbeiten zurückzog. Nebenan ist ein kleiner Kammermusiksaal in den Fels eingelassen (Troldsalen), in den regelmäßig zu Matinees eingeladen wird. Das neue Museum auf dem Anwesen stimmt gelungen auf Griegs Musik ein. Es ist täglich von 9–18 Uhr geöffnet. Konzertkarten für die Sommerkonzerte (mittwochs, samstags u. sonntags) über Touristeninformation.

Ålesund

Information

Turistkontor, 6025 Ålesund, Rathaus, Tel. 70121202

Sehenswertes

Die Jugendstil-Stadt: Nach dem großen Brand von 1904 wurde die Stadt in großen Teilen im Jugendstil wieder aufgebaut. Eine von vielen Fassaden: die Svaneapotek.

Ålesunds Utstillingssenter, Moloveien 5, Galerie und wechselnde Ausstellungen. Fünf-Etagen-Glashaus direkt am Hafenbecken gelegen.

Umgebung

Insel Runde: Zu dem naturgeschützten Vogelfelsen, wo 100000 Vögel nisten sollen, geht im Sommer täglich ein Boot (im Turistkontor nachfragen). Eine zwar aufwendigere, aber landschaftlich spannende Alternative ist die Autofahrt zur Insel (Fähre nach Hareid) und die Wanderung zu den Vogelklippen.

Hardangerfjord

Information allgemein:
Destinasjon Hardangerfjord, Postboks 66, 5601 Norheimsund, Tel. 56 55 16 00, Fax 56 55 16 12

Ulvik Turistkontor, 5730 Ulvik, Tel. 56 52 63 60

Ullensvang Turistkontor, Kinsarvik, Tel. 53 66 31 12, Fax 53 66 32 03

Übernachten
Kvanndal Camping, Kvanndal, Tel. 56 52 58 80, Camping am Fähranleger in Kvanndal, mit Bootsverleih, Hütten, Angelmöglichkeit.

Kinsarvik Camping, Kinsarvik, Tel. 53 66 32 90, Camping am Hardangerfjord zwischen Obstbäumen. Bei schönem Wetter ein traumhafter Platz mit Hütten und Angelmöglichkeit.

Jondal Gjestgjevarstad & Motel, Jondal, Tel. 53 66 85 63, Fax 53 66 87 66. Direkt am Fähranleger. Umgebung und Atmosphäre lohnen auch einen längeren Aufenthalt.

Ulvik Fjordpensjonat, Ulvik, Tel. 56 52 61 70, Fax 56 52 61 60. Gemütlicher kleiner Gasthof, preiswert.

Fleischers Hotell, Evangerveien 13, 5700 Voss, Tel. 56 51 11 55, Fax 56 51 22 89. Ein traditionsreicher Holz-Palazzo direkt an der Bahnstrecke Bergen–Oslo. An dem über 100 Jahre alten viktorianischen Interieur wurde kaum etwas verändert. Im Gästebuch: Edvard Grieg (mehrmals), Kaiser Wilhelm II., Schwedens König Gustav und diverse Jazz-Größen.

Sehenswertes
Kjeåsen gård, der Kjeåsen-Bauernhof liegt 600 Meter hoch am Fuße des Hardanger-Gletschers. Er ist einer der letzten Hochalmhöfe, die heute noch bewirtschaftet werden.

Sima-Kraftwerk, eines der größten Norwegens. Es liegt 700 Meter tief in einem Berg, sechs Kilometer von Eidfjord entfernt. Im Sommer gibt es täglich Führungen.

Hardanger Heimatmuseum, Utne, Sammlung von Gebäuden und Gegen-

ständen aus der Gegend (nur im Sommer geöffnet).

Sognefjord

Information
Sogn og Fjordane Reiselivsråd, Postboks 299, 5801 Sogndal, Tel. 57 67 23 00, Fax 57 67 28 06

Übernachten
Balestrand Vandrerhjem, Kringsjå

Balestrand, Tel. 57 69 13 03, Jugendherberge, geöffnet vom 15. 6.–19. 8.

Sogndal Vandrerhjem, Sogndal, Tel. 57 67 20 33, Jugendherberge, geöffnet vom 14. 6.–22. 8.

Husum Hotell, Steinklepp (bei Lærdal), Tel. 57 66 81 48. Ein paar Kilometer östlich vom Sognefjord am Fluß Lærdalselva. Alte Villa im Schweizer Stil mit netten Wirtsleuten und schönen Wanderwegen in der Umgebung.

Sjøtun Camping, Balestrand, Tel. 57 69 12 23

Solvang Camping, Vangsnes, Tel. 57 69 66 20

Walaker Hotell, 5815 Solvorn, Tel. 57 68 42 07, Fax 57 68 45 44, am Sogndalsveien (Riksvei 55) gelegen, einer der schönsten Routen des Vestlandes. Dreihundert Jahre alter Hof mit Galerie und Museum. Zehn Minuten Fußweg zur Urnes-Stabkirche. Die alte Dame des Hauses kümmert sich um jeden Gast persönlich.

Røisheim Hotell, 2868 Lom, Tel. 61 21 20 31, Fax 61 21 21 51. Ebenfalls auf dem Weg von Sogndal nach Lom, aber schon im Distrikt Oppland. Ehemalige Pferdestation am Jotunheimen-Nationalpark, unterhalb der höchsten Bergspitze, dem Galdhøppingen. Das grasbedeckte Gebäude steht unter Denkmalschutz. Ein Koch aus Deutschland lockt die Gäste von weit her.

Sehenswertes
Helvetefoss, der «Höllen-Wasserfall» an der Reichsstraße 55, acht Kilometer nördlich von Sogndal: 81 Meter hoch, 20 Meter freier Fall.

DER WESTEN

237

Stabkirchen: Das älteste Exemplar in Norwegen (1060) steht auf einer malerischen Landzunge bei Urnes. Nicht weit davon, in Kaupanger, steht eine weitere, gebaut um 1185, aber im 17. Jahrhundert im Renaissancestil «verbessert».

Die Mitte

Mittelnorwegen ist dort, wo es eng wird auf der Landkarte. In den Bezirken Nor- und Sør-Trøndelag ist die schwedische Grenze nie weit; alle Wege nach Norden führen hier hindurch. Der alte Bischofssitz Trondheim ist die drittgrößte Stadt des Landes, mit einer Universität und einer lebhaften Kunst- und Musikszene. In Trøndelag gedeihen die nördlichsten Freilanderdbeeren der Welt. An der Küste fördert fruchtbares Marschland eine kleine Landwirtschaft, im Innern laden Naturparks zum Skifahren und Wandern ein. Eine besondere Sehenswürdigkeit ist die alte Bergbaustadt Røros.

Informationen
Central Norway Travel, Postboks 65, 7001 Trondheim, Tel. 73 92 93 94, Fax 73 52 04 30

Trafikanten MidtNorge as, Trondheim Sentralstasjon, Tel. 72 57 20 20, Fax 72 57 20 60, Web:http://www.trondheim.com, E-mail: tourinfo@trondheim.com

Trondheim

Information
Turistinformasjonen på Torvet, Marktplatz, 7000 Trondheim, Tel. 73 92 94 00, Fax 73 51 53 00

Übernachten
Hotel Britannia, Dronningsgata 5, Tel. 73 53 53 53, Fax 73 51 29 00, Nobelhotel im Zentrum. DZ ab 200 Mark.

Trondheim Vandrerhjem, Weidemannsv. 41, Tel. 73 53 04 90, Fax 73 53 52 88, Jugendherberge, ganzjährig geöffnet.

Singsaker Sommerhotel, Singsaker, Tel. 73 89 31 00, Fax 73 89 32 00, Studentenwohnheim, aus Holz gebaut. Unterhalb der Kristiansten-Festung gelegen. Bus 9.

Pensjonat Jarlen, Kongensgate 40, Tel. 73 51 32 18, Fax 73 52 80 80. Mit 100 Mark für ein Doppelzimmer.

Flak Camping, Tel. 72 84 39 00, 10 Kilometer westlich vom Zentrum an der Straße 715.

Sandmoen Camping, Tel. 72 88 61 35, Fax 72 94 82 11. An der E 6, 10 Kilometer südlich von Trondheim, viele Hütten.

Essen und Trinken
Erichsens Café, Nordre gate 8, Tel. 73 52 52 23, Trondheimer Szene-Kneipe.

Harfnen, Kjøpmannsgata 7, Tel. 73 53 26 26, Fischrestaurant, in einem ehemaligen Speicher am Nidelv gelegen.

Grenaderen, Kongsgården, Tel. 73 51 66 80. Altes Garnisonshaus gleich hinter dem Dom. Vom Biergarten Aussicht auf den Nidelv.

Nachtleben
D-moll, Prinsens gate 32, Tel. 73 50 27 05. Bunter Treffpunkt mit zu kleiner Tanzfläche.

Café Remis, Kjøpsmannsgt. 21, Tel. 73 52 05 52, Tanztreff für Schwule.

Musik
Olavshallen: In den Sälen dieses Konzerthauses geben sowohl die Trondheimer Philharmoniker als auch örtliche und auswärtige Jazzgruppen ihre Konzerte. Karten und Informationen in der Touristeninformation.

Sehenswertes
Bakklandet, Stadtteil auf der Ostseite des Nida-Flusses. Altes Arbeiterquartier, heute größtenteils restauriert.

Munkholmen, kleine Insel im Trondheimfjord. Das um 1000 gegründete Benedictiner-Kloster wurde später als Festung und Gefängnis genutzt. Boote zwischen 26. 5. u. 2. 9. stündlich ab Ravnkloa.

Nidarosdom: Größtes mittelalterliches Bauwerk des Nordens und Krönungsort der norwegischen Könige bis heute. Die ältesten Teile stammen aus dem 11. Jahrhundert. Die Westfront ist geschmückt mit biblischen Motiven,

Norwegens Königen und Bischöfen. (Ganzjährige Kernöffnungszeit: Wochentags von 10–14 Uhr, sonntags von 13–16 Uhr.)

Synagoge, Arkitekt Christies gate 1 b, nördlichste jüdische Gemeinde der Welt.

Røros

Information
Røros Turistinform, 7461 Røros, Tel. 72 41 11 65, Fax 72 41 02 08

Übernachten
Idrettsparken hotell og vandrerhjem, Øraveien 25, Tel. 72 41 10 89, Jugendherberge, geöffnet vom 15. 5.–15. 9.

Håneset Camping, 2 Kilometer südlich von Røros, Tel. 72 41 06 00, Camping mit Hütten und Motel.

Erzscheidergården, Spell Olavveien 6, Tel. 72 41 11 94, Hotel-Doppelzimmer mit Frühstück ab 90 Mark.

Sehenswertes
Altes Bergmannsquartier: rund um die Bergmannsgate. Hier steht noch die jahrhundertealte Bergmannssiedlung Røros: von der Direktorenvilla (heute Rathaus) über die Arbeiterhütten bis zu den Schlackehalden.

Olavsgrube, dreizehn Kilometer nordöstlich gelegenes ehemaliges Kupferbergwerk. Im 500 Meter tiefen Berginnern befindet sich einer der originellsten Konzert- und Theatersäle. Veranstaltungen besonders im Sommer. Auskünfte bei der Touristeninformation.

Der Norden

In den drei nördlichsten Provinzen Nordland, Troms und Finnmark wohnen nur 460 000 Menschen, gerade soviel wie in Oslo. Von Fischfang allein kann die Region schon lange nicht mehr leben. Das strukturschwache «Dach Europas» ist landschaftlich dafür um so stärker: das blaue Eis des Svartisen-Gletschers, der Saltfjell-Nationalpark, die Inselwelt der Lofoten, die Tundra der Finnmark und das «Samelandet». Außerdem hat der Norden eine unglaublich lebende Stadt zu bieten: Tromsø.

In Nordnorwegen kann man durchaus Sonnentage mit 25 Grad erleben. Ansonsten liegt die Durchschnittstemperatur in Tromsø und Karasjok im August bei 10,9 Grad. Dafür regnet es im Norden viel weniger als im Süden oder Westen. Von Mitte Mai bis Ende Juli scheint die Sonne 24 Stunden lang.

Informationen
Top of Europe, Postboks 771, 9001 Tromsø, Tel. 77 61 05 80, Fax 77 61 05 79

Bodø

Information
Destinasjon Bodø, Sjøgata 21, Postboks 514, 8001 Bodø, Tel. 75 52 60 00, Fax 75 52 21 77

Übernachten
Lokotivet Bodø Vandrerhjem, Sjøgata 55, Tel. 75 52 11 22. Die Jugendherberge liegt in der Nähe des Bahnhofs, hat im Sommer 80, sonst nur 40 Betten.

Bodøsjøen Camping, bei der mittelalterlichen Bodin kirke, Tel. 75 56 36 80, Campingplatz mit Hütten, Bade- und Angelmöglichkeiten 3 km von Bodø entfernt.

KNA Geitvgen Bad og Camping, Geitvågen, Løpsmark, Tel. 75 51 01 42, 10 km nördlich von Bodø. Einen schöneren Campingplatz wird man nördlich des Polarkreises kaum finden: Hütten-, Stell- und Zeltplätze an einer Lagune mit Sandstrand. Blick auf die Insel Landegode und Mitternachtssonne.

Trinken
Peacock, Hålogalandsgate 5, Tel. 75 52 56 70. Wenn keine Live-Musik geboten wird, ist es in dieser Eckkneipe trotz Enge angenehm.

Den siste Glæde, Glasshuset, Tel. 75 52 27 77. Das ‹Glashaus› ist die überdachte Fußgängerzone von Bodø. Tanzkneipe für Leute zwischen 20 und 30. Es gibt Pizza für den Hunger zwischendurch.

Sehenswertes
Kjerringøy, ein typischer Handelsort vom Anfang des 19. Jahrhunderts, 38 Kilometer nördlich von Bodø. Fünfzehn Häuser sind erhalten und ausge-

DIE MITTE – DER NORDEN

stellt, darunter die Schmiede, der Krämerladen und die Heimbrauerei (im Sommer Führungen und auch Übernachtungen möglich).

Rønvikfjell: Vom «Panoramasenter» (155 Meter) hat man eine phantastische Sicht, bei gutem Wetter bis zur Lofotwand. Tip: Mit einem Kaffee oder einem Bier in der Hand die Mitternachtssonne begleiten.

Saltstraumen, ein Gezeitenstrom 30 Kilometer außerhalb der Stadt. Im Laufe von sechs Stunden werden hier fast 400 Kubikmeter Wasser mit einer Geschwindigkeit von 18 Stundenkilometern raus- und reingedrückt.

Narvik

Information
Narvik Turistkontor, Kongensgate 66, 8501 Narvik, Tel. 76 94 33 09, Fax 76 94 74 05

Übernachten
Narvik Hotell, Tel. 76 94 70 77, Fax 56 51 22 89. Mitten im Zentrum gelegen. Nur 80 Betten. DZ 220 Mark.

Narvik Vandrerhjem, Havnegt 3, Tel. 76 94 25 98, Fax 76 94 29 99, Jugendherberge, geöffnet vom 15. März bis 1. November.

Narvik Camping, Tel. 76 94 58 10, Fax 76 94 14 20

Sehenswertes
Krigsminnemuseet, Kongensgate. Erinnert etwas martialisch an die «Schlacht um Narvik» im Frühjahr 1940, als es britischen, französischen, polnischen und norwegischen Truppen gelang, die Deutschen für ein paar Monate aus dem wichtigen Eisenerzhafen zu verdrängen. Auch in Paris erinnert eine «Rue de Narvik» an diesen Sieg. Die Wehrmacht rächte sich später mit der totalen Bombardierung der Stadt (Öffnungszeiten: 10. 6. – 20. 8. von 10 – 22 Uhr, sonntags 11 – 17 Uhr. Sonst 11 – 15 Uhr).

Fjellheisen, Seilbahn auf dem Fagernsefjell (700 Meter). Fährt im Sommer bis 2 Uhr nachts.

Ofotbanen, die als Erzbahn bekannte Strecke von Narvik nach Kiruna ist ein Wunderwerk des Eisenbahnbaus. Die Hin- und Rückfahrt bis zur schwedischen Grenze reicht schon, um schwindelig zu werden – oder sich zu begeistern.

Lofoten

Information
Destinasjon Lofoten, Postboks 210, Storgate, 8301 Svolvær, Tel. 76 07 30 00, Fax 76 07 30 01

Übernachten
Kabelvåg Vandrerhjem, 8310 Kabelvåg, Tel. 76 07 81 03, Fax 76 07 81 17, Jugendherberge, geöffnet Juni – August.

Justad Vandrerhjem, Stamsund, Tel. 76 08 93 34, Fax 76 08 97 39. Kann eine Jugendherberge so schön sein? Ganzjährig geöffnet, Oktober – April mit Voranmeldung.

Å Vandrerhjem, Sørvågen, Tel. 76 09 11 21, Fax 76 09 12 82. Å ist ein denkmalgeschütztes kleines Lofoten-Dorf, die meisten Gebäude stammen aus der Mitte des vorigen Jahrhunderts.

Langodden Vandrerhjem, Værøy, Tel. 76 09 53 75. Ein langgestrecktes Holzgebäude inmitten von Dorschgestellen auf der meeres- und windumtosten Insel Værøy, weit draußen im Atlantik.

Røst Vandrerhjem, Fiskarheimen, Røst, Tel. 76 09 61 09, Fax 76 09 61 09. Weiter im Meer liegt keine andere Jugendherberge. Zum Haus gehört ein eigenes Boot, mit dem sich Interessierte zu den Vogelfelsen hinüberbringen lassen können.

Wer in einem **rorbu**, einer alten Fischerhütte, campieren möchte, braucht nur den vielen Hinweisschildern entlang des Weges zu folgen.

Sehenswertes
Svinøya: Die Künstlerkolonie, die man von Svolvær über eine Brücke erreichen kann, zeigt im «kunstnersenter», wozu das Leben und Arbeiten auf den Lofoten Künstler inspiriert.

Røst, die felsige Heimat von Abertausenden Trottellummen, Krähenscharben, Austernfischern, Papageientauchern, Kormoranen und vielen anderen Seevögeln. Nicht nur etwas für Ornithologen, aber ein Fernglas braucht man schon. Zu dieser bizarren Mini-Insel weit draußen im Atlantik kämpfen sich täglich Fährboote von Bodø und Sørvågen (Lofoten) durch. Auch einen Flugplatz gibt es auf Røst.

Vesterålen

Information
Vesterålen Reiselivslag, Boks 243, Kjøpmannsgata 2, 8401 Sortland, Tel. 76 12 15 55, Fax 76 12 36 66

Übernachten
Bø Vandrerhjem, Fjærvoll, Straumsjøen, Tel. 76 13 56 69

Melbu Vandrerhjem, P. A. Kvaalsgate 5, Melbu, Tel. 76 15 71 06, ganzjährig geöffnet.

Sehenswertes
Whale watching: Von Andenes aus wird mit ehemaligen Walfang-Trawlern Fotojagd auf Pottwale gemacht. Abfahrt täglich zwischen Mitte Juni und Anfang September, vorausgesetzt, das Wetter macht mit. Preis der gut sechsstündigen Tour: rund 120 Mark. Infos bei Vesteraalen Reiselivslag.

Tromsø

Information
Turistkontoret, Storgate 63, 8000 Tromsø, Tel. 77 61 00 00, Fax 77 61 00 10

Übernachten
Rainbow Polar Hotell, Grønnegate 45, Tel. 77 68 64 80, Fax 77 68 91 36. Gehobener Standard, DZ ab 200 Mark. Frühstückssaal im 9. Stock mit Aussicht.

Tromsø Vandrerhjem, Gitta Jønsonvei 4, Tel. 77 68 53 19, Fax 76 94 29 99, Jugendherberge, geöffnet vom 20. 6. – 18. 9.

Kongsbakken Gjestehus, Skolegata 24, Tel. 77 68 22 08, Fax 77 68 80 44. Preisgünstige Pension am Hang gelegen. Doppelzimmer ohne Dusche und Toilette 110 Mark.

Privatzimmer werden über die Touristeninformation (s. o.) gegen eine Gebühr von 25 Kronen vermittelt. Die Zimmer haben meistens einen separaten Eingang und Dusche. Ab 40 Mark.

Camping, Tromsdalen, Tel. 77 63 80 37, Fax 77 63 85 24, ganzjährig geöffnet. Hütten ab 250 Kronen.

Essen und Trinken
Le Mirage, Ecke Storgate / Strandskillet, viel zu tiefe Ledersessel, aber der beste Cappuccino nördlich des Polarkreises.

Øl-Hallen, Mack-Brauerei, Storgate 4, Probierort für das zu Recht gerühmte Mack-Øl.

Blue Café, Strandgate 14 / 16, Musik-Club auf zwei Etagen. Gute Hamburger im Angebot.

Paletten, Storgate 51, Tromsøs multikultureller Treffpunkt. Preiswertes Essen, Terrasse.

Skarven Kro, Strandtorget 1, Tel. 77 61 01 01, Treffpunkt für jung und alt direkt am Tromsø-Sund. Auf dem Speiseplan stehen Seehund-Lasagne und Möweneier. 12–0.30 Uhr, So 12–23.

Brankos Mat- og Vinhus, Storgate 57, Tel. 77 68 26 73, intime Atmosphäre, abwechslungsreiche Speisekarte. Das Restaurant befindet sich im Obergeschoß. 11–0.30 Uhr, So 14–23.00.

Peppermøllen, Storgata 42, Tel. 77 68 62 60, ältestes Restaurant von Tromsø. Werktags 14–23, So 14–22 Uhr.

Sehenswertes
Polarmuseet, Skansen, Sammlung zur Geschichte der Polarforschung. Täglich geöffnet zwischen 11 und 15 Uhr, im Sommer 11 bis 20 Uhr.

Tromsø-Palmen: Die bis zu drei Meter hohen Gewächse der Art *heracleum* gedeihen am besten auf Tromsøya.

Nordlichtplanetarium, an der Uni, Filmerlebnis mit Nordlicht und Mitternachtssonne. Vorführungen im Sommer montags bis freitags zwischen 12 und 18 Uhr.

Hammerfest

Information
Hammerfest Turist, Strandgate, Boks 460, 9601 Hammerfest, Tel.

DER NORDEN

78 41 21 85, Fax 78 41 19 00, Öffnungszeiten: 15. 5. – 15. 8. 9 – 19 Uhr, 15. 8. –
15. 9. 11 – 16 Uhr.

Übernachten
Hammerfest Bed & Breakfast, Tel.
78 41 15 11, Fax 78 41 19 26. Große Ho-
telanlage außerhalb des Ortes. DZ 720
Kronen.

Essen und Trinken
Odds Mat & Vinhus, Strandgate 23,
Tel. 78 41 37 66. Ältestes Lokal in der
«nördlichsten Stadt der Welt». Im
Sommer 13 – 1 Uhr, So geschlossen.

Nordkap

Information
Nordkapp Reiseliv, Boks 34, Nord-
kapphuset, 9751 Honningsvåg, Tel.
78 47 25 99, Fax 78 47 35 43, ganzjährig
geöffnet.

Übernachten
**NAF Nordkapp Camping og Vandrel-
hjem**, Skipsfjorden, Honningsvåg, Tel
78 47 33 77, Fax 78 47 11 77, 100 Kronen
für ein Jugendherbergsbett, 440 für
eine Hütte.

Arran, 9762 Kamøyvær, Tel.
78 47 51 29, Fax 78 47 51 56. Idyllisch
gelegene Pension in einem Fischerdorf
zwischen Honningsvåg und dem
Nordkap. Die Besitzerin, eine Samin,
hat aus der früheren Fischerkate eine
komfortable Pension mit fast familiä-
rer Atmosphäre gemacht. DZ 150
Mark.

Sehenswertes
Nordkap: Der Eintritt für das Aussichtsplateau 71° 10' 21" kostet 40
Mark. Leider herrscht dort meistens
Nebel, die Mitternachtssonne zeigt
sich an dieser Stelle statistisch gesehen
nur an jedem vierten Tag. Dafür bietet
die «Nordkapphalle» Multivisions-
Shows, Restaurant, Café und Anden-
kenladen. Geöffnet 7. 4. – 5. 10. Informationen unter Tel. 78 47 20 91, Fax
78 47 20 05.

Alta

Information
Destinasjon Alta, Postboks 1327, 9501
Alta, Tel. 78 43 79 99, Fax 78 43 51 84

Übernachten
Alta vandrerhjem, Midtbakken 52,
Tel. / Fax 78 43 44 09, Jugendherberge,
geöffnet vom 20. 6. – 20. 8.

Øytun Gjesteheim, Tel. 78 43 55 77,
Fax 78 43 60 40, 100 Mark für ein Doppelzimmer.

Kronstad Camping, Elvebakken, Tel.
78 43 03 60

Sehenswertes
Helleristninger, Felsenzeichnungen
in Hjemmeluft bei Alta, 2000 bis 5000
Jahre alt.

Karasjok

Information
Karasjok Opplevelser AS, Samelands-
senteret, 9730 Karasjok, Tel.
78 46 69 00, Fax 78 46 73 61

Übernachten
Karasjok Camping & Vandrerhjem,
Karasjok, Tel. 78 46 61 35, Fax
78 46 66 23, Zeltplätze und Hütten,
ganzjährig geöffnet.

Den samiske Folkehøyskole, Karasjok,
Tel. 78 46 72 44, Fax 78 46 71 64. Im
Schuljahr Internat für samische
Schüler aus ganz Skandinavien. In den
Sommerferien 20. Mai und 15. August
werden die Zimmer vermietet. Dop-
pelzimmer für 110 Mark.

Sehenswertes
De Samiske Samlinger, Museumsgate
17, Tel. 78 46 63 05. Die samischen
Sammlungen – das größte Museum
zur samischen Kultur und Geschichte
(geöffnet in den Sommermonaten
9 – 18, So 10 – 18 Uhr, in den übrigen
Monaten nur bis 15 Uhr).

Kirkenes

Information
Grenseland AS, Postboks 8, 9900 Kirkenes, Tel. 78 99 25 44, Fax 78 99 25 25

Übernachten
Stenbys Overnatting, Riiser Larsens
gate 10, Tel. 78 99 11 62. Warmes und
kaltes Wasser auf allen zehn Zimmern.
Bad.

Kirkenes Camping, An der E 6, etwa 7
Kilometer westlich, Tel. 78 99 80 28

Øvre Pasvik Café og Camping, Vagge-
tem, Tel. 78995530, Zeltplätze und
Hütten. Verleih von Kanus und Fahrrädern für Exkursionen entlang dem
Pasvik-Fluß in den gleichnamigen Nationalparks.

Sehenswertes
Ein Ausflug zur norwegisch-russischen
Grenze und weiter nach Murmansk.
Informationen über Tagesfahrten sind
über Grenseland AS (s. o.) erhältlich.

Spitzbergen (Svalbard)

Die Inselgruppe Svalbard mit der
Hauptinsel Spitzbergen umfaßt 63000
Quadratkilometer Land, vier Fünftel
davon sind mit Eis bedeckt. Vom nördlichsten Punkt des Archipels aus sind
es «nur» noch 1300 Kilometer bis zum
Nordpol. Das Klima ist arktisch, die
mittlere Jahrestemperatur beträgt aber
gemäßigte 6,5 Minusgrade (im Juli 4,5
Grad plus). Das Gebiet steht überwiegend unter Naturschutz.
Auf Spitzbergen leben rund 3600 Einwohner, davon 1100 Norweger und
2500 Russen in den Grubensiedlungen
Barentsburg und Pyramiden. Longyearbyen ist der Sitz der Verwaltung unter einem «sysselmann», einem Gouverneur.

Information
Justisdepartement, Polaravdeling,
Boks 8005, N-0030 Oslo 1, Tel.
22249090, Fax 22249539, Internet:
www.odin.dep.no. Hier sind allgemeine Informationen über die Inselgruppe erhältlich. Es ist unerläßlich,
sich vor einer Reise nach Svalbard ge-
nauestens mit den Verhältnissen dort
vertraut zu machen.

Spitzbergen Travel, 9170 Longyearbyen, Tel. 79022410, Fax 79021010,
die Touristeninformation vor Ort.

Übernachten
SpiTra verwaltet auch die 130 Zimmer
in ehemaligen Arbeiterunterkünften.
Der Standard liegt zwischen Jugendherberge und Hotel, ein Einzelzimmer
mit Frühstück kostet (im Sommer) ab
75 Mark aufwärts. Hier erhält man
auch Übernachtungsgutscheine für
die Zimmer in Barentsburg.

Funken Hotell & Nybyen Gjestehus,
Longyearbyen, Tel. 79022450, Fax
79021005. Hotel und Gästezimmer
in ehemaligen Arbeiterunterkünften.
Preise zwischen 180 und 280 Mark für
Doppelzimmer mit Frühstück. Auf
dem Campingplatz (geöffnet vom 23.
Juni bis 15. September) zahlt man 20
Mark pro Tag.

Sehenswertes
Barentsburg, russische Grubensied-
lung unter norwegischer Hoheit. Im
Sommer verkehrt mehrmals in der
Woche ein Schiff zwischen Longyear-
byen und Barentsburg. In der «Eiszeit»
bis April kommt man nur mit dem
Schneescooter dorthin.

Svalbard-Museum, Longyearbyen. In
einem ehemaligen Stall ist alles zu Geschichte, Flora und Fauna von Svalbard zusammengetragen. Eine eigene
Abteilung handelt von den Kriegsver-
wüstungen der Deutschen und dem
Widerstand der wenigen Norweger
und der Alliierten im Eis.

Verlassene Gruben stehen an den Hängen um Longyearbyen herum und zeugen von der Unrentabilität der Kohleförderung hier oben. Die Förderkörbe
schaukeln im Wind, die Planken knarren schaurig.

SPITZBERGEN

243

DIE AUTOREN

Gunnar Köhne, * 1963 in Bielefeld, Studium der Skandinavistik in Berlin und Bergen (Norwegen). Freier Journalist. Lebt derzeit in Istanbul.

Jens-Uwe Kumpch, * 1960, Studium der Skandinavistik in Kiel und Bergen. Lebt als Übersetzer und Autor zahlreicher Veröffentlichungen über das Reiseland Norwegen in Bergen.

Dagmar Lendt, * 1959, Studium der Skandinavistik in Berlin. Übersetzerin norwegischer Kinderbücher.

Ruth Hemstad, * 1966, Historikerin, lebt mit ihrer Familie in der Nähe von Oslo.

Susanne Alverdes, * 1964, Psychologin in Bonn. Hat insgesamt vier Jahre in Tromsø gelebt.

DER FOTOGRAF

Arne Nicolaisen, * 1959, Betriebswirt und freier Fotojournalist. Hält u. a. Diavorträge in Panoramaprojektion mit dem Titel «Augen für Norwegen».

BILDNACHWEIS

Ruprecht Bartels 175, 189, 192/193, 203, 205, 206/207

Till Bartels 73, 164/165

Gesche Cordes 11, 40/41, 197

Sabine Gorsemann/Christian Kaiser 4/5, 93, 98/99, 117, 119, 120/121, 126/127, 130/131, 134/135, 138/139, 144/145, 146, 152/153

Arne Nicolaisen 2/3, 6, 8/9, 20/21, 31, 35, 36/37, 42/43, 47, 54/55, 77, 81, 84/85, 96/97, 100, 104/105, 106/107, 112/113, 137, 149, 156/157, 161, 166/167, 168/169, 172/173, 176/177, 179, 180/181, 183, 186/187, 190/191, 194/195, 200/201, 208/209, 210, 212/213

Ullstein-Bilderdienst 59, 64/65, 67

Wolfgang Wiese 14/15, 49, 52/53, 56/57, 87, 90/91, 115, 129

REGISTER

Kursive Ziffern verweisen auf den Infoteil

Agder 118, *232*
Akershus (fylke) 88, 97
Alta 199, *242*
Asker 97, 229
Austråt 167

Barentsburg 207, *234*
Bergen 148–159, *234–236*
Bodø 177–178, *239*
Borgefjell Nationalpark 163
Brekkestø *233*
Brekstad 167
Bud 133
Buskerud 89, *229*
Byglandsfjord *234*
Bærum 97, *229*

Dombås 128, 160
Dovrefjell Nationalpark 128, 160
Drammen 90
Drøbak 89

Eidsvoll 96

Finnmark 188–201, *238*
Florø 143
Flåm 147
Fosen 167
Frederikstad 88, *229*
Frederiksten 88
Frøya 163
Førde 143

Geirangerfjord 140–141
Grimstad 120
Gudbrandsdal 94, *231*

Hafrsfjord
Halden 88,
Hallingdal *230*
Hamar 95
Hamerøy 178
Hammerfest 188, *241–242*
Hardanger Vidda 90, *222*
Hardangerfjord 147, *237*
Hareid 136
Hedmark 95, *229*
Hellesylt 141
Hemsedal 91, *230*
Hestmannøy 176
Hitra 163
Hjørundfjord 139
Honningsvåg 191
Hornindalsvatn 141
Hønefoss 90

Jostedalsgletscher 144
Jotunheimen *221*
Jæren 125
Jøssingfjord 125

Karasjok 198, *242*
Kirkenes 195–196, *242*
Kolsås 98
Kristiansand 118, *232*
Kristiansund 132–133
Kvinesdal 126
Kåfjord 201

Leknes 140
Lesja 128
Lillehammer 95, *231*
Lifjell *234*

245

Lindesnes 121
Lofoten 178 ff., *240*
Longyearbyen 202–204
Lyngør 123

Mo i Rana 176
Modum 89
Molde 132, 135
Moskog 144
Myrdal 147
Måløy 142
Møre og Romsdal 136

Narestø 123
Narvik *240*
Nordfjord 142
Nordkap 192, *242*
Nordland 176, *238*
Nørholm 123
Nøtterøy *230*

Oppdal 162
Oppland 92, 94, *229*
Oslo 100–117, *227–229*
Oslofjord 88, *229*

Porsangerfjord 199
Prekestolen *234*

Rago Nationalpark *220*
Rogaland 118, 123, *232*
Rondane Nationalpark *221*
Runde *236*
Røros 163–166, *239*
Røst *240*

Saltfjell Nationalpark *221*
Saltstraumen 178, *240*
Sarpsborg 88
Selje 143
Setesdal 121–122, *234*

Sirdal 126
Sogn og Fjordane 141
Sognefjord 147, *237*
Stad 143
Stamsund 181–182
Stavanger 123–125, *233*
Stiklestad 166
Stokksund 174
Sundvollen 90
Sunnmøre 143
Svalbard (Spitzbergen) 202–211, *243*
Svartisen 177
Svinesund 86
Svinøya *240*

Tana 196
Telemark *232*
Tjøme *230*
Troldhaugen 159
Troms *238*
Tromsø 184–187, *241*
Trondheim 169–173, *238*
Trøndelag 162, *238*
Tønsberg 89, *230*

Ulnes *231*

Valdres *230*
Vesteraalen *241*
Vestfold 89, *229*
Veøy 132
Volda 136–138
Vågsberget 142

Ørsta 136, 138
Østerdal *232*
Østfold 86

Ålesund 136, *236*
Åndalsnes 131

Europa: Länder und Regionen

Günter Liehr
Frankreich *Ein Reisebuch in den Alltag*
(rororo sachbuch 9077)

Dagmar Beckmann /
Ulrike Strauch
Elsaß *Ein Reisebuch in den Alltag*
(rororo sachbuch 7587)

Martin Pristl
Griechenland (Festland) *Ein Reisebuch in den Alltag*
(rororo sachbuch 9081)

Michael Kadereit
Großbritannien *Ein Reisebuch in den Alltag*
(rororo sachbuch 9064)

Sabine Gorsemann /
Christian Kaiser
Island *Ein Reisebuch in den Alltag*
(rororo sachbuch 9085)

Conrad Lay / Michaela Wunderle
Italien *Ein Reisebuch in den Alltag*
(rororo sachbuch 9084)

Hanne Bahra
Mecklenburg-Vorpommern *Ein Reisebuch in den Alltag*
(rororo sachbuch 9090)

Ute Frings
Polen *Ein Reisebuch in den Alltag*
(rororo sachbuch 9065)

Kirsten Wulf
Portugal *Ein Reisebuch in den Alltag*
(rororo sachbuch 7573)

Helmut Steuer / Herbert Neuwirth
Schweden *Ein Reisebuch in den Alltag*
(rororo sachbuch 9071)

Helmuth Bischoff
Spanien *Ein Reisebuch in den Alltag*
(rororo sachbuch 7567)

Matthias Schossig
Thüringen
(rororo sachbuch 9076)

Hanne Straube
Türkei *Ein Reisebuch in den Alltag*
(rororo sachbuch 7597)

rororo anders reisen

rororo anders reisen wird herausgegeben von Till Bartels. Ein Gesamtverzeichnis der Reihe finden Sie in der *Rowohlt Revue*. Vierteljährlich neu. Kostenlos. In Ihrer Buchhandlung.

Mittelmeer

Rolf Schwarz
Ägypten Ein Reisebuch in den Alltag
(rororo sachbuch 9068)

Christof Kehr
Andalusien Ein Reisebuch in den Alltag
(rororo sachbuch 9089)

Till Bartels /
Ulrike Wiebrecht
Barcelona / Katalonien Ein Reisebuch in den Alltag
(rororo sachbuch 9070)

Ute Frings / Rolly Rosen
Israel/Palästina Ein Reisebuch in den Alltag
(rororo sachbuch 7596)

Conrad Lay /
Michaela Wunderle
Italien Ein Reisebuch in den Alltag
(rororo sachbuch 9084)

Roland Motz
Mallorca Ein Reisebuch in den Alltag
(rororo sachbuch 9086)

Henning Klüver (Hg.)
Norditalien Ein Reisebuch in den Alltag
(rororo sachbuch 9063)

Frida Bordon
Sizilien Ein Reisebuch in den Alltag
(rororo sachbuch 7595)

Günter Liehr
Südfrankreich Ein Reisebuch in den Alltag
(rororo sachbuch 9093)

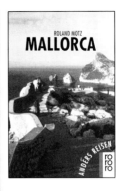

Michaela Wunderle
Süditalien Ein Reisebuch in den Alltag
(rororo sachbuch 7592)

Michael Kadereit
Toskana / Umbrien Ein Reisebuch in den Alltag
(rororo sachbuch 7521)

Frida Bordon
Venedig mit Venetien Ein Reisebuch in den Alltag
(rororo sachbuch 7570)

rororo anders reisen

rororo anders reisen wird herausgegeben von Till Bartels. Ein Gesamtverzeichnis der Reihe finden Sie in der *Rowohlt Revue*. Vierteljährlich neu. Kostenlos. In Ihrer Buchhandlung.

3440/9

Anders reisen geht neue Wege

Informativ, kompakt, kritisch – in neuem Layout und attraktiver Ausstattung: schlankes Format, Griffregister für die schnelle Orientierung, ganzseitige Schwarzweißfotos mit Reportagecharakter, zweite Farbe bei den Karten und Stadtplänen.

Zitty (Hg.)
Anders reisen: Berlin
(rororo sachbuch 19098)
«Da ist er ja – der Reiseführer, auf den ich seit Jahren gewartet habe:
- übersichtlich, obwohl kein Rubrik-Reiseführer;
- mit viel Spaß geschrieben, fundiert, die reine Animation;
- der praktische Teil endlich mal mit passenden Stichwörtern, wie z. B. Buchhandlungen und Friedhöfe;
- sprachlich klasse.»
J. Dröge, Buchhandlung Grobbel

Günter Liehr
Anders reisen: Paris
(rororo sachbuch 19099)

Matthias Thibaut
Anders reisen: London
(rororo sachbuch 60400)
Schräge Mode und schrille Clubs haben zum Ruf der Themse-Metropole beigetragen, «the coolest city on the planet» zu sein. Der Band schaut hinter das Klischee von tea-time, Tower Bridge und Doppeldecker und führt in einem Dutzend verschiedener Routen durch die kontrastreiche Großstadt.

Peter Kammerer / Henning Klüver
Anders reisen: Rom
(rororo sachbuch 19094)

Rainer Karbe / Ute Latermann
Anders reisen: Kreta
(rororo sachbuch 19091)
Kreta, die geschichtsträchtige Insel zwischen Afrika, Asien und Europa, ist reich an natürlichen Reizen. Der Leseteil zu Kultur und Gesellschaft läßt den Alltag mit offenen Augen wahrnehmen und macht Altes in Aktuellem erfahrbar.

rororo sachbuch

rororo anders reisen wird herausgegeben von Till Bartels. Ein Gesamtverzeichnis der Reihe finden Sie in der *Rowohlt Revue*. Vierteljährlich neu. Kostenlos in Ihrer Buchhandlung.

Asien und Australien

Dirk Wegner
Australien Ein Reisebuch in den Alltag
(rororo sachbuch 9096)

Hartwig Bögeholz
China Ein Reisebuch in den Alltag
(rororo sachbuch 9095)

Erika Brettschneider
Indonesien Ein Reisebuch in den Alltag
(rororo sachbuch 9066)

Robert Haidinger
Indien Ein Reisebuch in den Alltag
(rororo sachbuch 9082)

Stefan Biedermann
Japan Ein Reisebuch in den Alltag
(rororo sachbuch 7591)

Dirk Wegner
Neuseeland Ein Reisebuch in den Alltag
(rororo sachbuch 9083)

Erika Brettschneider
Singapur/Malaysia Ein Reisebuch in den Alltag
(rororo sachbuch 9078)

rororo anders reisen

rororo anders reisen wird herausgegeben von Till Bartels. Ein Gesamtverzeichnis der Reihe finden Sie in der *Rowohlt Revue*. Vierteljährlich neu. Kostenlos. In Ihrer Buchhandlung.

Amerika und Südamerika

Till Bartels
Kalifornien Oregon ·
Washington
(rororo sachbuch 7590)

Werner W. Wille
New York *Ein Reisebuch in den Alltag*
(rororo sachbuch 9087)

Manfred Waffender
San Francisco *Ein Reisebuch in den Alltag*
(rororo sachbuch 7507)

Till Bartels (Hg.)
USA *Ein Reisebuch in den Alltag*
(rororo sachbuch 9079)

Alexander Busch/Petra Schaeber/Martin Wilke
Brasilien *Ein Reisebuch in den Alltag*
(rororo sachbuch 7594)

Roland Motz/Gaby Otto
Mexiko *Ein Reisebuch in den Alltag*
(rororo sachbuch 9080)

rororo anders reisen

rororo anders reisen wird herausgegeben von Till Bartels. Ein Gesamtverzeichnis der Reihe finden Sie in der *Rowohlt Revue*. Vierteljährlich neu. Kostenlos. In Ihrer Buchhandlung.

rororo sprachen

Der Grundkurs:

Uwe Kreisel /
Pamela Ann Tabbert
MultiLingua Englisch *von
Anfang an*
(rororo sprachen 60481
mit Audio-CD 60435
Ton-Cassette 60482)

Armelle Damblemont /
Petra Preßmar
MultiLingua Französisch *von
Anfang an*
(rororo sprachen 60477
mit Audio-CD 60436
Ton-Cassette 60478)

Christof Kehr /
Ana Rodriguez Lebrón
MultiLingua Spanisch *von
Anfang an*
(rororo sprachen 60475
mit Audio-CD 60437
Ton-Cassette 60476)

Jutta J. Eckes /
Franco A. M. Belgiorno
MultiLingua Italienisch *von
Anfang an*
(rororo sprachen 60479
mit Audio-CD 60438
Ton-Cassette 60480)

Der Aufbaukurs:

Uwe Kreisel /
Pamela Ann Tabbert
English Two *Englisch reden
und verstehen*
(rororo sprachen
Buch 9320
Ton-Cassette 9321)

Isabelle Jue /
Nicole Zimmermann
Français Deux *Französisch
reden und verstehen*
(rororo sprachen
Buch 9311
Ton-Cassette 9312)

Christof Kehr /
Ana Rodriguez Lebrón
Español Dos *Spanisch reden
und verstehen*
(rororo sprachen
Buch 8845
Ton-Cassette 8846)

Jutta J. Eckes /
Daniela Concialdi
Italiano Due *Italienisch reden
und verstehen*
(rororo sprachen
Buch 9517
Ton-Cassette 9518)

rororo sprachen wird herausgegeben von Ludwig
Moos. Ein Gesamtverzeichnis aller lieferbaren Titel
finden Sie in der *Rowohlt
Revue*. Vierteljährlich neu.
Kostenlos in Ihrer Buchhandlung.
Rowohlt im Internet:
http://www.rowohlt.de

rororo sachbuch

3650/1

Französisch

Französisch lernen: alltagsnah und von Anfang an. Für das Lernen allein oder in der Gruppe.

Claire Bretécher / Isabelle Jue / Nicole Zimmermannn
Le Français avec les Frustrés
Ein Comic-Sprachhelfer
(rororo 18423)

Armelle Damblemont / Petra Preßmar
Français Un *Französisch reden und verstehen. Ein Grundkurs*
(Buch: rororo 19106, Cassette: rororo 19107)

Isabelle Jue / Nicole Zimmermann
Français Deux *Französisch reden und verstehen. Ein Aufbaukurs*
(Buch: rororo 19311, Cassette: rororo 19312)
Französisch in letzter Minute
(Buch: rororo 19628, Buch mit Cassette: rororo 19629, Cassette: rororo 19702)

Ahmed Haddedou
Questions grammaticales de A à Z *Tout ce que vous avez toujours voulu savoir sur la grammaire sans jamais oser le demander*
(rororo 18445)

Robert Kleinschroth
La Conversation en s'amusant
Sprechsituationen mit Witz gemeistert
(rororo 18873)

Robert Kleinschroth / Dieter Maupel
La Grammaire en s'amusant
Wichtige Regeln zum Anlachen
(rororo sprachen 18714)

Marie-Thérèse Pignolo / Hans-Georg Heuber
Ne mâche pas tes mots *Nimm kein Blatt vor den Mund! Französische Redewendungen und ihre deutschen Pendants*
(rororo 17472)

Jacques Soussan
Pouvez-vous Français?
Programm zum Verlernen typisch deutscher Französischfehler
(rororo 16940)

rororo sprachen

rororo sprachen wird herausgegeben von Ludwig Moos. Ein Gesamtverzeichnis der Reihe finden Sie in der *Rowohlt Revue*. Vierteljährlich neu. Kostenlos in Ihrer Buchhandlung.

Überfliegerr

Die «Überflieger» sind der Einstieg für alle, denen ein ganzes Lehrbuch zu langwierig und ein Sprachführer zu wörterbuchhaft ist. Schon in wenigen Tagen kann man damit die notwendigen Grundkenntnisse erwerben, um sich in einem fremden Land zu verständigen. Damit Urlaub und Geschäftsreise nicht nur sprachlich ein voller Erfolg werden, gibt es außerdem praktische Tips zu Kultur und Alltag.
Eine Auswahl der lieferbaren Titel:

Uwe Kreisel /
Pamela Ann Tabbert
American Slang in letzter Minute
(Buch: rororo 19623, Buch mit Cassette: rororo 19624, Cassette: rororo 19705)

Hanne Schönig /
Hatem Lahmar
Arabisch in letzter Minute
(Buch: rororo 19541, Buch mit Cassette: rororo 19542, Cassette: rororo 19700)

Petra Schaeber
Bralilianisch in letzter Minute
(Buch: rororo 19977, Buch mit Cassette: rororo 19979, Cassette: 19978)

Isabelle Jue /
Nicole Zimmermann
Französisch in letzter Minute
(Buch: rororo 19628, Buch mit Cassette: rororo 19629, Cassette: rororo 19702)

Frida Bordon /
Giuseppe Siciliano
Italienisch in letzter Minute
(Buch: rororo 19626, Buch mit Cassette: rororo 19627, Cassette: rororo 19703)

Elisabeth Völpel
Portugiesisch in letzter Minute
(Buch: rororo 19686, Buch mit Cassette: rororo 19687, Cassette: rororo 19736)

Dorothee Bernhardt
Russisch in letzter Minute
(Buch: rororo 19797, Buch mit Cassette: rororo 19799, Cassette: rororo 19798)

Christof Kehr
Spanisch in letzter Minute
(Buch: rororo 19526, Buch mit Cassette: rororo 19527, Cassette: rororo 19701)

Karl-Heinz Scheffler
Türkisch in letzter Minute
(Buch: rororo 19688, Buch mit Cassette: rororo 19689, Cassette: rororo 19735)

rororo sprachen

rororo sprachen wird herausgegeben von Ludwig Moos. Ein Gesamtverzeichnis der Reihe finden Sie in der *Rowohlt Revue*. Vierteljährlich neu. Kostenlos in Ihrer Buchhandlung.

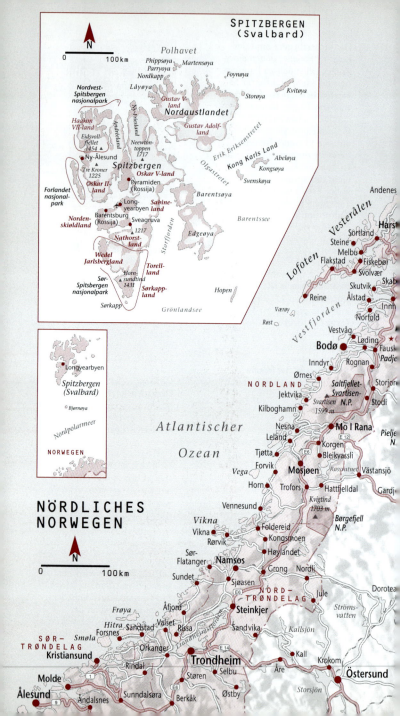